盧校叢編 陳東輝 主編

# 經典釋文 二

周禮音義
儀禮音義
禮記音義

〔唐〕陸德明 撰

浙江大學出版社

# 經典釋文卷第八

## 周禮音義上 起天官盡春官下

唐國子博士兼太子中允贈齊州刺史吳縣開國男陸德明撰

天官冢宰第一 本或作冢宰上非餘卷放此

惟王 如字干寶云王天子之號三代所稱 雒 音洛水名也本作洛後漢都洛陽改爲雒 之景 京領反下皆同 辨 本亦作辯徐邈劉昌宗皆方免反別也一音平勉反 別也 彼列反下同 以縣 音玄下同 埶 魚列反下同 召誥 上詔反下古報反 大保 音泰 汭 人銳反 體國 鄭云體猶分也干寶云體形體 面朝 直遙反 令天 力呈反 冢宰 鄭云宰主也干云宰齊其清濁和其剛柔而納之中和曰宰 掌邦治 直吏反注邦治下治官皆同 大宰 音泰注及後放此 副貳 徐音二 府藏 才浪反下同 官長 丁丈反下皆同 自辟 必亦反徐方狄反 胥 鄭徐劉思敘反戚思餘反下皆同 徭役

音遥　諝劉思敘反　宮正此以下鄭總列六十職序于注則各於其職前列之　膳夫上戰反　庖人徐扶交反　賈八人鄭徐音古劉音嫁下放此　裹肉音果　苞苴子餘反　物賈音嫁　内饔鄭於容反　割亨戚普庚反劉普孟反　之稱尺證反　亨人劉普庚反　主為于僞反下為主同　甸師田遍反　圭共音恭下皆同　獻人音魚本又作魚亦作獻同又音御　鼈人必列反　腊人音昔　醫師意其反　有和胡臥反又音禾　齊才計反　瘍音羊　瘍創初良反　奄於檢反謂精氣閉藏也劉於驗反徐於劒反　奚如字又胡禮反　從坐才臥反　漿人子良反　凌人力證反字從冰或力升反　醢人呼在反　不盡津忍反　醯人本又作醯呼西反　冪人莫歷反　解止佳賣反　掌幕武博反　貨賄呼罪反　司會古外反注同鄭云主天下之大計　尚書音常　簿書步古反後簿書皆同　少內詩詔反　歲斷丁亂反　閽音昏　囿音又　斿本亦作游音由

未冠古亂反　嬪符真反婦也　内治直吏反　女祝之六反鄭徐之又反

典枲絲里反　裁縫戚奉容反徐扶用反下同　縫人劉扶用反　染人如豔

反劉而險反　追師丁回反治玉石之名一曰雕　屨人紀具反　夏戶雅反注同翟

雉名　采如字或作菜　夏翟音狄　爲緌如誰反

大宰　邦國鄭云大曰邦小曰國邦之所居亦曰國干云國天子諸侯所理也邦疆國之境　治

典直吏反注下治典邦治治官治職之治皆同　以擾而小反鄭而昭反徐李尋倫反　以詣

戶皆反　以詰起一反禁也干云彈正糾察也　馴也似倫反　度作待洛反

猶傳側吏反下同猶立也　灋古法字　官聯音連　以弊必世反斷也鄭蒲計反徐

劉府世反　斷也丁亂反下同　斂弛尸氏反　以比毗志反鄭房利反　簡

稽古奚反鄭又音啓　以版音板　傅別音附下彼列反　書契苦計反　劑

子隨反爾雅云劑翦齊也　以要於妙反徐於召反後不音者放此　朝覲直遥反凡言朝覲皆

同 辠古罪字 劓魚冀反 刵音月又五刮反 以馭魚慮反 賦貢鄭云賦口率出泉也貢功也干云賦上之所求於下貢下之所納於上 采邑音菜 周召上照反 毛聃乃甘反 月奉符用反本或作俸 口率徐劉音類戚音律一音所律反下同 所稅舒銳反 八柄兵命反 其行下孟反注同 殛紀力反 鯀古本反 歐起俱反 園圃布古反又音布 蔬古育字 藪速苟反 牧牧養之牧徐音目劉音茂 蕃鳥扶元反 飭化音勑 商賈音古行曰商處曰賈下注同 閒民音閑 秫音述 曰瑳七何反 曰琢陟角反 曰鏤婁豆反 爲人于僞反 傭音容 賃女鴆反 粱菰音孤彫胡也字或作苽 果蓏力果反 其樊如字又方元反 畜牧許又反又許六反 美稱尺證反下同 蠭降力之反 曰圉魚呂反養馬曰圉 質於豬二反 蔬不孰色居反菜也劉音蘇 曰饉其靳反 家削本亦作稍又作鄁所教反徐所召反 幣餘鄭婢世反干必世反

名與音餘　鄉大夫劉音香　毋處昌慮反後可以意求　羞服干云羞飲食也
服車服也服或作膳　芻初俱反　匪頒鄭音班徐音墳　好用呼報反注同　贈
勞力報反　嬪貢鄭音頻司農音賓　爲摯音至本亦作贄　楛矢音戶　櫄
勑倫反　幹古旦反　篠西了反　簜大黨反　絺勑其反　紵直呂反　璣徐音
畿劉音其既反一音機　琅音郎　玕音干　柚羊救反一音羊受反或音喻　繫邦音計
以治直吏反下注王治凡治眡治皆同　曰藪干云宜作叟　德行下孟反　耡
音助　乃縣音玄注同　挾日子協反字又作浹同干本作帀子合反十日也　木鐸待洛
反　以徇辭俊反　其參七南反鄭云卿三人也干云三公也　傅其戚音附徐方慕反
各監古銜反　爲民于僞反　之平音評　要之一遙反　糞弗運
反　洒色賣反　前期如字干本同徐昨見反本或作先如字又悉薦反　所諏子須反謀
也　散齊西但反下側皆反下同　眂音視本又作視後皆同　滌直歷反　濯直角反

謂漑古愛反　甑甗魚善反徐音彥一音言本又作甗音歷　納亨普庚反注同劉
普孟反　鄉祭許亮反　獻齊才計反　神示本又作祇音畿　亨先王
許兩反劉音向注亨幣同　時見賢遍反下同　春朝直遥反下文同　之酢音昨
依前於登反本亦作展　含玉本又作哈戶暗反後同　旣窆彼驗反徐補贈反
璧琮才宗反　巡守音狩本亦作狩後巡守皆放此　小宰　宮刑鄭如字謂
宮中之刑也干同杜作官　之治直吏反下及注皆同　爭訟爭鬬之爭　專達干云達決
也　其委於僞反下賙委同　積子賜反　斂弛尸氏反劉本作施音弛杜作弛　涖
音利又音類　玉鬯勑亮反　牲鑊戶郭反　玉齍音資　六鄉音香　屬
其音燭　六紖徐音胤劉音引本或作引　上相息亮反　豕與音餘　政役鄭音
征司農如字　以比毗志反注同　以傳音附注同　別彼列反注同　要會古外反凡
要會會計之字皆放此　士卒子忽反下同　簡閱音悅　貸子他代反　傅

著直署反　平賈音嫁　月平劉音病　弊羣必世反　治也如字下文治其弛舍同　斷也丁亂反下同　不解佳賣反　傾邪似嗟反　共其音恭禮本供字皆作共可以意求之　祼將古亂反　不爲于僞反　莫稱尺證反　啐之寸對反　含襚音遂　所賙音周　使齎子兮反　今上時掌反下同　夏之戶雅反後放此　宰夫　掌治直吏反注及下之治贊治官掌其治皆同　朝之直遙反後皆同　治藏才浪反注治藏同　別異彼列反　辟於音譬本亦作譬下皆同　傳吏直專反　辟名徐芳石反劉芳益反干云不當也　畜獸許又反　作見賢遍反　比官如字注同戚毗志反　委積上於僞反下子賜反此二字相連皆同此音　飲鄭徐於鴆反注同　食音嗣注飲食公食同　賓賜之飧音孫牽一本作賓賜掌其飧牽干本同　俶獻昌六反　用賻音附　而賵芳仲反　共辨簿莧反　期會如字　警戒京領反　宮正　比宮徐芳履反一音毗志

反注下並同　直宿戚如字劉息就反下同　柝吐各反　夕莫音暮本亦作暮

行夜下孟反　爲其于僞反下注皆同　有解佳賣反　惰徒臥反　離部力智反

重門直龍反　聞於音問又如字　忘守手又反又音手下文同　出疆

居良反　之倅七內反　分別彼列反　德行下孟反　荷其呼何反又

音何　持操七曹反　疏數音朔　祿稟彼錦反　去其起呂反　其

奇音羈徐去宜反　衺似嗟反亦作邪　譎古穴反　觚音孤　會其什如字注同　教

道徒報反下道導同　蹕音畢徐又音痹　讀火戚如字徐音豆　填音田　街音佳

倚廬於綺反　宮伯　適子丁歷反　於徼古弔反　候便婢面反

頒其音班　膳夫　之食音嗣飯也注及下食用公食同　食飯扶萬反依

字作飰　二十罋徐劉音瓮屋貢反　之饌仕眷反　盡聞津忍反　淳

之純反下同　熬五刀反　淳毋莫胡反一音武由反　炮步交反　牂作郎反　擣珍丁老

反　膋了彫反　五齏作西反　三蘱劉奴兮反徐耳齊反　稌音杜徐他古反
茈古吳反　醷本又作涼力羊反徐力放反　醫於美反徐於計反　酏以支反劉書支反
朝食如字下奉朝同　陪鼎徐蒲來反　授祭品鄭云禮飲食必祭示有先也干云祭
五行六陰之神與民起居　刌寸本反劉音忖沈寸沒反徐倉典反　大札側八反徐音截疫癘也杜
注左傳夭死曰札　有裁音災　疫音役　癘音厲　君爲于僞反　見於賢遍反
反下文及注同　而間劉古莧反戚如字　庖人　六畜許又反注同即六牲也
六獸司農云麋鹿熊麕野豕兔鄭云有狼無熊干注麕作麏熊作狟　六禽鄭云羔豚犢麛雉鴈也司農及
干鴈鶉雉鳩鴿鷃　麕本又作麇亦作麏居倫反麞也・鶉音純　鷃於諫反　鴿古合反
麛音迷鹿子　未孕以證反一音乘　鱻悉然反生肉也　薧苦老反乾肉也　計數
色杜反下校數同　不褻息列反　好羞呼報反　鮺側雅反　蟹戶買反
胥息徐反劉音素字林先於反蟹醬也　乃令力呈反　付使所吏反　乘禽繩證

反下同　膏香牛脂也禮記作薌音同　腒其居反乾雉也　鱐所留反乾魚也　膘素刀反杜云犬膏也司農及干云豕膏也　腥音星杜云豕膏鄭干云雞膏也或作雉膏　鱻羽鄭云鮮魚也羽鴈也杜云鮮羽鴈也　羶書然反羊脂也　煎和胡臥反下文同　暵熱呼旱反劉呼旦反　水涸胡洛反徐戶格反　爲人于僞反　內饔　割亨普庚反注及下同　肆解託歷反　齊以才細反　截側吏反　膳音燔本亦作燔　胥　職升反　庮音由徐餘柳反干云病也司農云朽木臭也　泠毛音零徐郎年反　而躁早到反　鱢本又作臊芳表反又符表反又芳老反徐又孚趙反　．而沙如字一音所嫁反或蘇他反　鳴貍音鬱徐於弗反　豕盲已亮反　眂視二反又音視　睫音接一音將業反　而般音班　臂如字徐本作辟音方紙反　螻音樓如螻蛄蟲臭也干音漏內病也此依禮記文　是　別彼列反　澌也音西　蛄音姑　掌共羞共依注音具　膴火吳反徐凶武反　胖普半反　鍛丁亂反　鉶羹音刑　牒肉直輒反又之涉反　大臠力轉

反　好賜呼報反注同　外饔　饗食音嗣　長帥色類反

亨人　之齊才細反注同　爨七亂反　大羹音庚又音衡下同　肉湆去及

反　甸師　耕耨乃豆反　齍盛音資　芸音云徐音運本或作耘　芓

音子徐音茲　三推出誰反又他回反　茜所六反　酒滲所鴆反　浚也

荀閏反劉思順反　焫如悅反　苴音租又子餘反　以藉在夜反　泲酒子禮反

醴齊才細反　蓏力果反　眣大結反　受眚生景反　斷其丁亂

反　不踐音翦　獸人　掌罟音古　搏所音博劉音付後同　觸

攫俱縛反又俱碧反又作擭華霸反　弊田如字徐蒲計反　注于之樹反　什也

普卜反一音芳豆反又音赴　鼈所音來本亦作萊　植虞直吏反又時力反徐音栽　而

珥徐如志反　以享許丈反劉音禴由若向後皆放此反　祀祊音方　折之設反

馘古獲反　以數色主反一音所　筋角音斤　獻人　水偃於建反徐

本作匽一返反　關空戚音孔下同　王鮪位軌反　鱻薧本又作槁苦老反

鼈人　取互戶故反干云對也　萬莫干反　簎戚勑角反劉倉伯反徐倉格反

沈槍昔反案莊子云冬則擉鼈於江擉音义角反義與此同今從彼讀　蜃市軫反鄭云大蛤也干云鮹類

貍物莫皆反　以杈音义　共䖍薄佳反徐父幸反　蠃郎戈反　蚳直其反徐

長梨反蚍蜉子　螔音夷又音移　蝓音由又音榆　蜯字又作蚌蒲項反又蒲杏反　蛾

子宜綺反　蟲舍音捨　蚳蝝悅全反字林允絹反　腊人　解肆勑歷反

捶之蘂反　豆脯豆音羞出注　胖普半反杜音版　夾脊戚古洽反劉古協反

公食音嗣　豕麕京倫反　反覆芳服反　腍而甚反　爓徐廉反

乃亨普庚反

天官下本亦作天官冢宰下

醫師　瞑眠見反徐亡千反　眩玄見反徐音玄劉虎縣反　不瘳勑留反　疕戚匹

婢反徐芳鄙反劉芳指反一音芳夷反頭瘍也亦禿也**瘍**音羊身創也**造焉**七報反**則**

**稽**古兮反考也後皆放此**食醫****六食**音嗣下食齊同**之齊**才細反下皆同

徐蔣細反**眂**音視**凡和**胡臥反**飴蜜**以之反**堇**音謹**荁**音桓**枌**符云

反**婉**音問**槁**苦老反**滫**劉思酒反徐相幼反**瀡**相蘂反**宜稌**音杜又他杜反

**宜苽**音孤**稉**本亦作秔音庚**彫胡**劉本作凋音彫**恒放**甫往反**疾**

**醫****痟**音消**痒**以掌反**疥**音介**嗽**西豆反本亦作欶**上氣**時掌反注同

**欬也**苦代反**喘**昌兗反**作見**賢遍反下同**其贏**音盈後不音者同**角徵**張里

**治合**如字又音閤下同**劇易**以豉反**五藏**才浪反下文及注同

反**休王**往況反**扁**本亦作鶣蒲典反徐扶忍反**鵲**漢書音義云扁鵲魏桓侯時醫人史

記云姓秦名少齊越人**倉公**史記云姓淳于名意臨淄人為齊太倉令漢文帝時人**九竅**苦弔

反**秦和**左傳昭元年晉平公疾秦伯使醫和為之即此人也**岐伯**其宜反**榆**羊朱反本

亦作俞 柎劉音附徐音鈇岐伯揄柎皆黃帝時醫人 少者詩照反 瘍醫 折

瘍劉本作斲同時設反 之祝之樹反出注 劀音刮徐工滑反 之齊才細反 生

創初良反 踠於阮反徐烏臥反 跌待結反徐徒紇反劉徒沒反 附著徐豬畧反

刮去羌呂反 黃堥本又作蝥劉音武又音無徐音毋又音務沈武侯反 礜石音豫

上著直畧反 五氣氣音穀出注 獸醫 畜獸許又反下同 爲

其于偽反 趨聚本亦作驟同仕救反 食之音似 酒正 功沽音古

大酋將由反下同 秫稻音述 必齊戚才細反下皆同一讀此如字 麴蘖魚列

反 湛接廉反 饎昌志反 自釀女亮反 泛齊芳劒反 盎烏浪反

緹音體 醪魯刀反 猶翁嗚動反下同一音於勇反 酇白即今之白醆酒也宜

作醆作酇假借也在何反 差清初賣反 醳音亦徐音昔 曰醫於己反徐於計反注

同 酏以支反 泲者子禮反下同 從殹烏兮反徐烏例反本或作毉 省也

所景反　截昨再反　之粥之六反劉音育　稀者音希　清湑音糟下同沈子由反　與臆本又作醷於紀反徐於力反　三貳徐音二下同　爲尊于僞反　唯嗛苦簟反　衮古本反　鷩必列反徐劉方利反　毳充芮反　希晃本又作絺同張里反　醆側産反　粢才計反　醍音體本亦作緹　以飲於鴆反　度當徒洛反　侯朝直遥反　酒人　比其戚必履反又毗志反徐扶利反　親食音嗣　侑音又　漿人　若糗上酉反又昌紹反　留閒如字徐音澗　用柶音四　夌人　治鑑胡暫反本或作監音同　如甑直僞反與縋音同　盛冰音成　爲二于僞反　廣八尺長丈二尺深三尺凡度長短曰長直亮反度淺深曰深尸鴆反度廣狹曰廣光曠反度高下曰高古倒反相承用此音或皆依字讀後放此　漆赤中用朱漆其中　朝覿直歷反　秋刷所劣反　清也如字又才政反下同　籩人　鱧芳弓反徐又芳勇反或郎第反　蕡符文反徐蒲悶反　膴火吴

反　鱐所求反　枲思里反　牒戚章涉反又直輒反　楅皮逼反本又作煏同

糗幹音乾又作乾析幹同　穜直龍反又音童　其腴音與以啗劉徒覽反徐徒暫反

乾䕩音老徐力到反　榛側巾反劉士隣反　少牢詩詔反凡言少牢皆放此　不祼古亂

反　蔆音陵　芡音儉　㮚古栗字　重言直用反　蔆芰其寄反　餌而志

反　餈財資反　餌餅必領反　爲餌于僞反下文同　黏女廉反　著直畧

反　醢人　韭音久　菹莊魚反　醓吐感反本又作盜或一音昌審反　麋

臡乃兮反又人齊反　菁作寧反又音精　茆音卯北人音柳　麇京倫反　膊乾普博

反　莝倉臥反　骭戶諫反徐戶幹反　蔓音万又莫干反徐音巒　蠃力禾

脾婢支反徐蒲佳反　析星歷反　蠯蒲佳反徐薄雞反　蜃市軫反　豚拍

音博　蚳音移又音夷　蝓音榆又音由　大蛤音閤　蛾子魚綺反　爲膊

音博下鎛同　芹音勤徐又音謹說文作菦云菜類蒿也音謹　箈音迨鄭云箭萌也爾雅作箔同

鄭司農云水中魚衣也當徒來反沈云北人音禿改反又丈之反未知所出 筍息尹反 蒲蒻音若 酏食音嗣下同 糝素感反 餗音速 饘之然反 糔思柳反劉相早反徐相幼反 溲所柳反 臅昌蜀反一音粟 爲王于僞反 五齊徐劉于西反下同沈才細反 若牒直輒反 少儀詩照反 爲軒音獻 皆牒之涉反本或作䐑下同 爲辟必亦反又音檗 爲宛於阮反又於月反 之醯呼兮反 之

稱尺證反 醯人 五齊子兮反下之齊共齊醬齊皆同 鹽人 苦鹽音鹽工戶反出注 散鹽悉但反下同 不湅音練下同 齊事才細反 鬻音煮 盬音古 幂人莫歷反 氣與音餘 皆黼音甫 · 宮人 之脩劉音修本亦作修 朝直遙反下同 辨色如字本又作別彼列反 井匽於建反徐音偃 不蠲音圭又古玄反絜也 去其起呂反 爲饎尺志反 謂霤力救反 受畜勑六反 絜清戚才性反本亦作凊 掌舍 梐步禮

反　枑戶故反　再重直龍反下同　爲柜音矩下同徐胡故反　櫰音褱戚疏關反
居舉慮反　溜力救反　水涑徐劉色遘反戚色胄反　槀當洛反　爲藩方元反
壝戚唯季反劉欲鬼反徐羊誰反一音待果反又時累反　埒徐音劣　遊觀工喚反一音官
幕人　幄烏學反　帟音亦　綬音受　掌次　張事劉音帳戚如字
下邦之張事同　皇邸徐當禮反一本作皇羽邸　後版徐音板　屏風薄刑反
朝日直遙反注朝日同　重帟直龍反注下同　爲之于僞反　大府
受藏才浪反注受藏言受藏同　稍秣音末　好用呼報反下同　使者色吏反
斥幣音尺徐蚩柘反　玉府　玩好呼報反及內府皆同　之藏才浪反注
同　蠙珠劉薄田反徐音頻一音父賓反　含玉戶暗反　枕尸之鴆反　楔
先結反　令可力呈反　飯唅扶晚反　衽而甚反又而鴆反　牀笫側美反徐
側敏反　袍襗劉音澤徐待各反　簀也音責　玉敦音對徐丁雷反注同　盛

血音戚下同　歃之色洽反徐霜獵反　文織音志一音如字劉音至　爲王于僞
反　獻遺唯季反下同　内府　使者所吏反　小治直吏反
外府　不徧古遍字下同　復出扶又反徐音服　後數音朔　有奇紀宜
反　足枝如字一音奇　幣齎音咨注同一音祖係反　問幾徐舉豈反
司會古外反下同　之治直吏反注同　攷音考　司書　九正音征
注同　猶比毗志反　餘見賢遍反下同　之簿步故反下同　朽蠹都路
反　器械戶戒反　六畜許又反　稅斂力驗反　職内　種
章勇反　寫下戶嫁反　藏中才浪反　職歲　而編必綿反又必連
反一音方千反　職幣　拚也音拯　揭之其列反　以著直畧反徐張恕
反　司裘　中秋音仲注同　毴音毛毨先典反　裘與音餘　鶉
音淳　麛音迷　其鵠古毒反　爲祭于僞反　可以與音預下得與同

德行下孟反　比於毗志反下同　而中丁仲反下天子中之以下中之而難中以中皆同　所射食亦反下自射所射共射皆同　爲臯諸允反本亦作準　著於直畧反又張畧反　參七素感反　干五五旦反劉音鴈本又作犴　遠尊于万反　射

正音征下同　鳱音干劉音鴈一音岸　廞許金反徐又火飲反　遺車弃戰反　興

也虛膺反下同　掌皮　毳尺銳反　細縟音辱　餘見賢遍反

内宰　省文所景反　其奇紀宜反　衺似嗟反本亦作邪　紝女金反

組音祖　紃似倫反　縫線仙戰反字亦作綫　后祼古亂反　瑤爵音遙　不

與音預　酳士斬反劉侯吝反又音胤　玉𥁕音吝　淳劉諸允反注皆同徐音純　帀

朝直遙反下同　介次音界或作分非　爲純諸允反下同　四㧅音紙　與音餘

中春音仲　調度徒弔反下待洛反或如字　種直龍反本或作重音同先種後熟曰種案

如字書禾旁作重是種稑之字作童是種殖之字今俗則反之　稑音六後種先熟曰稑本又作穋同　之種

章勇反注藏種同　傳類直宣反下同　番音煩　孳音茲本又作滋　又上時掌反

而徧云音遍絕句　從容如字　內小臣　使令力呈反　道之音導

相九息亮反注同　爲后于僞反　好事呼報反下同　問遺唯季反

御見賢遍反下同　掖庭劉音亦　閽人　兩覿古喚反　無

衰絰徐音崔　刻識式志反又音式　尨亡江反　狂易以豉反徐音陽

帥色類反注同　使者色吏反　將帥子匠反　苛本又作呵呼河反又音何徐黑

嗟反　則爲于僞反　之闢本又作辟婢亦反避也注同　掌埽素報反　門燎

力召反又力弔反　寺人　相息亮反下及注同　道徒報反後同　弔臨良鴆

反後同　內豎　便疾婢面反　侯朝直遥反下同　則爲于僞反注

下同　遣車弃戰反後遣車皆放此　頮沐呼內反　九嬪　婉於阮反

娩音晚　御見賢遍反　月上時掌反　放月方往反　玉盦音吝劉祖

稽反　玉敦音對　世婦　濯摡古愛反拭也　拭音式凊也　涖陳
音利又音類　女御　持翣所甲反　如使所吏反　之介音界
女祝　禱祠丁老反一音都報反　梗古猛反徐依鄭音亢　禬古外反又禳
如羊反　去之起呂反下同　女史　治之直吏反注同　典婦
功　事齎音咨本亦作粢　凡授音受出注　其苦音古　而賈音嫁注下同
而楬其列反　分別彼列反　布紵音佇　而著直略反徐張庶反
典絲　受良音古出注　及依於豈反　盥巾音管　纊音曠劉古曠反
線似戰反　著直略反下同徐豬略反　盱口香于反　綦劉音其沈音忌　握烏學反劉
烏豆反　文織音志　茵音因　會之舊古外反戚戶外反　傅著音附
典枲　數物色主反一音所　蕢苦迴反又口穎反劉枯𥩹反　苦功音古·
內司服　褘衣音暉　揄狄音遙　鞠衣居六反又丘六反　展衣張彥反注同

緣衣或作褖同吐亂反　君卷古本反下同　朝服直遥反　屈狄音闕
禫衣張彥反　翬音暉　見王賢遍反　言亶丹但反　玼音此劉倉我反
本亦作瑳與下瑳字同倉我反　展如字　媛也音援　其行下孟反　作税劉吐
亂反　白縳劉音絹聲類以爲今作絹字說文云鮮色也居援反徐升卷反沈升絹反　張顯如字
徐音帳　喪衰七雷反　以上時掌反　紛本又作帉芳云反　帨始銳反佩巾徐
音歲　鞶步干反　袠陳乞反　縫人　錦褚張呂反　僞荒鄭注禮記
改僞爲帷　纁許云反　翣本又作篓所甲反　纁披彼僞反　衣翣於既反注
同　度西音宅古文庑與度字相似因此而誤　接檟劉上所甲反下音柳　翣所甲反一
音所立反　染人　春暴步卜反劉步落反注同　秋染如琰反注染夏同　夏
戶雅反後除春夏之字皆同可以意求不復重出　作纛音勳一音鬱　始湛徐子廉反劉慈
鳩反　羽畎古犬反　曰𠷎直劉反劉音壽徐音酬　曰希如字劉張履反　曰蹲

音存徐祖混反一音遵　以放方往反　追師丁回反下及注同　編步典反又
必先反注同　冠禮古亂反後冠禮同　毋追音牟　君卷古本反　紞丁敢
反　紘音宏　綖以然反徐羊戰反　步繇以招反本或作搖　假紒音計　髲皮寄
反　髢本又作鬄大計反劉音地　以見賢遍反　亦縰所買反又所綺反　追琢
丁角反　以縣音玄　瑱它見反　鬒之忍反　屑鬄大計反下同沈音剃　卷
髮卷免反劉羌權反　衣鞠於既反下衣緣同　移袂昌氏反下同　純衣側其
反徐如字　屨人　繶於力反　青句音劬一音姜踰反　著服徐丁庶反
一音知畧反　反與音餘　有絇音劬　有純章允反下同　下緣悅面反下
同　礫音歷　反覆芳服反　以見賢遍反　之救戚如字劉音拘　著舄知畧
反又直畧反　中紃音巡　衣翟於既反　非純如字　去飾起呂反下皆同
散屨素但反注同　夏采　以乘繩證反注乘車皆同　建綏而誰反注

下同依字作綏誤作緌耳　適室丁歷反　東榮如字劉音營　衣尸於既反

復反扶又反　朝服直遙反　以卷古本反　屆狄音闕　玄赬勑貞反

爲禮音維徐音遂　於幢直江反

地官司徒第二

鄉師音香下以意求之　師長丁丈反後皆同　相左音佐　右音又　比長毗志反徐扶二反注下同　稱也尺證反下同　爲民于僞反　言師所類反　才

知音智　堳音眉埒音劣　封疆居良反　繇役音遙　牧人牧養之牧徐音目

何胡可反又音河下同　蓑素木反　何笠音立　其糇音侯乾食　其韗而純反一音而專反黃牛黑脣曰犉

遺人維季反注饋遺同司農音維　槁維俱禹反　召

公上照反　相成息亮反　人行下孟反　媒氏劉音梅　麴起六反

糱魚列反又五結反徐去穢反　物賈音嫁下物賈及賈八人同　廛人直連反徐長戰反

賈師音古　自辟必亦反徐方歷反　校尉胡孝反　酇長作管反

主爲于僞反　乘甸繩證反又如字　委人烏僞反注同　土訓如字司農音馴

爲馴似遵反劉音訓徐餘倫反　告道音導　虞度徒洛反下同　麓本亦作䕘

音鹿　滌源徒歷反　大藪素口反　既陂彼宜反　廾人徐音礦虢猛反

劉侯猛反　礦虢猛反金玉未成器　藍蒨千見反　象斗本或作橡音同　掌荼音徒

徐音餘　茅蒡劉音酉毛詩注作秀　掌蜃上忍反　大蛤古荅反　囿人

音又　爲墠音善　圖中音補又音布　廩力甚反倉也　盛米音成　奄

二於檢反劉於驗反　抌二音由又音揄或羊笑反　抒臼時女反　饎人尺志

反注饎同　爨七亂反　槀人注音槁同苦報反　主宂如勇反

大司徒　廣輪古曠反　墳衍扶云反　原本又作邍　猶徧音遍　究

雍於用反　輪從子容反　之壝維癸反　別方彼列反下同　土會

古外反計也注同　早物音皁本或作皁注同　鱗物劉本作鱗音鱗　而津如字一本作盡音同潤也　覈物音核　民專徒丸反注同　而長如字下注長於土圭同　介物音界　莢古協反　晳而音錫白色也　羸物力果反　叢物才東反　豐肉如字劉而樹反　而庳音婢　貂音彫　貒吐官反　貉胡洛反依字作貈　縟毛音辱一音如勇反　專圜音圓又徒丸反　臞其俱反又作臞音稍與考工記臞後音同　貔音毗一音房私反　貙勑宜反　萑音丸　葦于鬼反　柞栗子洛反　理致直記反　爲橐古毛反劉古到反　蓮芡音儉　韜吐刀反　不爭爭鬬之爭　不愉音偷又音揄　不虣薄報反　不解佳買反　少而詩照反　以相息亮反注同　以毓音育　分野扶問反　其種章勇反　榛栗側巾反　猶蒔時至反　騂剛雖營反　赤緹音低　土潔尺鴆反　日景如字本或作影非下及注同　猶度待洛反下同　近日附近之近下同　遠

日于万反　日跌待結反　封疆居良反下同　顓之宣反　臾音榆　其
率音律又音類後注同　正之音征　字之如字一音滋　爲其于僞反　百
畝本亦作古晦字　乒甸劉常證反　乃復扶又反下同　奠地劉音定　弛
力式氏反　舍禁音捨注同　去幾羌呂反注及下注去聲同　眚禮所景反注同　種食章勇反
殺哀所界反徐所例反注同　蕃樂方袁反注同徐文注皆音煩　今癃音隆
幼少詩照反　抍音拯　捄音救本亦作拯救　日矜古頑反
筭卒子忽反　媺音美　聯兄弟一本作聚兄弟　約椽陟角反　乃
縣音玄注同　挾日子協反　爲比毗志反下同　相賙音周　給足劉子
喻反　飭材音勑注同　商賈音古　閒民音閑　六行下孟反　睦婣
音因　不弟音悌注同　情思悉吏反　心應應對之應　大招上朝反本亦作
韶　大濩音護本亦作護　地治直吏反注及下正治并注同　而斷丁亂反注同

不厭於涉反或於驗反　其肆託歷反注肆解肆去同司農音四注肆陳同　六引如字又音胄　六紼音弗　大札側八反　上其時掌反　計簿蒲戶反後同

小司徒　九比毗志反注下皆同　施舍式氏反　六畜許又反後六畜皆同　之卒子忽反注及下皆同　相別彼列反　猶徧音遍　七八以上時掌反　毋過音無　爲羡淺面反　爲甸繩證反出注注同　夫仁音扶　少康詩照反　溝洫況逼反　爲除于僞反　言乘繩證反下同　巡治澮古外反　其政依注音征　其肆託歷反　使臣所吏反　行下孟反　引窆彼驗反劉補鄧反　復土劉音福一音服　斷其丁亂反　治成直吏反注治成及下文同

鄉師　其治直吏反下六鄉之治同　復免音福　之碑婢亦反　不偪鄙力反　匱其位反　茅蒩子都反一音子餘反或云杜側魚反鄭將呂反　爲菹側魚反　爲藉慈夜反下皆同或云此如字下皆慈夜反　苴子都

反又將呂反　拊音付　而去羌呂反　守祧他彫反　其隋戚吁恚反劉相恚反

是與音餘　輂九玉反　人輓音晚　一梩里其反　執櫜桃報反劉音毒

御匱音舊　執紼音弗　執翿劉音桃戚徒報反　羽葆音雨　幢也直江

反　其行戶剛反下行列同　而堋補鄧反　謂封彼驗反　斷其丁亂

反　明爲于僞反下爲州長爲鄉大夫爲州黨同　鳥隼雖允反　之旟音餘　別

異彼列反　課殿都遍反下同　帀朝直遙反下同　之蘜古鞠字本亦作鞠

楬豆苦瞎反　輁九勇反　軸音逐　楅音福又音逼　鄉大夫　所

治直吏反下考治下治所治處同　德行下孟反下及注德行之行六行皆同　復多音福下同

上其書時掌反　寶藏才浪反　寧復扶又反下猶復同　張皮射

之食亦反　樂與音餘　矍俱縛反本或作瞿音同　相息亮反　如堵丁古反

揚觶支豉反　州長　各屬音燭合也聚也注下皆同　會民如字注同

重申直用反　黨正　教治直吏反族師治令同　彌數所角反　祭禜禜敬反　大蜡仕詐反依字作䄍　爲民于僞反　農隙去逆反本又作卻　孝弟音悌下同　昏冠古亂反　族師　祭酺音步或音蒲　校人戶教反　蝝悅全反　螟覓經反　酺與音餘下步與同　雩禜禜敬反本亦作禜下黨禜同　葬如字劉才郎反　埋本或作貍莫皆反　閭胥　各數色主反　政役如字杜音征　皆會如字下會同　爲暨其器反又斤乙反　觵古橫反　撻吐達反　扑也普木反　比長　之治直吏反　有辠本亦作罪　衰似嗟反　不便婢面反　則呵呼何反又音何　封人　唯爲于僞反下同　單出音丹　丘乘繩證反　其楅音福　其絼本又作紖持忍反　水稾古老反　絜清如字又才性反　著牛直略反　令不力呈反　得抵丁禮反　如椵音加沈一音瑕　以豸直氏反　毛炮薄交反

爓似鹽反　去其起呂反　肥腯徒忽反　鼓人　又別彼列反

鬼享許丈反劉虛讓反牛人職同　鼖扶云反　鼛音羔長丈二尺　編鍾必仙

反　鎛音溥鎛鎛于也　碓頭音對本又作椎直追反　鐲直角反鉦也　鉦音征

鐃女交反　有秉兵政反本又作柄下同　且卻起略反　鐸待洛反大鈴

大鈴音零　帗音拂劉音弗　鼜干歷反　發昫本又作呴亦作煦休具反劉休

武反或況家反　之眚生領反　舞師　旱暵呼但反　爲皇音皇

牧人　阜蕃音煩　牲牷音全　黝於糾反司農音幽　尨亡江反

表貉莫霸反　爲甈巨例反　一副普逼反　辜音孤　禳如羊反　憚其

徒旦反　牛人　職人　戚音特或餘式反劉之式反注樴同　以繹音亦徐音夕

之杙餘式反劉餘則反　積膳子賜反注同　飧音孫　饗食音嗣下文同

縶冪民狄反　折俎之設反　槁牛苦報反注同　遣奠弃戰反

牽徬薄浪反注同　之互劉音護徐音牙　盆簝音老劉魯討反受肉籠也　以盛

音成　縣肉音玄　充人　散祭素但反注同　近之附近之近

地官下

載師　廛里直連反　以場直良反　圃布古反又音布　賈田音古注同　亦

畺地居良反　吏爲于僞反　果蓏力果反　州長丁丈反後皆同　去

監古銜反　盡如津忍反　者與音餘　林麓音鹿　涂巷音徒

一起呂反下同　如比徐方二反　卒之音律又音類　桼林本又作漆音七劉本

作桼字之變也音同　畺埸音亦　儳布劉音讒徐才鑒反　皆說音悅　欲令

力呈反　以衣於旣反下同　有閒音閑　閭師　以飭音敕　以

畜許又反下同　不衰七回反下同　縣師　大比毗志反後放此　之

卒子忽反　量其音良　遺人唯季反劉音遂　施惠式豉反後施惠皆同

廩人良甚反 易以以豉反 作撞音覲又音謹 有㡯劉音雅

均人 地政音征出注下同 上下時掌反 四鬴房甫反 畇畇音均

又舒均反又音旬聶氏常純反 師氏 以媺音美 行本下孟反下及注同

以知音智 之稱尺證反 覆燾徒報反 說命音悅 敬孫音遜

夫孝音扶 王朝直遥反注及下皆同 國中鄭丁仲反注中中禮者同杜音得 則

從才用反下同 爲與音預下同 聽治直吏反下同 且蹕音畢 保

氏 五馭音御 德行下孟反下文及注同 剡羊冉反 注之樹反下同 襄尺

音讓本作讓諸音非 差分初佳反又初宜反下同 重差直龍反 夕桀音的沈祥易反

此二字非鄭注 嚴恪如字又音儼 濟濟子禮反 蹌蹌七良反 闞闞呼檻

反 仰仰本又作卬五剛反 濟濟皇皇上子禮反反音齊下于況反又音往 纍纍

顛顛上律悲反下音田又如字 暨暨其器反 詻詻五格反 匪匪芳非反

王闈音韋宮中巷門　司諫　而強其丈反注同　則易以豉反　以
行如字下注同　司救如字劉音拘　之衰似嗟反注作邪同　酗況付反
禜音詠　好訟呼報反　去其起呂反　著之直畧反一音丁畧反　近罪附近
之近　調八　之難乃旦反注及下同　共和並如字　之畜許又反
辟諸音避下同　從兄才用反　眡父音視　盥而音管　謂重直用
反　後復扶又反下不復聽同　媒氏　以上時掌反　奇數於綺反本
或作倚音同　以別彼列反下同　冠子古喚反　純帛側其反依字從系才
中冓古候反　而棧士板反劉才產反或士諫反　有茨疾私反　司市
之治直吏反下及大治小治同　豆區烏侯反　行列戶剛反下行列同　者
易以豉反下之易同　售受又反　商賈音古注曰賈下商賈賈師皆同　成賈音嫁注下
不音者皆同聶氏及沈云成賈定賈奠賈物賈其賈平賈大賈小賈賈賤恒賈而賈故賈凡十二音嫁餘音古

徵責劉音育聶氏音笛字林他竺反　質劑子隨反　月平皮命反下月平同　賈
氏劉音嫁聶沈音古注賈氏同　禁虣薄報反　而去起呂反　扑也普卜反下文同
斂賒傷蛇反　同共如字　則爲于僞反下爲民同　賒貰音世貸也劉傷
夜反一時夜反　戺音側本反又作昃　販夫方万反　其便婢面反　奠賈音定
又田見反　上旌時掌反注同　殳也音殊　防誑九況反　物行遐孟反又如字
聶胡剛反　苦者音古　以卻起略反　好奢呼報反　在賈音古注同　得
粥音育下同　中度丁仲反下同　廣夾音洽　數十二色主反　爲柎
劉方符反沈音附　一幕劉音莫　一帟音亦　遊觀古奐反下同或音官　爲
說如字解說也聶如銳反　質人　用長如字　其淳音準　幅廣光曠
反　匹長直亮反　當中丁仲反　淳尸劉章純反下同　國基如字本或
作棊同　之好呼報反　廛人　紡布音次本或作次　總布劉依杜音

讒鄭音憁　爲儳音讒　租稯音揔　官爲于僞反下同　以畜勑六反
皆說音悅　豬知呂反本或作貯又作豬皆同　藏於如字劉本作葬音同　瘦本又作膄所又反
臞其俱反又作臞音稍　以紓音舒劉常汝反　胥師　表縣音玄　飾
行下孟反　慝者他得反惡也　巧飾苦教反又如字　令欺力呈反下文同　而貿
小治直吏反下之治同　而斷丁亂反　賈師音古下注賈師同
音定　別也彼列反　重困直用反　而更音庚　爲官于僞反
司虣　鬬嚻五羔反讙也又許驕反　讙音歡　則搏音博下同　司稽
所操七曹反　以徇辭俊反　肆長　相近附近之近下及注同　相
遠于万反注同　或數色主反　故別彼列反　令相力呈反　賈人
音古　泉府　楬而音竭　其抵音帝本也又都禮反　爲癉音旦又丁左反
揃音牋又倉廉反　著其直略反　別治直吏反　之貸音待注不出者同

別其彼列反　貸民吐代反　本賈音嫁一音古　所賈音古　假令
力呈反　償時亮反　則會古外反後放此　司門　管鍵其展反又其偃
反　司農音蹇居免反　篇羊略反　正其音征　轂音計本又作繫　監門古銜反注
同　造焉七到反注同　司關　猾商音滑　其治直吏反　碑
稅音避一音芳益反　節傳張戀反注下皆同　凶札側八反又音截　札瘥才何
反病也　猶苛呼多反又音何　令紆力呈反　皆說音悅　敂關音叩苦狗
反　則爲于僞反　謂朝直遙反　掌節　則別彼列反下相別同　盛此
使者所吏反下之使注使節使者同　英蕩如字又吐黨反　爲帑吐黨反
音成　郵行音尤字從垂作郵誤　遂人　爲鄰作管反後同　制分扶問
反又如字下分制同　比閭毗志反下同　追胥如字劉張類反　致甿亡耕反
興耡音助李又音鉏　以疆其良反　懵懵本又作懜莫崩反又音蒙李武冰反　猶

會古外反下一字同　爲率音律又音類　錢音翦劉音踐　鎛音博　復子扶又反　令相力呈反　百晦音畝　萊音來　有數色主反　奇受居宜反　遂

有畛之忍反劉音眞　有洫況域反　有澮古外反　乘車繩證反

從子容反下同　去山起呂反　盡主津忍反　施舍式氏反下施舍皆同

政役音征注同　而屬音燭　六紼音弗　及窆劉昌絹反穿也本作窆戚彼驗反與注相應

與說始銳反　千人與音餘　啓朝直遙反　之封彼驗反或如字

之堋補鄧反　政治直吏反下治訟皆同　遂師　耕耨奴豆反　斂艾音刈

庀其又作庀匹爾反具也劉副美反一音芳米反　脩行下孟反　抱磨劉音歷

丘籠力董反　及蜃市軫反　以爲于僞反　神坐才臥反　復土音服或音福

乃說始銳反或吐活反　更復扶又反　龍輴勑倫反

作樽市專反李徒官反　作輇市專反　適歷音的又音釋　比敘匹爾反出

注　行列戶剛反　遂大夫　徑術音遂　善相息亮反　道民
音導　大比毗志反下徵比及注同　屬其音燭聚也注同　地治直吏反　縣
正　趣其如字李倉苟反本又作趨音促　鄙師　禜也音詠　數其色主
反下同　其嬍音美　里宰　治處直吏反　今街音佳　彈如字一音
丹　因放沈方往反　旅師　閒粟音閑注同　而用而音若出注
輿積子賜反注同　之治直吏反注同　復之音福　期不音基　以上
時掌反　稍人　丘乘繩證反注丘乘曰乘丘甸并爲甸甸讀禹敶之敶皆同音　輂
輂居錄反　卒伍子忽反　所調徒弔反下同　皆徧音遍　遞焉徒禮
反又音弟本又作適音釋　委人　賦斂力豔反　凡畜勑六反注同　葵
芋于附反　稍聚俗裕反下文同　藩蘿音羅本亦作羅　土均　之政音征
出注　爲之于僞反　豐省所景反　草人　相其息亮反　之

種章勇反注除種禾以外並同　汜勝芳劍反李又音凡　凡糞粉運反本亦作糞

鹹

赤緹音低李他奚反聶吐弟反　墳壤符粉反　用麋音眉　潟澤其列反

潟音昔一音鵲　用貆呼丸反又音丸李一音喜元反　埴時力反一音職　壚音盧李一音閭

彊其兩反注同　黬本又作[illegible]呼覽反劉音檻　用蕡扶云反一音蒲悶反　輕爂孚照反李音婦堯反

縓色七絹反　潟鹵音魯　貒也他官反　粉解胡買反下同

作坌符粉反　稻人　畜水勑六反注同　蕩水如字李吐黨反

以列祿計反注同　以澮古外反　寫水戚如字劉殤故反　其芟所銜反

町原徒頂反　以去起呂反下同　之畦劉音圭又下圭反　晦也音劣　荑之音夷

薀崇紆粉反或憂羣反　水涸胡洛反　芒種章勇反注芒種同

旱暵呼旦反　雩斂戚力驗反注同　以闉音因　土訓　宜麻如字一本作糜李及聶氏已皮反劉沈皆作麇音紀倫反案注辨土所宜荊揚皆言穀幽并不應論獸紀倫之音恐非

地慝他得反　別其彼列反　虺虛鬼反　蝮孚目反　行視下孟反
誦訓　辟忌音避注同　所惡烏路反　山虞　爲守者于僞
反下爲久同　堅濡戚如兗反又音柔　柔忍音刃　掄材魯門反又音倫　不
拘音俱本亦作佝音同　場壇徒丹反或音禪　植虞時力反又音值　而珥如志反又
音耳　林衡　林蘩音鹿　部分扶問反下同　蕃茂扶表反
川衡　川奠音電下同　魚鱅所留反　蜃上忍反　蛤古荅反　澤虞
以當丁浪反後文皆同　自爲于僞反下注同　芹音勤　茆音卯　蔆音陵　芡音儉
迹人　麛音迷　卵力管反　卝人革猛反又虢猛反劉侯猛反沈工猛反　角人
錫石星歷反　鈏也以忍反劉常忍反　啖直覽反本亦作淡
漆浣戶翫反　以度度上如字下待洛反　羽人　羽翮戶革反
爲摶除轉反注同劉徒端反　爲縛劉古本反沈除轉反　之箴之林反　之

緷古本反劉音渾一音戶本反李又基遠反　相近附近之近　掌葛　蕢紵苦迥反
可緝七入反　掌染草　茅如字劉音妹　蒐所留反茅蒐蒨也
橐音託又音妒　紫茢音列劉閭計反或音例　染夏如琰反　掌荼
畜聚勑六反　茅莠音秀劉音酉　掌蜃　互物戶故反　蚌蛤
蒲項反　御濕魚呂反本亦作禦　以白器如字劉薄霸反　囿人　苑
觀古亂反　燕樂音洛　鳧鶴戶各反又作鸖古亂反　場人　枇蒲梨
反或房迷反　杷白加反　亯亦許丈反劉凡享皆音向後放此　稟人　匪頒
上音分亦如字下音班　稍食音嗣注同　好用呼報反　上下時掌反司稼職同
數邦色主反注同　殺邦所界反下注同殺減也　糒也音備　其接依注音扱
一扱初洽反劉初輒反又差及反李聶創涉反　舍人　簠音甫或音蒲李又方于反
筥米姜呂反又音呂　飯米扶晚反注同　熬穀五羔反　錯于七故反

蚳鼻夷反　蜉音孚　四種章勇反下同　縣音玄注下同　穜稑直龍反下音六司稼
職同　見內賢遍反　司稼　之種章勇反注知種同　猶徧音遍下同
出斂力驗反注同　度平徒洛反　舂人　其齍音資注同本亦作粢
饗食音嗣注燕與食及饎人職同　饎人昌志反　致飧音孫　槁
人苦報反　內朝直遥反注同　宂食如勇反　之食音嗣　斷獄丁亂反
弊訟必世反　丞相息亮反　者與音餘　尚書音常又時掌反　直上
時掌反　掌豢音患　其潘芳袁反本或作蕃音同　瀾魯旦反　戔餘音㦰本亦作殘
可褻息列反

春官宗伯第三

僉曰七潛反皆也　曰俞羊朱反然也李一音由　女秩音汝　氏姓如字劉音
紙　大廟音泰下放此　隮本又作躋子兮反升也　夏父音甫　釁夏虛覲

反　鬱人於物反　鬯人勑亮反　秬其許反李其虛反　一稃音孚
鋪之普吳反又音孚　藉之在夜反　守祧他堯反　奄八人於檢反劉於驗反
周爲于僞反　才知音智　三昭上招反說文作佋　少府詩照反
冢塋音營　之長丁丈反後皆放此　之稱尺證反　矇音蒙　眡音視鄭常
至反　瞭音了又力小反字林同云明也　杜蒯如字劉音居下苦怪反　目眹直忍反本又作
眒或作眣劉又音睫　之瞍本又作睃素口反說文云無目也字林云目有眹無珠子也先久反　鎛
師音博　韎師戚莫拜反劉李音妹　味食飲之味如字又莫介反　嗼莫戒反又
音味　莖直基反劉直黎反李音姪　著直居反李張慮反　韎韐古洽反又音閤　籥師餘若
反　猶繹音亦祭之明日又祭也字書作襗　去籥起吕反下同　鞮丁兮反許慎云
履也　鞻九具反又力具反吕忱云鞮革履也鞻者鞮鞻　所扉房味反　蹋鼓徒臘反李吐臘
反　杳行他荅反又如字　謂楯食允反又音允　華氏時髓反　燋哉約反　焌

音俊又子寸反 問著音尸 眡祲子鴆反李且衽反 甸祝音電後不音者同
詛祝側慮反 謂祝之之又反 使沮在呂反沈音敘 馮音憑 相氏息亮反注同 宿劉息就反一音夙 離力計反 不貣吐得反或音二 巾車如字劉居覲反
猶衣於既反
大宗伯 地示音祇本或作祇下神示地示之例皆放此下卷亦然 佐王本或作左音同 享之許丈反後不音者同 以禋音因李又音煙 以槱羊九反本亦作楢音同積也 燎良召反下同 飌師音風 芃芃薄工反一音房逢反 棫音域 樸音卜 三能他來反一 圜丘于權反 以貍亡皆反劉莫拜反 沈如字劉直蔭反 副孚逼反一音方麥反 共工音恭 句龍古侯反下同 厲山如字本或作烈 爲禖音祀又作祀 爲罷如字一音芳皮反 披磔張格反 亦食此音嗣下食宗族同 少昊詩照反下少昊同 曰重直龍反 該古來反 蓐收音辱 不

見賢遍反此內不音者同　四竇音獨本亦作瀆下同　省文所景反　礫禳如羊反

及蜡士詐反　百種章勇反　及郵有牛反　畷音綴井田間道左思吳都賦云畛畷無數又毗劣反　以肆他歷反解骨體　裸古亂反　以禴餘若反　以烝之承反

是祫戶夾反　率五音律又音類　含戶暗反本亦作唅　禭音遂　凶

札如字又音截　不縣音玄　爲火于僞反下荀偃爲同　以禬劉戶外反徐古外反

以更音庚下同　所喪息浪反　于澶善然反　曰朝直遥反注下不出者皆同

更遞音弟　而徧音遍下同　猶朝也張遥反　殷覜他弔反一音他堯反

竟外音境　僭子念反沈創林反　差初佳反沈初宜反　閱衆音悅　封疆居良反

不別彼列反　昏冠古亂反　脤上忍反　膰音煩　見命如字下士相見同

以上時掌反　彪甫休反　實先悉薦反下先時同　後之胡豆反

爲瑑直轉反　信圭音身　麤縟音辱　愼行下孟反　六摯

音至本或作贄反　皮輿音餘　神坐才臥反後神坐放此　植壁音值又時力反一音置　黃
鷙音木　守介音界或作分扶問反　以繢胡對反　衣之於既
琮才宗反　赤璋音章　白琥音虎　玄璜音黃　混戶本反本又作崑音昆
淪音倫本又作崙魯門反　各放方往反　爲制于僞反　其中丁仲反又如字　令
民力呈反下同　淫失如字本亦作佚　蕩滌徒歷反　邪穢似嗟反　道人
音導　急悍戶幹反劉音旱戚胡板反　其種章勇反　省牲本又作眚同息井反後省
牲鑊皆同　鑊戶郭反　玉齍音咨下同　詔相息亮反注下同後詔相皆放此　溉祭
古愛反本或作概　亨牲普庚反　不與音預下同　載果音裸古亂反出注小宗伯
職放此　曰儐必刃反本或作賓同　純衣側其反　假祖音格至也　立依
於豈反　南鄉許亮反　以筴初革反　乃頒音班　小宗伯
威仰如字劉五郎反　熛怒必消反　含樞昌朱反　紐女九反　招拒居禹

反沈又音巨　汁光音叶劉子集反　之昭常遥反　適子丁歷反　毛六

牲戚如字劉莫報反　芼也音孤　斝彝音假又音嫁　蜼音誄又以水反　獻

尊素何反　著尊直畧反　大尊音泰　饎人昌志反　祼亨普庚反劉普孟

反　將瓚才但反　之齎子兮反本又作賫　祓社孚物反劉音廢　以從

才用反　齊車側皆反　則與音預注則與與其祭與與祭與與執事同　大甸音田出注

下旬役同　而饁于輒反劉于法反　譌曰音誄　卺淵巳婢反杜音泯巳忍反李巳辨

反　大斂力豔反下及注同　九稱尺證反　縣音玄　衰冠七雷反　甫

竈昌絹反李依杜昌銳反鄭大夫音穿　腐房甫反　脃之脃七歲反舊作脺誤劉清劣反或倉伮

反字書無此字但有脃字音千劣反今注本或有作脃字者則與劉音爲協沈云字林有脺音卒脺者牛羊脂脃者

耎易破恐字誤案如沈解義則可通聲恐未協脺巳下皆非鄭義　離也力知反　肆儀以志

反習也沈音四李又似二反　肆師　牲牷音全　及其祈祈及注機同巨既反

或巨依反　珥而志反注衈同　刲羊苦圭反　侇室古洽反劉古協反　職人劉之
弋反戚音弋注幟同　監門古銜反　及果古亂反下同　鬻音煮　相治息亮
反下相其禮及注同　爲副芳遥反或副遥反　徽識式志反又昌志反　匪䉛於貢
反　公食音嗣下同　誒與音餘下侯與同　之衰七雷反注同　不中丁仲反注
同　爲夫于僞反下爲取同　師甸音田下大甸同　類造七報反注造猶同
牧之戚音目劉音茂　表貉莫駕反鄭音陌後表貉皆同　蚩蚘音尤　之芟色銜
反　䥫柞側百反　獮思淺反　及禜音詠　酺也音蒲又音步　鬱
人　焦中子遥反劉似消反本又作鐎音同李又郎脩反　造冰七報反下同　士併
薄冷反　襢章善反沈又音但　第側几反　遂貍亡皆反　遺奠弃戰反
𤰈之古雅反　之嘏古雅反　王酺侯客反又音肴　膊燔音煩　卷
人　社壝唯癸反劉欲鬼反　大罍音雷或郎追反　壇墠音善或音禪　禜

門音詠　用瓢婢遥反　齎音齊在兮反杜音資　營鄼作管反　作剽匹召反

螽也力兮反或郎戈反　割去起呂反　柢音帝　用脩音卣羊久反又音由中罇也

凡祼音埋出注　用概古愛反　凡疈孚逼反　用散素旱反注及下注同

獻象素何反　蚌步項反　曰合音含本亦作含　將如字本又作漿　設斗音主

注同　給淬七內反　共介音界　被之普皮反又皮寄反　爲執于僞反

神與音餘　畛於之忍反致也　某父音甫本又作甫　雞人　用

黝於糾反　嘑旦火吳反本又作呼　以郘古弔反　以警音景　朝服直遥

反　比於毗志反　禳如羊反　司尊彝　泲之子禮反下同

醴齊才計反下文注除齊語齊人並同　兩獻本或作戲注作犧同素何反注及下注汁獻同

斝彝音嫁　兩著直畧反注同　朝享直遥反注朝享朝受政猶朝及下注朝用同

蜼音誄又以水反　兩大音泰注同　酌盎烏浪反　玉瓚莊產反　爲酢

才洛反　彝卣音酉又音由本亦作攸　蛇虺上蛇下許偉反　射隼食亦反下荀尹反　禺屬音遇劉音隅　卬鼻魚丈反又五剛反　獻酌素何反司農音儀　涗酌舒銳反李一音雪　脩酌直歷反注同　爲數音朔下同　爲盞子兮反

挩飾舒銳反下本或作拭　勺而上酌反下同　齊和胡臥反　醴醆莊產反　粢才計反記作齊音同　緹音體　舊澤音亦下曰醳音同　摩莎素何反　去滓起呂反　浩酒胡老反或古老反　司几筵　彤徒冬反　莞音官又音丸　藻本又作繅音早　朝覲直遙反下注來朝朝者同後朝覲朝見之類放此　黼音甫

依於豈反下及注同　南鄉許亮反下及注同　紛純章允反劉之閏反司農音均下同　爲王于僞反下爲布同　爲豳彼貧反　緣也悅絹反　藻率音律下同　馮玉皮冰反　蒲蒻音弱　編以必縣反　繢胡內反　柔嚅本或作懦又作擩同如兗反　甸役音田注同　其柏鄭音樽劉依司農音迫　用萑音丸

毋敦音道劉音疇　藏中才浪反　曰燾音導　翌日音翼劉音育
於祊補庚反　天府　守藏手又反下才浪反　世傳直專反　玉
鎮珍忍反又音珍　作瑱他見反　琬於阮反　琰以冉反　天球音求　貢
鼓扶云反　兌之徒外反　垂之如字劉音瑞　見於賢遍反　之治
直吏反下及注同　中丁仲反下注同　沃盥音管　朝于直遥反　者與音餘
數穀數上所主反下所具反　下能他來反　而上時掌反　典瑞
之藏才浪反　以見賢遍反下見於時見殷見同　繅藉在夜反下同　以朝
直遥反注及後放此　韋衣於既反　薦申如字下同一音箭　謂函初洽反或初輒反
反　杼上除汝反　信圭音身　瑑圭直轉反　以覜他弔反　有
圻魚斤反　鄂魚各反　有邸丁禮反又音帝　著其直畧反　併而昌絹反
同　柢音帝　以肆如字又他歷反注同　以搜於十反又於集反　卹彼音瑟又作

邺　取殺色界反劉色例反下同　郢射食亦反注同　以造七報反　射
剡以冉反或因冉反　度其待洛反下度地度日同　地中如字劉丁仲反　徵守
劉手又反注徵守同　王使之所吏反下今使者亦王使使於使者皆同　闇府音開　衮
音茂　駔圭音祖　以斂力驗反注同　令汁力呈反下令為同　和難乃旦
反注同　及鄭音談　叚嘉音遐本又作瑕亦作假皆同　結好呼報反注同
易行下孟反注同　除慝吐得反　飯玉扶晚反注同　含玉戶暗反　柱
左張注反　右顛如字儀禮作巔音同　典命　樊纓步干反　介牢音界
適子丁歷反　則下遐嫁反　射姑音亦　司服　鷩必滅反劉
府弊反　毳昌銳反劉清歲反　希冕本又作絺陟里反劉豬履反注下皆同　不窋
張律反　諸盭直留反或音胄　裨衣婢支反又方支反　罽衣居例反　作
續胡對反　作黹張里反　希刺七亦反劉七賜反沈此擊反下同　以隸劉音

妹又莫拜反　衣韎於既反　之跗方符反又音附　注之樹反　緹衣音體戚音
提　眡朝音視　凡甸音田注同　斬衰七雷反下皆同　齊音咨　此近附近
之近　作絣音弁　爲天于僞反下及注除爲害一字皆同　滑易以豉反　去
其起吕反下同　縞冠古老反劉剛操反　其齊側皆反注士齊同　有襦音儒
本亦作襦　而屬音燭　是廣古曠反後廣袤同　其袪起吕反　以上時掌
反　侈之昌氏反　斂衣力驗反　廞衣虛今反　典祀　而蹕
音畢　遮列章奢反　令入力呈反　守祧　黝於糾反司農音幽　堊
烏路反或烏洛反本或作惡同　其隋許恚反劉相恚反　世婦　比其本亦作庀
鄭眦志反注及下同司農匹氏反劉芳美反沈又上二反　齍盛音咨下文同　相外息亮反
朝莫音暮下同　而呵胡何反　譴也弃戰反　內宗　佐傳
直專反注同　則從才用反　外宗　羞齍音咨　不與音預注同

冢人　夾處古洽反劉古協反　亦併薄令反　別尊彼列反　請
度待洛反注量度同　之窆彼驗反又補鄧反　去碑起呂反　以咸本又作緘
同古鹹反　巾車如字劉居覲反　猶語魚據反下同　傭者音勇　以涖音利
又音類　職喪　贈賵芳鳳反　齍號音咨

宗伯下

大司樂　瞽宗音古瞽宗殷學　命夔求龜反　育子音胄本亦作胄　泮
宮音判本亦作頖同　興道許應反劉虛甑反注同下音導　諷誦方鳳反　以剴古愛
反劉古哀反　倍文音佩　大卷大劉皆音泰戚如字卷音權又眷勉反又居遠反沈又居勉反
大磬上昭反　大濩戶故反　共財音恭　能禪時戰反　傅土
音孚或音附　其邪似嗟反　以說音悅　其長如字　上生時掌反後上生
皆同　去一起呂反下文去樂及注同　度律待洛反　謂徧音遍　物髟眉巽

反　羽鸁力果反下鸁物同　戛擊居八反劉古八反　鳴球音求　搏拊音博芳甫

反　鼗徒刀反　柷昌六反　敔本又作梧魚呂反　以間間厠之間　牄牄

本又作蹌七羊反　於予上如字劉音烏下羊汝反　效應應對之應後皆同不更音　夏

正音征　大蔟音太下七豆反下同　四竇本又作瀆同音獨　樂與音餘　蕤

賓人誰反　函鍾胡南反函鍾林鍾也　中呂音仲亦如字後同　姜嫄音元本亦

作原　所妃音配本亦作配　閟宮音祕　無射音亦注下同　夾鍾古洽反

圜鍾于權反　被也皮寄反　介物音界　大蜡士嫁反　易致

以豉反　孔竅苦弔反　蛤蟹古荅反　之分扶問反　之知音智

爲畜許又反下同　魚鮪于軌反　不淰音審　不矞休律反本又作獝亦作𢧤同

不狘休越反　爲角如字古音鹿　爲徵張里反下同　靁音雷　九

磬依注九音大諸書所引皆依字　崐崘本又作混淪各依字讀　而祼古亂反　嚳

苦篤反　大辰如字劉音泰　與鬼音餘本亦作輿　辟之音避下同　宿縣音玄下樂縣之類皆放此同　屍出音尸本亦作尸　騶虞側留反　召南上照反下召南　挾矢子協反又音協　三侑音又勸也　敗楚必邁反　城濮音卜　大傀劉九靡反舊音怪說文以爲傀偉之字解引此文字林公回反李一音杜回反　會稽古外反　沂山魚依反　雍州於用反　奔賁于敏反　猶繹音亦　大札側八反鄭音截　令弛式氏反　哀樂音洛　歆樂許金反　與也許應反後皆放此　鎛師音博　樂師　幼少詩照反　舞勺章畧反　帗音拂一音弗字或作翇或作䎎皆同　作翌音皇　析羽星歷反下同　旄牛舊音毛劉音來沈音狸或音茅　旱暵呼旦反　翽以劉清須反　采齊本又作薺徐私反　朝廷直遥反下同　作跢倉注反　鼓陔改才反　撞黄直江反　采蘋音頻　采蘩音煩　毋怠音無下同　視瞭音了　令相息亮反注及下同

晛見賢遍反下注同　饗食音嗣下注疏食同凡言饗食皆放此　遂倡昌亮反

治訟直吏反　大胥　之版音板　之酎直救反　適子丁歷反

以上時掌反下六上同　舍采音釋下音菜注同　疏食所居反劉音蘇　以

下戶嫁反　曲折之設反　爲大于僞反　不紕匹眦反劉博雞反　比

樂鄭如字下同比校也杜毗志反次比也鄭大夫匹婢反具也　爲庇匹婢反　陳數所主

反　大昕音欣　小胥　觵古橫反本或作觥同　兕徐履反　其觩

巨繆反　而撻吐達反　扶也勑乙反又勑栗反　荊扑普卜反　士殖

音特本亦作特　筍息允反　簴音巨　去其起呂反下同　繁纓步干反　以朝

直遙反　辟王音避　爲堵丁古反　大師　匏白交反　玄枵

虛驕反　娵子子榆反　訾子斯反　大梁如字劉音泰　降婁戶江反　貿

處音茂　取妻七喻反　土墳虛袁反　曰興虛應反注皆同　治道直吏

反下治功皆同　言鋪普吳反又音孚　爲之于僞反下爲之爲作皆同　歌邶步內反
知仁音智　擊拊音撫　鼓朄音胤小鼓也　道音導　引之引並音胤
授將子匠反下同　士卒子忽反下同　大呼火故反　數怒所角反
之行下孟反下同　小師　搖之音遙本亦作遙　飴以之反　餳辭盈反李
音唐　漆筩音動　有椎直追反　六空音孔　篪音馳　篴音狄　併
而薄冷反　令奏力呈反　應鼙薄西反　喪與音預　其和戶臥反注同
同　鎛于音淳本或作淳　瞽矇　世奠音定　繫戶計反注同　以刺
七賜反　瞍賦素口反　德行下孟反　怵懼勑律反北本作休　眡
瞭　擊頌衆家不音當依字戚音容　相瞽息亮反注同　鼜音戚　愷樂音洛
疾數音朔　典同　聲䃂古本反或胡本反　陂聲彼義反　聲
韽劉音闇又於瞻反鄭於貪反戚於感反李烏南反　侈聲昌氏反又式氏反　筰側百反

弇沈戚音掩劉於驗反　甄音震注同·　作硍音鏗又苦耕反字林音限云石聲　鏗苦耕反　鎗初衡反劉初耕反　嘖嘖側百反　短罷皮買反字或作矲音同桂林之間謂人短爲矲矮矮音古買反　鶕烏南反　當蹕音婢李又孚葵反一音豐己反或音蒲年反　正鏞勑龍反　形大上大音泰下形大下大厚同舊菟佐反上音時掌反　飛鉆張林反又其廉反戚或音沾劉又渠金反說文云鐵鉆也一曰膏車鐵鉆鉆音竹涉反　涅乃結反劉其兼反　鴻殺色介反舊色例反　約也舊如字戚於教反　掉也徒弔反劉奴較反　之齊才計反注同　廣古曠反　長也直亮反　磬師　教縵莫半反杜音慢

學操七曹反　鍾師　夏納本或作納夏　齊夏側皆反本又作齋　祴夏音陔古哀反　鷔夏五羔反劉五到反　使臣色吏反　與聞音預　繁遏於葛反　執僨音競詩作競　穰穰如羊反　合好呼報反　和之胡臥反　笙師　龡昌垂反　竽音于　舂牘音獨或大錄反　七空音孔

下同　髤香牛反或七利反　鞔之莫干反　鎛師　以鼖扶云反

將趨左傳作趣音莊九反杜注云行夜　籥章　豳彼貧反注邠同　蒯苦對反劉

苦壞反　桴音孚　伊耆又作帆阢二皆音耆　中春音仲下同　以樂音洛　田畯

音俊　饁于輒反劉于法反　而索色白反　爲其于僞反　勞農力報反

穫稻戶郭反　躋堂子兮反　無疆居良反　韗韇氏　曰

典庸器　博選胥兗反　從者子容反　爲鐻音距舊本

任音王下同　大卜　三兆音兆亦作兆　之疊舊許斬反沈一依聶氏音

作此字今或作虡

問云依字一作壘壘玉之坼也龜兆文似之占人注同　鏬劉火嫁反又音呼坼之呼　謂縣直又反下

同　又重直用反　坼也勑白反　曰濟節細反又才禮反　曰圛音亦　曰

蟊音濛劉莫溝反沈音謀　揲時設反劉音舌　虙音服　戲本又作虧音羲　重之直龍

反　三瞢音夢本多作夢　觭夢居綺反注掎同又紀宜反杜其宜反　咸陟如字或音

得、作緷胡本反字林云大束也說文音運云緯也聶音徽 爲煇音運 視祲子鴆反 日䆷勑留反 以命龜命亦作令 謂菑音災 見吉賢遍反

鮒也音附左傳作鮒 演其以善反 視高音示下同 冢適丁歷反 竟界音境 彊居良反 鄆田音運 骨近附近之近 令可力呈反 爇也人悅反 龜燋哉約反 西塾音孰舊音育 卜師 謂與音餘 辨龜如字劉皮勉反 左倪五計反又五未反 後弇於檢反 龜人 繹音亦 果魯火反注贏同 靁力胃反又如字 龜卻起略反 乾解音蟹一音佳買反 釁龜許靳反 巠氏本又作莖同時髓反 燋哉約反李又祖堯反一音哉益反 契苦計反劉苦絜反 薪樵在消反 楚焞吐敦反又徒敦反又在悶反又祖悶反一又音純李一音祖館反 謂炬其呂反 焌音俊又存悶反又祖悶反李祖館反 戈鐏存悶反劉祖悶反 契柱張主反 占人 八簭音筮 龜長如字下同

則觳音係　以比毗志反一音必履反　中否丁仲反　簭人　巫更
九巫皆音簭出注　巫比毗志反注同　僉也七廉反　不說音悅下同　相
簭息亮反注同　者與音餘　占夢本又作寢音同　建厭於琰反　休
王于況反　倮魯火反　而轉如字又張戀反　入郢以井反劉餘政反　有適
直革反　䚄五各反注愕同　覺時古孝反下同　寤本又作寤五故反　幾終
如字又音祈　乃舍音釋注舍萌同　萌亡耕反　去故起呂反　始難戚乃多反
劉依杜乃旦反注以意求之儺字亦同　磔陟百反　禳如羊反　眂祲　十煇
音運　烝也音氣本亦作氣　曰鑴鄭許規反劉思隨反或下圭反　曰瞢亡鄧反
曰隮子兮反　反鄉許亮反　如暈音運本亦作煇音同　白虹音洪又古巷反劉古
項反　則弊必世反下注同　斷丁亂反　大祝　六祝之秀反後除大祝宗
祝諸官皆同以意求之　永長如字　遠罪于万反　曰造七報反注下皆同

禬戚古外反劉音會　禜音詠　祈嘄音叫劉音禱　爲有于僞反　號戶羔
反　呼火故反　作見賢遍反　是禡莫駕反　禜社烏營反　炤炤
章搖反　濺滅子廉反　四曰會如字注同　禪婢支反　諶市林反　蒯
苦怪反　蕢五怪反　在難乃旦反　自佚音逸　德行下孟反　閔天
音旻武巾反　不憖魚覲反　嬛嬛求營反　在疚九又反　尼父音甫
奐焉音喚　九京音原　齍號音咨　美稱尺證反　大武如字劉音
泰　剛鬣力輒反　香其音基　嘉蔬所魚反劉音蘇　衍祭音延　炮
祭百交反兼也劉依司農白交反　擩祭而泉反一音而劣反劉反而誰反　繚祭音了劉音
料　共祭音恭注同　虞芮人劣反又而歲反下同　爲坐才臥反　從持
胏劉沈皆子容反今本或無持字從則如字　禮殺色界反劉色例反　郤左去逆反又起略
反　執食音嗣　猶徧音遍下同　九擇音拜下同　䭫首音啓本又作稽

振動如字李依大夫音董杜徒弄反今倭人拜以兩手相擊如鄭大夫之說蓋古之遺法　奇拜紀宜
反　褒拜音報　享右音又勸也　相近附近之近　哀慟徒弄反　倚
拜於綺反下同　撎於立反卽今之揖　爲事于僞反　使者所吏反　朝
獻直遙反　大禋音因　司烜況彼反　爲祊必庚反　隋釁許規反又
思恚反後同　右亦音又　令皐皐音嗥戶高反劉戶報反　爲卒劉子忽反　嗥呼
火故反　相尸息亮反下同　瀰彌爾反　相飯扶晚反　贊歛力驗反
付練付音附出注　復梯他兮反　猶語魚據反下同　祓社芳弗反劉
音廢　以從才用反一音如字下注同　舍奠音釋一音赦　山川與音餘
小祝　彌烖依注音敉亡爾反下注同　遠皐于万反　敖五羔反　爲名
音銘下取名同　頳末敕貞反　竹杠音江　重木直龍反下同　粥之六反又
音育　盛以音成　二鬲音歷　可別彼列反　識識並傷志反一讀下識如字　斯

盡津忍反　蚍音毗　蜉音浮　四種章勇反下同　西坫丁念反　道齎音咨　遺奠弃戰反　作禖音祀　無令力呈反下令可同　喪祝

爲披彼寄反下同　倡帥昌亮反　傾戲音虧　菆塗才官反　龍楯勑倫反　及朝直遙反注皆同　御匶音舊　離其力智反下同　飯於扶晚反　說載吐活反注同劉詩悅反

還車音旋一音回　鄉外許亮反　執纛音導　與更音庚　安錯七故反　便　去棺起呂反　四翣所甲反本亦作翣

其婢面反　窆彼驗反劉補鄧反　桃厲劉音例記作茢黍苕穰也音例亦音列　惡之烏路反　亳社步博反　而棧劉才產反一音士諫反　甸祝　表貉莫駕反注禡同　甸以音田下文同　舍奠音釋下同　乃屬音燭　饁于輒反

禂牲音誅一音禱　別其彼列反　爲馬于僞反下同　今侏音誅字林音朱　司巫　巫恇烏黃反　共匰音丹　及葅子都反　爲鉏

子都反下同　鉏藉慈夜反下同　租飽劉上音緅又音卷下音苞又音弨沈租音子餘反
茅裹音果　爲神于僞反　刌茅音付　守瘞於例反　下禓音傷
男巫　望衍依注音延　爲之于僞反　爲矰音曾　彌兵與弭
同及救皆己氏反　女巫　上巳音祀　旱暵呼旱反　繆公音穆
縣子音玄　暴巫蒲卜反　大史　之治直吏反下及注其治同　爲
王于僞反下爲有同　厎日音旨　于朝直遙反下同　致焉音考　爭訟
爭鬭之爭　則辟婢亦反劉芳益反注同　抵冒丁禮反　中數所主反下同　抱式劉音
作叶音協　爲汁音執又音協劉子集反　與大師音泰注大師同
勑今俗音如字　焉知於虔反　夾日古洽反劉古協反　當先悉薦反　遣
之弃戰反注同　其行下孟反　舍算音釋　以盛音成　中則釋丁仲
反　於竟音境　小史　奠音定　繫世戶計反注同　昭穆如字或作

祀音部　校比毗志反　馮相氏音憑下息亮反　以會如字注同　以

見賢遍反下皆同　南僞五和反　直某音值　保章氏　文識音志

又音試又如字下同　運本又作煇又作暈音同　眺他了反晦而月見西方　側匿女力反劉

吐則反朔而月見東方曰側匿亦名朒朒音女六反　有分扶問反注同　參爲所林反

娵訾上子須反下子斯反　降婁戶江反　彗似歲反又息遂反　孛音佩　之相

息亮反下同　內史　八柄本又作枋兵病反　王治直吏反下同　興

父音甫　遡吐歷反　王曆吐得反　食九音嗣下同　牘也音獨　外

史　令下戶嫁反　之乘繩證反　檮徒刀反　杌五忽反　三墳扶云

反　使于所吏反注同　御史　之治直吏反注及下凡治同　數凡

所主　見在賢遍反　巾車　錫音陽　樊纓步干反下同　二旒

音留　鞶步干反　三重直龍反　罽居例反　爲縿所銜反又所廉反

則屬音燭　大旆其依反　以賓如字劉沈方刃反　婁領戶感反　率以音律又音類　以朝直遙反注皆同　龍勒如字戚音尨　條纓依注作條他刀反　鞔莫干反　前樊依注作翦子踐反淺也　鵠纓戶篤反　重翟直龍反注同　朱總作動反　厭翟於涉反注同　績戶對反　鷖烏兮反劉烏計反　坐乘繩證反下坐乘皆同或如字　爲緄戚云檢字林蒼雅及說文皆無此字衆家亦不見有音者唯昌宗音廢以形聲會意求之實所未了當是廢而不用乎非其音也李兵廢反本或作緄恐是意改也　作緊烏兮反　著馬直略反　兩鑣表驕反　幨車昌廉反　幢容本亦作潼詩注作童皆音同　衡輨劉音管一音胡瞎反　謂蔽劉音弗下及文並同一音必世反　見賢遍反下同　去飾起呂反下去戈去毛同　有握劉音屋下馬皆作幄烏學反沈云劉音非　輧車薄經反　連車音輦本亦作輦　組音祖　輓音晚　有翣所甲反　從容七容反　爲輇市專反　爲翳烏帝反　爲𩣡爲髦並音獵𩣡或音毛

五乘繩證反下五乘同　大䄙莫歷反　尾櫜沈音羔劉姑道反　謂贏魯火反劉又音果　覆笭力丁反劉又音泠　爲揟本又作胥同思如反　之弢吐刀反　之緣悅絹反下同　攝蔽音服　虎賁音奔　子劍古堯反又音昭　棼蔽扶云反　堊車烏路反又烏洛反　爲蕡扶文反　作轍音揔又音藻李一音倉會反　龍音丸　髤飾香求反　爲軟音次　爲桼音七　垸之胡翫反　豻䄙五旦反胡犬也　此禪直感反　夏篆音瑑直轉反　縵莫干反　棧車才產反又仕板反　有約如字又於貌反下同　方箱息羊反　散車素旱反　輜車側其反　有沾音古　入齋音咨　以償時讓反　遣車弃戰反注同　從車才用反注同　弊車婢世反　不任音壬　以和胡臥反下相應和同　警衆音景　爲軨音零劉音領　典路　用說書銳反舍車也注及下駕說弁注同　有朝直遙反下同　趣馬倉口反　贅路章銳反又作綴

張衛反 左塾音執 上計時掌反 屬車音燭 路從才用反注及下注同

車僕 之萃七内反副也下及注同 廣車古曠反注同 苹車薄經反又

薄田反 輕車遣政反注同 橫陳直刃反下同 猶屏并領反又薄經反

公喪息浪反 四十乘繩證反下千乘乘車同 爲軿薄經反 司常

爲旜之然反 鳥隼息允反 爲旟音餘 爲旐音兆 爲旞音遂

徽識式志反又音志又昌志反下同 所被普皮反又皮寄反 著絳丁畧反又直畧反

大閱音悅 升朝直遥反下朝各就同 扞難乃旦反 辟害音避 題別

彼列反丁相別同 亡則音無 解說吐活反 弊之婢世反劉薄計反 什

之薄北反一音赴 甸亦音田 獲旌如字李一音胡霸反 都宗人 之

壝唯癸反劉欲鬼反 禂祠本亦作禱丁老反一音丁報反 報塞西代反 家

宗人 居句紀慮反下紀具反 繭栗工典反 齊肅側皆反 其卸

音智曰晛胡歷反李胡鬩反令此力呈反物鬽眉祕反以禬依注胡對反劉又戶外反之札側八反又音截於墠音善螭鬽勑知反

經典釋文卷第八

# 經典釋文卷第九

周禮音義下 起夏官盡考工記下

唐國子博士兼太子中允贈齊州刺史吳縣開國男陸德明撰

## 夏官司馬第四

輿司馬音餘衆也 行司馬戶剛反注同行行列也 軍將子匠反凡軍將將帥之類放此 師帥所類反下將師帥之字皆同 爲卒子忽反後皆同 卒長丁丈反卷内不出者放此 一比毗志反 大祖音泰下大師及下文大僕同 皇父音甫 旣儆本亦作敬京領反 見於賢遍反下同 廣有光浪反 作勛香云反劉音訓 賈四音嫁注及下同 量人音亮或音良下同 猶度待洛反下同 司爟古喚反 爲燋哉約反李又音灼 若觀古喚反下同 火與音餘 掌疆居良反注及後 環人戶關反劉戶串反 卻也起略反下同 挈壺劉苦結反一音結又

戶結反　盛水音成　射鳥氏食亦反　摶鳥音博一音付本又作捕音步　掌畜許六反注同劉許又反　虎賁音奔下同　世為于僞反　放想方丈反本或作旗音同　事藝息列反　弁師皮彥反　大稱尺證反　鐙也苦愛反　戈盾常允反又音允　句子古侯反下音結　矢箙音服　櫜人古老反　箭幹如字沈古旱反　參乘繩證反　齊右側皆反下齊僕并注同　大馭音御　朝覲直遙反後朝覲皆同　朝朝上如字下直遙反　莫夕音暮　校人戶教反字從木若從手旁作是比挍之字耳今人多亂之注校之校人同　趣馬七口反劉清須反注同　牧師舊音　皁一才早反　趣養清須反又七口反一音七句反　蹶惟居衛反　牧師舊音目劉音茂沈音木　庾人所求反　數也色主反數之同　圉師魚呂反　乘一人繩證反注同　麗一人如字耦也　訓道音導下同　邍音原　撢人他南反與探同　以語魚據反

大司馬　制畿音祈　別也彼列反下皆同　樂業如字又音洛一音五教反

監國古銜反　詰禁去吉反　鄉民許亮反　比小毗志反注同親也

九伐如字劉扶發反　馮弱皮冰反馮猶乘陵　眚之所景反　瘦所又反

粗者音麤本亦作麤　其竟音境　則壇依注作墠音善　憚之以徒旦反下同本或無之字

荒蕪音無　坐殺才臥反　放弑本又作殺同音試　獸行下孟反

悖人必內反　去之起呂反　夫唯音符　聚麀於牛反牝鹿也

乃縣音玄注同　挾日子協反　有分符問反　所共音恭凡供字皆作共後放此

假令力呈反　中春音仲下放此　列陳直覲反下之陳可陳陳前徇陳行陳巡陳皆同餘以意求之

蒐狩所留反　辨鼓如字劉万免反　鐸直各反　鐲直角反

鐃女交反　賁鼓扶云反　將軍如字本或作軍將　執提徒兮反　鼙薄兮反

謂鉦音征　讙火官反　嘵女交反　攝提爾雅云大歲在寅曰攝提格

疏數音朔下注疏數同　表貉莫駕反注同　火弊婢世反劉薄計反　後射食亦反下王射同　其豵子工反　獻肩詩作豣音同　施生式豉反　爲禡莫駕反　茇舍蒲末反　撰車息轉反又仕轉反注音算息緩反　菜沛步末反一音貝又普貝反　謂數色主反　簿書步古反後簿書皆放此　徽識音志一音試下同　朝位直遥反　被之皮僞反下同　治於直吏反　至比毗志反　鄉甀直僞反　不見賢遍反　享礿餘若反　不孕羊證反　去不起呂反　大綏而誰反下同　各書音畫出注　雲氣本或作气同　獮田息淺反　祀祊音方出注　皆殺如字劉色界反　大閱音悅　空辟音避　正茇除所銜反　令車力呈反下令走同　田卒子恤反　汚萊音烏　行戶剛反下行列行陳皆同　什也音赴　鄉表許亮反　搢劉如字又音箭一音初洽反　扑普卜反　甘誓如字劉胡甘反　摝音鹿李扶表反　鐸待洛反　涿鹿丁角

反沈音濁劉音獨　過闇吐剛反　闒吐臘反劉湯荅反　過琨音郎　車驟
仕救反劉才溝反　先人悉薦反　三闋苦穴反　且卻起略反　呂和
胡臥反　爲止于僞反下爲相疑同　以分扶問反又如字注同　易野以豉反注同
壘門力軌反　驅逆起具反又如字　逆要於遙反　如箸直慮反
有纊戶卦反劉又胡麥反或音卦　自畀必二反與也　爲豝音巴本亦作巴　爲
愼如字亦音辰　麎音辰又音腎又止尸反麎麎麋牝也　三猣本亦作豵子工反　皆
駴本亦作駭胡楷反李一音亥　皆譟素報反　鼓鼖音符又芳甫反　鎑獸于輒
反劉于法反　亨烝之升反後皆放此　以從才用反下同　比軍必履反注同或
毗志反劉方言反　作庀匹是反劉芳美反具也沈方二反　眡事音視　秉鉞音越
猶道音導　城濮音卜　則厭於涉反李一音於入反注同　於殽戶交反劉
音豪　鄉師許亮反　弔勞力報反注同　則相息亮反注同　與慮音預

又如字注與謀同　屬其音燭注同　植直吏反注同　華元戶化反　楨也音貞

饗食音嗣後饗食皆放此　遺奠弃戰反後遺奠遺車之類皆同　司勳　治

功直吏反注同　若咎音羔　繇音遙　以識音志　般庚步干反　從與

音預　國正音征注同本亦作征　少府詩照反　馬質　物賈音嫁注及

下同　無種音勇反下同　以亢苦浪反又音剛下同　御也魚呂反本亦作禦下同　不

禁去起呂反小子注去之同　以縻亡皮反　內更音庚下及注同償也　量

任用音壬又而鴆反　乃復扶又反　月直音值　爲傷于僞反　還帀

人　帀朝直遙反下及注同　國分也扶問反　州涂本又作塗

如字劉戶串反　支湊七豆反　肉炙章夜反　奠竁昌銳反　苞筲所交

反　斚歷古雅反劉依司農音嫁　琖側產反劉本作湔音同　之嘏古雅反

小子　羊肆依注音鬄他歷反一音餘四反　節折之設反　掌珥依注音衈

而志反後同一音仍　祈于音機　作禩音祀　爲刉音機字書云劃也一曰斷也或古愛

反又公內反　字與音餘　侯禳如羊反　謂磔陟格反　以豭音家

徇陳辭俊反　羊人　食饗音嗣本又作飧饔　爲眦徐賜反與漬同

楢羊久反　燎良召反　其賈音古　司爟　柞子洛反　楢羊久反又音由

見於賢遍反　掌固　枳棘居氏反　刺者七賜反　遞守

劉待禮反又待計反　塹築七豔反　凡守者劉收又反注凡守者下有守同　難易

以豉反　妄離力智反　巡行下孟反下皆同　爲衆于僞反　解惰佳賣

反　鼜音戚　造次七報反下同　將趣莊久反劉祖侯反杜七柱反　者與音餘

相近附近之近　與燎音預　之竟音境注及下同　司險　猶徧

音遍　洫況域反　澮古外反　畛之忍反　候人　道治直吏反注道治

及下方治同　何戈胡我反又音河　與祋都外反劉睹律反　于朝直遙反　轘

轘戶關反　環人　以菆側留反劉子侯反　掚馬音兩又音亮　掉徒弔
反又奴孝反　鞅於兩反　折之設反下同　馘古獲反　執俘音孚　軍慝他得反
搏音博又房布反劉音付　諜音牒　反閒閒廁之閒　降圍戶江反注同　降
鄣音章劉諸讓反　挈壺氏　畚音本　爲軍于僞反下爲沃同　縣其
音玄下皆同　令軍力呈反　以盛音成下同　稟假彼錦反劉方鳩反　讙
呼端反　囂五高反一音許驕反　省煩所景反　事便婢面反　·聚欜音託
次更音庚下同　相敲苦交反又苦敎反　行夜下孟反　共百如字　火爨
七端反　射人　見君賢遍反下同　不與音預　西鄉許亮反　治逆
朝燕直遙反下文及注皆同　詔相息亮反下及相孤同　以齊側皆反　治逆
直吏反　射三侯食亦反下及注射侯所射射牲射豕皆同　三獲如字劉胡伯反　五正
音征下及注同　豻侯五旦反劉音鴈注同　肆之劉餘二反一音四　九重直龍反

長杠音江　有軀勑誅反下同　言正音政下志正大射正同　能中焉丁仲反下文注射中中侯同　去白起呂反下去扑同　之廣古曠反　曰鵠古毒反　下大夫戶嫁反下天子同　以上時掌反下上曰以上同　德行下孟反　善搏音博劉音付　而擬本又作儗同　度焉待洛反　參七讀爲縿素感反　干五與豣同五旦反　告卒子恤反注同　史數所主反注同　去扑普卜反劉方邁反說文父豆反　軀劉力朱反一音如字　夫介劉古拜反注及下同　之倅七內反劉倉愛反　夫從才用反注同　比其毗志反　苛罰音何又呼何反　朝位直遙反下皆同　服不氏　擾之而小反馴也劉音饒　熊羆彼皮反　馴也似遵反一音脣　熊蹯音煩掌也　抗皮注亢同苦浪反劉公郎反　巾車如字劉居客反　者中丁仲反　射鳥氏食亦反下射鳥同　鳧音扶　鴈鴇音保　鴞于苗反　毆起俱反　烏鳶弋專反　善鈔初教反又初交反　便污

婢面反劉符綃反　幷夾音甲　著𠊱直略反　緘箭其炎反李其嚴反沈云或作鉆

羅氏　甲居音匹又如字　羅襦女俱反或音須注繻同　索饗色白

反　衣絮女居反字又作袽　中春音仲　掌畜　阜蕃音煩注同

鷙五何反　鶩音木　卵鳥劉本作卵音卵　鶉音純　鴽音如

夏官司馬下

司士　之版音板　王治直吏反下注治處同　奠食音定　乃食音嗣

其論魯頓反下同又如字　任官音壬　正朝直遥反注下皆同後内朝外朝朝聘朝覲視朝

朝位之類放此以意求之　南鄉許亮反下注同　大僕音泰下放此　宿衛音夙劉息

就反　士擯必刃反　逡遁七巡反下音巡　告見賢遍反　王食如字劉音

嗣　詔相息亮反　昭穆上招反後同　長幼丁丈反　士從才用反注

幷諸子職同　使爲色吏反又如字注士使命使同　介音戒　歸脤上軫反　奠斂

力豔反　執拔方寄反注同　有守劉手又反下皆同　諸子　之倅七內反　斆治直吏反注同　大子音泰下注同　卒伍子忽反前後注及下皆同　弗正音征下國正同　適子丁歷反　司右　齊右側皆反　而比毗志反注同　其乘繩證反　屬其音燭注皆屬同　殳音殊　虎賁氏音奔劉方問反　先後悉薦反下戶豆反又皆如字　出將子匠反　局分扶問反　梐薄禮反　桓戶故反　之難乃旦反　葬從才用反下并節服氏從車從尸車同　所馮皮冰反　四方使所吏反注及下同　旅賁氏　戈盾常準反又音允　夾王古洽反劉古協反後放此　則裒七雷反　則介音戒　被甲皮僞反　方相氏　時難乃多反注同　敺疫起俱反　魌頭音欺　先匶悉薦反下音柩　之道音導下同　入壙苦晃反又音曠　方良上音罔下音兩注同又並如字　夔求龜反　大僕　與遽其據反　窮寃於元反

上變時掌反　傳張戀反下文同　急聞如字劉音問　令聞力呈反　胏石芳廢反　郵驛音尤　參乘繩證反　辟王音避劉符亦反　之眚色景反　窆彼驗反注之封音同劉皆逋鄧反　而堋補鄧反　氾祭芳劍反　縣喪音玄注同　謂免音問　髽莊瓜反　弔勞力報反下命勞後弔勞皆同　則相息亮反注及下弁御僕職同　小臣　觀苑古喚反　盥音管　祭僕　不與音預注同　歸胙存故反　臂臑奴報反字林人于反又音羊吳反　折之舌反　九个古賀反下同　御僕　奉槃芳勇反　爲王于僞反　持翣所甲反　夾蜃辰軫反劉薄忍反　序更音庚　隸僕　之埽素報反注氾埽洒埽同　除如字劉直庶反　糞方問反　洒所賣反劉霜寄反　唯祧勑彫反　曰拚方問反本又作扮同　灑也所買反劉霜寄反　乘石如字劉常烝反　上車時掌反下同　有扁邊典反　蹕音畢　儆字又作警音景　弁師　聯數所主

反　冠卷起全反　當簪莊林反　廣衺音茂　冠縰所買反劉霜綺反

象與音餘　采繅音早司農云古藻字　遂延息遂反劉許遂反　二斿音留下同

屬兩音燭　驚必滅反　希衣張里反劉豬履反　諸侯依注侯音公　瑁

玉本又作珉亡貧反　玉瑱吐練反　作璑音無　會五采劉古外反注同幷膾

檜二字亦同或一音戶外反　玉璂音其本亦作琪　象邸丁禮反　乃著張略反　反

紒本又作紛音計　如綦音其下同　縫中扶用反下同　如薄劉芳惡反　下

柢丁禮反劉音帝　辟積必亦反劉博歷反下同　司兵　干櫓音魯　卒

兩子忽反下同　廞虛金反　興也虛應反下同　于笮字又作筰側白反劉舟伯

反　司戈盾　乘車繩證反後乘馬陪乘參乘皆準此注王所乘車依字讀　扶

蘇與音餘　司弓矢　其守劉手又反亦如字下攻守同　藏才浪反沈如字

中春音仲下同　矢箙音服盛矢器也以獸皮爲之詩云象弭魚服　盛矢音成　射

甲食亦反下以意求之　椹質張林反　夾弓古洽反劉古協反　庾弓師儒相傳讀庾
本或作庚　豻侯音岸又音鴈　使者所吏反注同　蹲甲音存劉丁官反　參
侯素感反　則易以豉反　爲輥戶根反一音魂或胡本反李音艮一音居言反又音很
利攻如字劉音貢　非強其丈反又其良反　枉紆往反　絜劉苦結反又音
結一音戶結反弩矢也　鍭音候劉音侯弩矢　矰音增　茀劉扶弗反李一音孚忽反一音
敎或音弗弩矢　庳方二反弩矢　散射素但反注同　言中丁仲反下中深射中同
結繳章藥反　剸也孚物反　後訂李音亭呂忱同劉當定反　軒輖音周
一音丁二反　瘅病方二反　倫比方二反　弊弓婢世反惡也徐扶滅反　之
衺初危反　而圜音圓　得與音預　弁夾音甲注同　乘矢繩證反四矢曰
乘矢　矢箙劉奴輒反又女十反　物從才用反　籠魯東反　爲其于僞反
則更音庚注同　繕八　抉古穴反注同　弸也苦侯反　韝苦侯

反劉云彄字之異者扞胡旦反挾矢子協反一音戶牒反著右丁略反或直略反下同

若檡劉音澤又音亦一音徒洛反骨與音餘弨兮昌遙反無會古外

反下大會同後會計之類放此枲人以齎音咨後皆同勞之力報反

試其音考出注下上時掌反注同見在賢遍反戎右革使

色吏反注使謂同傳王直宣反下注傳敦同陳中直慎反劉直吝反爲王于僞

反下爲衆同玉敦音對劉又都愛反沈都迴反注同歃血所洽反徐所輒反桃

茢音烈沈音例盛以音成茗音條帚之受反齊右側皆反下齊車齊僕

皆同王乘劉繩證反沈音繩右與音餘則拱居勇反卻行音却

道右從車才用反下及注同馭夫職放此大馭犯軷蒲末反注跋涉同

下祝之又反菩劉音負一音倍芻初俱反轢之音歷險難乃旦反

別異彼列反下同磔犬陟格反取羝丁兮反乃舍音釋兩

軹音紙　祭軓音犯注軓同　爲軒劉音雞　當重直龍反　兩轄音衛

軌當媿美反又音犯　釆薺才私反　爲鈴音零　戎僕　自將子匠

反　王倅七內反副也劉倉愛反　齊僕　以賓如字劉方刃反　王乘

車如字　道僕　朝夕直遥反注朝夕同　朝朝上如字下直遥反　莫夕

音暮　田僕　循行下孟反　驅逆如字又起遇反後同　逆衡本又作御

同五嫁反　植旌直吏反樹也又時力反　植樹如字一音豎　比禽毗志反次也注

同　種物章勇反下同　數之所主反　入扣音口下同　校人

四圉魚呂反　三乘繩證反注及下注乘匹同　爲皁才早反　趣馬倉走反劉沈清須反

下同　爲轂音計本又作繫　爲廄九又反　八麗依注八皆音六　此應應對

之應　之筴初革反　駷音來　牝頻忍反劉扶忍反　數與音餘下禮與同　降

殺所界反　無令力呈反下令皆同　近毋附近之近　駣徐音肇劉音道李湯堯反沈徒

刀反　爲其于僞反下爲蹄齧同　蹄齧大計反又音啼後同　騬音縉又音繩　臧

僕子郎反　相土息亮反　見成賢遍反下同　從車才用反　毛馬

如字劉莫報反　執扑普卜反劉方遘反　遺人唯季反　貍之亡皆反本亦作埋

祈沈直金反劉直蔭反　使者所吏反注同　趣馬　駕說始銳反

居治直吏反注同　牧廚音雛後同　巫馬　相醫息亮反注同

其賈音嫁注同徐音古　粥之音育賣也　牧師　中春音仲注同　累牛

力追反劉音類　廋人　佚特音逸　散馬素但反注同　聒馬古活反

毋令音無下力呈反下使令同　括押音甲　中物丁仲反　不復扶又反

以上時掌反下同　牡驪茂后反下力知反絕句　牝玄頻忍反絕句　駒褭奴了

反劉音繞郭璞音同劉義異鄭　圉師　除蓐音辱　茨牆在私反　翦闔

戶臘反　爲訶五嫁反　廡也亡甫反　庇馬必二反又音秘　苫也傷占

反 鈇椹方符反 所射者食亦反 圉人 拲衆家並扶恭反

職方氏 七閩亡巾反又音文又亡千反漢書音義服虔音近蠻應劭音近文鄭氏音旻 九貉孟白反 六畜許又反下皆同 芉蠻亡氏反劉音如羊鳴近米李云今周禮本或無此字國語則有 會稽古外反 澤藪素口反 具區起俱反 其浸子鴆反本又作寖 爲陂彼宜反 灌溉古愛反 鑞也音臘 篠也素了反 鵁音交 鶄音精 雲瞢亡貢反劉亡鳳反李一音亡雄反 潁湛直減反劉又音沈李唐感反 華山如字劉胡化反 圃田布古反 滎洛戶扃反 波溠音詐左傳音同李莊加反字林同劉昨雖反云與音大不同故今從高貴鄉公 絲枲思似反 六擾而少反徐劉音饒 中牟上如字下莫侯反李中音仲牟又無不反 泆爲音逸 榮播音波下同 既都張魚反本或作豬 沂山魚祈反 淮泗音四 沂沭音述李一音餘戌反 明都禹貢作孟豬今依書讀 雎陽音綏 東莞音管劉音灌 爲洙音殊

大野如字劉音與　河泲子禮反　盧維上音雷下於恭反　鉅野音巨
雍沮七餘反　雍州於用反下注州名同　涇汭如銳反李又而類反　在汧
徐口千反劉苦見反李一音空定反　在豳彼貧反　汭坈弓六反詩作鞫　豯養音兮
般陽步干反　楊紆於于反　汾扶文反　潞音路　長子丁丈反長子縣
名屬上黨　虖喚胡反李呼哥反又香刑反　池徒多反李如字　嘔夷烏侯反一音驅　在鄔
徐於據反縣名屬太原劉烏古反　鹵城音魯　此率音律又音類　徧知音遍　有
奇紀宜反　亦見賢遍反　比小毗志反下文比小國并注同　猶女音汝　國
竟音境　共具音恭又九用反　盡朝直遙反　土方氏　日景如字
相宅息亮反注同　度地大洛反　之深尸鴆反　稙張力反　穉直吏
反　糞種章勇反　懷方氏　續食音嗣　合方氏　相
奏采豆反本或作凑　好善呼報反注及下同　高尚如字劉古到反　訓方

氏　爲王于僞反下同　之傳直專反注同　好惡烏路反　行辟下孟
反下匹亦反　形方氏　華離華依注音𠇾苦蛙反　哨劉羊售反沈且笑反
𠇾邪似嗟反　山師　岱畎古犬反劉孤茗反又孤善反　嶧陽音亦
螫音釋劉呼洛反　噬音逝　川師　蠙珠薄田反劉扶忍反沈音嬪　曁魚其器反沈
其氣反　萑蒲音丸　邍師　墳衍扶云反　相其息亮反
匡人　其慝他得反　猶背音佩　撢人　而語魚據反　諭
說如字劉尺銳反　和說音悅　猶鄉許亮反下同　都司馬　其正
音征本亦作政音同　䮧子公反　戾力計反

秋官司寇第五

侀也音刑　鄉士音香注同　訝士五嫁反迎也　朝士直遙反卷內同　司
刺七賜反殺也　三訊音信　司約劉於妙反一音如字注同　約束劉詩樹反一音

如字　約劑於妙反　歃血所洽反　貫四人音嫁又音古　司圜于權
反　罷氏音皮下同　閩隸亡巾反又音文　貉隸孟百反　蜡氏讀爲狙清
預反注同　蠅蟲以繩反　掩骼更白反　貍亡皆反本又作埋　骴本又作胔似賜反
雍氏於勇反劉如字注同　隄防丁兮反　萍氏音平又蒲丁反　爲蛢蒲丁
反爾雅云蛂蟥蛢郭注云甲蟲大如虎豆綠色　萍號蒲丁反　萍蓱上音平本亦作苹同下蒲
丁反　耆蘋音頻　寤覺音教下同　司烜音毁注烜同火也　爲垣劉音袁
條狼氏音滌徒歷反除也注同　冥氏如字又莫歷反　磿取亡皮反　庶
氏依注音藥煮之煮又章預反　毒蠱音古　搏蟄音博劉音付下直立反　翨氏
音翅失豉反又吉豉反鳥翮　柞氏側百反注唶屋笮皆同　校剝古飽反　薙氏
字或作雉同他計反徐庭計反　去草起呂反　芟夷所銜反　薀崇紆粉反徐憂羣反
鬀小他計反　硩音摘宅歷反徐丈列反沈勑徹反李又思亦反　蔟氏倉獨反　蟲蠹

都路反　赤犮氏赤如字一音采昔反犮徐音跋畔末反劉房末反　捇拔上采昔反徐呼陌反下畔末反劉房末反或蒲八反　蟲豸直氏反　蟈氏古獲反注同劉音或又音國　爲蜮劉音或一音古獲反　蝦音遐　蟇音麻　螻音樓　鼃戶媧反又斛佳反　黽莫幸反　食蛙戶蝸反劉斛佳反沈和佳反　蜮乃音或　短狐　與音餘下官與同　壺涿氏陟角反又音濁　相近附近之近　主射食亦反　絜清才性反又如字　鷺五高反一音許驕反下同　讙音歡　如箸直慮反　爲繣戶卦反又胡麥反　伊耆巨之反　爲蜡仕詐反　國使所吏反　環人戶關反劉戶串反　才知音智　狄鞮丁兮反　曰譯音亦　跛者波可反　之好呼報反　國治直吏反

大司寇　詰四起吉反　旄荒莫報反　度作待洛反　爲民于僞反　簒初患反　殺音試本亦作弑　糾守劉音狩注同　將命子匠反　上愿

音願劉又音原　糾暴依注暴作恭　愨愼苦角反　罷民音皮注下皆同　不愍音敏劉己覲反尚書作暋音敏又作昬皆訓強　寘之之豉反置也又音示　爲邪似嗟反下同
著其丁略反一音直略反　兩造七報反至也注同　百个古賀反　與音餘
兩劑子隨反　文石如字劉音問　封之音樹　桎音質　梏古毒反　未
著直略反下附猶著皆同　肺石芳廢反肺石赤石也　惸獨其營反　其長丁丈反下及注同　上書時掌反　乃縣音玄注及下同　挾日子協反　盟約於妙反　之藏才浪反　司會古外反下司會皆同　之治直吏反下同　斷之丁亂反下注皆同　弊之必世反斷也後訓斷者皆同　爲憋劉芳滅反又音畢設反
事比必利反　納亨普庚反劉普孟反注同下納亨放此　趩本亦作蹕音畢止行也
小司寇　之難乃旦反　冢適丁歷反　芻蕘而招反　南
鄉許亮反　州長丁丈反　不見賢遍反　擯以必刃反注同　敘更

音庚　訊之音信　盡心津忍反　讀鞫九六反　爲治于僞反　元

晅況阮反　鍼其廉反　嚴子劉音莊左傳作莊案漢諱明帝名莊改爲嚴　則報女板

反　則喘昌兗反　聽聆音零　牟子莫侯反劉無不反　眊然莫報反本

又作旄同　不偷他侯反徐吐豆反　德行下孟反　夫謀音扶　而鮮息淺反

叔向許亮反　謂憔昨遥反　悴秦醉反　之後與音餘　三刺七賜

反　斷庶丁亂反後皆同　劓魚器反　刖音月又五刮反　大比毗志反注同

以上時掌反下注同　數民所主反　鑊水戶郭反　而辟婢亦反劉符益反一

音匹亦反沈音避注同後而辟皆放此　王道音導　宣徧音遍　入會古外反後要會

之字皆放此　士師　之灋音法　以左右音佐下音又注左右助也同　徇

之似俊反　縣于音玄　其犅劉音粗沈才古反　曰誥古報反　後射

食亦反　閭比毗志反下同　比追如字劉張類反　胥之如字劉思敘反注胥同

司搏音博劉音付　事比必利反　邦汋上灼反注同　斟汋之林反下音灼

刺探七亦反又七賜反　邦諜音牒　反閒間廁之間　于冒音墨　撟

邦音矯　寶藏才浪反　作傰劉音崩徐音朋又補鄧反　荒辯依注辯音貶

風別之別皆彼列反下傳別及注同　數條所主反　紓民音舒本亦作舒　傅

別音附注同　約於妙反又如字　亳社步各反　道王音導下三公道盜賊道同　洎

其器反或音冀　凡刉音機劉音奇　珥而志反注衈同　反將子匠反　干行戶剛

反　陳也直刃反　計簿步古反　鄉士　今劾戶代反　反覆

芳服反方士職注同　汁日音協合也本亦作協下同　不中丁仲反　所措七故反

夾道古洽反劉古協反　則爲于僞反遂士縣士訝士職同　方士　畺

地居良反　而上時掌反注下並同　郿田許六反劉勑六反或音勗　相近附

近之近　上治直吏反注同下有治並同　訝士　造焉七報反　謂讞魚竭

反　則道音導　朝士　州長丁丈反注同　罷民音皮司圜職同

外刺七賜反下同　纆已北反　示于之豉反又如字本或作寘　叢棘才公反　兩

觀古亂反　閽人音昏　繹於音亦徐音夕　見於賢遍反　內與音餘

下國服與同　呼趨本又作趣同七須反劉音清欲反　傳語徐子損反劉才官反李一音纂

俘而音孚　而摶音博又音付　放失音逸又如字　自畀必二反

齓初謹反又勑謹反劉測吝反沈創允反毀齒也　之治直吏反下之治以治及司民職王治并注同

國期居其反　乞鞫九六反劉己日反　爲治于僞反下爲治爲民同　爲

別彼列反下同　共賈上如字下音古　畜積勑六反下子賜反又如字　出者尺遂

反劉勑類反又如字　坐臧才臥反　凡屬如字或音燭注同　地傅音付注同

町畔徒頂反又他頂反　比屬毗志反下及下文大比同　抵冒丁禮反　上人

時掌反下文以上并注同　相辟音避　爲窆彼驗反　司民　猶去起呂

反下同　更著丁略反　三能吐才反　近文昌附近之近　司刑

劓魚器反李魚界反又疑婢反　刖音月又五刮反李五骨反　黥也其京反　室

之本又作涅同乃結反徐丁吉反又丁結反　類與音餘　斷足丁管反　臏頻忍反徐

方忍反劉符人反　攘傷如羊反　降畔戶江反　撟虔居兆反　司

刺七賜反下及注同　遺忘音妄注同　不坐才臥反下同　而軼待結反　中

人丁仲反　若閒閒廁之閒　投射食亦反　老耄本又作旄同亡報反　惷愚勑江

反又貞巷反劉癡用反　癡騃五駭反李又五亥反又吐在反　以上時掌反　司

約於妙反後及注皆同　夔子求龜反　之比毗志反又必二反　者與音餘

斐豹音非徐方眉反劉方持反沈芳尾反　辟藏才浪反注下皆同　爲之于僞反

請隧音遂　司盟　子瘞才戈反　禮義音儀　詛其側慮反

與共如字　惡之烏路反　臧紇恨發反劉胡沒反沈胡謁反　使卒子忽反　出

豭音加行出戶剛反詛射食亦反以省所景反則爲于僞反注同
職金　楬而音竭璽之音徙守藏劉音狩以著直畧反沈張慮反金
反揃其音箋表識申志反又如字又音志罰贖常戍反下同一音蜀金
版音板鉼金必領反槍七羊反雷劉音誄沈云當爲礌郎對反椎搏直追反下
宅耕反本又作桴劉云皆如字劉亦誤司厲賈而音嫁舂槀古老反
謂坐才臥反下同戮女音汝以上時掌反毁齒況僞反下同
犬人　用牷音全本亦作全伏瘞於例反徐烏計反轢之音歷用駹
已江反爲祓九委反劉居綺反祓縣音玄罷辜劉孚逼反凡相息亮
反注同政治直吏反司圜　著黑丁畧反幪莫公反劉莫貢反
刑與音餘掌囚　梏古毒反張揖云參著曰梏偏著曰桎說文云梏手械也所以告天桎
足械也所拲劉云三家姜奉反一家居辱反漢書音義韋昭音拱云兩手共一木曰拲兩手各一木曰
以質地

梏李奇音恐　而桎之實反　以上時掌反　爲王于僞反　而著丁畧反徐張慮反　掌戮　賊諜音牒　而搏注作膊同普博反磔也　鈇鉞音斧　今要一遥反　反閒閒廁之閒　去衣起吕反　踣諸皮北反僵也　僵尸居良反　禁御音禦　遠之于万反　守囿音又　斷足丁管反　髡苦門反　守積子賜反注同　司隸　而搏音博　爲百于僞反注及下注同　涅廁乃結反　厲遮章奢反　例也本又作列同音烈　罪隸　使令上如字劉色吏反下力呈反沈力政反　牽傍步浪反注同　助轉如字劉張戀反　鑾隸　校人戶教反　閩隸　阜蕃扶元反下注同　貉隸　不生如字劉色敬反　乳而樹反　於圈求阮反　檻戶覽反

秋官司寇下

布憲　以詰起吉反謹也　縣之音玄下同　禁暴氏　撟誣居表

反　好爲呼報反下于僞反下則爲注皆爲同　謾誕武諫反一音亡半反又免仙反徐望山反

本或作慢誕音但　野廬氏　巡行下孟反　聚欜音託　得令力呈

反下欲令同　鑿互音計沈古的反　迫隘烏賣反　環轅戶關反本亦作轘同　坻

閣徐之俞反劉都禮反　砥柱音旨　射邪食亦反下似嗟反　隄渠丁兮反

兵杖直亮反　則莫音暮　操持七曹反　反閒閒廁之閒　蜡氏

清預反　骴似賜反注殰齒皆同殰又作漬　作脊子亦反李慈益反　掩骼古百

反　不蠲古玄反舊音圭絜也　惟饎昌志反　罷民音皮　服衰七雷反

皆爲于僞反下爲其陷爲其就禽同　所薉紆廢反今本多作穢　惡也烏路反　置楬

音竭　縣其音玄　雍氏　澮池古外反　爲阱在性反塹也　擭胡化

反作鄂也　謂陂彼宜反　障之尚反　爲塹七豔反本又作塹　柞劉才伯反戚在

洛反　鄂也劉五格反戚五各反　粊誓音祕　𢾊乃音杜　敜乃乃協反又乃結反

徐戎劉本作郗音徐　爲苑紆阮反劉於願反　萍氏　捕魚音步

苛察音何又呼何反　沽買音姑又音故下如字一本作賣　波洋音翔又音羊　卒至寸忽反

司寤氏　行夜下孟反下行夜同　徼候古弔反　先明悉薦反

星隕于敏反　司烜氏　夫遂方符反或云司農音符　明齍音資注作粢同

墳燭符云反　庭燎力召反　爲蕡扶云反李一音婦輩反　中春音仲

爲季于偽反下爲葬皆爲同　風燥素早反又素報反　明竁昌銳反

刑剭徐音屋劉音渥　葬與音餘　條狼氏　趨辟七須反下婢亦反又音避劉薄易反徐扶亦反注趨辟辟行人同

今卒子忽反下羨卒同　辟車必亦反又婢亦反

車轘戶串反一音環　大史音泰注同　行前戶剛反　以警京領反　復

請劉上音服下音情　脩閭氏　掌比毗志反下同　宿互如字劉息就反

國粥音育　其追如字劉張類反　爲胥音胥又息呂反　冥氏音覓

疊昌容反劉上凶反　罦音浮　以扃古熒反　絹古犬反一音古縣反翨氏注同　毆之丘于反後同　搔也音爪　庶氏章預反　毒蠱音古　說禬劉音潰戶內反　嘉艸音草本亦作草　教令力呈反　求去起呂反　爊之許云反　翨氏　而掎居綺反注同　鷹隼息允反　羽翮戶革反　柞氏側百反　林麓音鹿　刊陽苦干反　斫去起呂反　其肆以四反　薙氏　秋繩音孕以證反含實也注同　而芟所銜反　甍音萌　茲其音基茲其鉏也　鉤鐮音廉　取茭音交　剗之初產反劉側展反　硩蔟氏　掌覆芳復反毀也注同　夭鳥音妖後夭鳥同　若鴞于驕反　鵩音服　縣其音玄　從娵徐劉沈並子須反　至荼劉沈音餘李音舒又音徒案爾雅正月爲陬郎離騷所云攝提貞于孟陬皆側留反又子侯反爾雅又云十二月爲涂音徒今注作娵荼二字是假借耳當依爾雅讀　從攝提格至赤奮若爾雅曰太歲在寅曰攝提格在丑曰赤奮若　剪氏

櫜物丁故反　以攻如字劉音貢　禜音詠　莽草亡蕩反又莽草藥名　爲櫜
劉古毛反本或作櫜他各反　凡庶章預反　赤犮氏　以屬市軫反
灰洒色買反劉霜寄反　蟲豸直氏反　以坋蒲悶反　淳之之純反
貍蟲莫皆反劉莫拜反　麎章夜反　肌居其反　求本或作蛷音求劉音俱　蟈
氏　掌去起呂反注去之同　鼃戶媧反　黽莫幸反　牡蘜莫口反下弓六反
爲聒于僞反下古活反銜枚氏放此　煙被皮義反注同　假令力呈反下同
壺涿氏　炮土步交反注泡苞同　狐蜮音或　燔之音煩　牡橭劉音
沽杜讀爲枯云枯榆木名也劉亦音枯案如杜義則音姑山榆也　爲梓音子本或作榟　爲槫
勑居反　庭氏　掌射食亦反下注同　嗚呼喚故反下文嗚呼同　大陰
音泰下文同　陽與音餘　譆譆許其反　詘詘劉音出本亦作出　銜枚
氏　司囂五羔反下同　讙者呼九反　在朝直遙反下同　禁嘂音叫

嗚吟魚今反　伊耆氏　爲函音咸　去之起呂反　別吏

彼列反　卒子忽反　杖鉞直亮反又音丈下音越　大行人　要服於遙

反下文及注同　春朝直遙反後皆同　以比毗志反注同　春見徐賢遍反戚如字夏

秋冬放此　更音庚　迭直結反　而徧音遍下文注皆同　時見賢遍反下殷見同

九伐如字劉扶發反　之好呼報反注同　殷覜通弔反　之慝吐得反

使來色吏反　惡行下孟反　閒問閒廁之閒注同　歸脤上忍反　致

禬音會　澶淵市然反　繅音藻　藉在夜反下及注同　九斿音留下同　樊纓

畔干反下同　九乘繩證反下同　介九音界下及注同　車軹之氏反或居氏反　擯

者必忍反後皆同　再祼古亂反　而酢才洛反　食禮音嗣下及注皆同　五

積子賜反後皆同　三勞老報反下及注并小行人司儀職放此　信圭音申後信圭同

衣版於既反　著冕丁略反　屬其章玉反　幓音衫　以罽居例反

齊僕側皆反　當軫與音餘，下是與步與皆同　以飲於鴆反，下同　不恙羊尚反　餽之本又作饋，求位反，徐紀畏反　柱地張矩反　九飯扶晚反　降殺色界反　無相息亮反，注同，李息丈反　其摯本又作贄，音至　見賢遍反，下文壹見而見之朝見皆同　傳辭直專反　齊酒才許反　各下戶嫁反，注同　嬪物婢人反　絺敕之反，劉豬履反　纊音曠，徐劉古曠反　見傳上賢遍反，下直戀反，一音上如字，下直專反　屬象徐劉皆章束反，下及注同　作叶音協　詞音辭　譯官音亦　爲汁之十反，叶也，又音協　爲諝思叙反　者慾市志反，下音欲，本多作欲　狄鞮丁兮反　重譯直龍反　才知音智　以上時掌反　齎其子兮反　賓而劉云：應言擯，小行人職同　詔相息亮反，注同　小行人之使色吏反，注同，後使者使適使之四方竹使使臣皆同　眡館音視　所爲于僞反　瑱圭劉吐電反，案王執鎮圭，瑱宜作鎮音　琮才宗反　琥音虎　璜音黃　之好呼報反

槁禬苦報反下音會　作槀古老反　敎治直吏反　康樂音洛　司
儀　擯相息亮反此職內經注除相爲賓相朝相授相親相隨相待相爲國客相聘相禮皆同　壝
土唯癸反劉欲鬼反　此與音餘下尺與同　三重直龍反下三重重耳同　敦丘
音頓沈又都門反　陶丘徒刀反　昆侖力門反　三復音服或芳服反　之
玷丁簟反沈都念反　宮縮吐刀反　之行下孟反　見王賢遍反　諸侯
毛毛謂須髮也劉本作耄音毛　皆旅如字又音臚力於反　傳辭直專反下除春秋傳皆同
來上時掌反下上傳上車同　致飧素尊反下同　授幣依注授音受　賓拜
送依注賓音擯下賓使者同　告辭音避劉薄歷反注同下客辭三辭趨辟放此　巳辟音避
詔侑音又　拂闑魚列反　中棖直庚反　鴈行戶剛反　還圭
音環又音旋　饗食音嗣凡饗食皆同　費也芳味反　降殺色界反下豐殺則殺
及後殺禮皆同　逡巡七旬反　客甚勞如字下甚勞勞辱同　客从本又作從同才

用反　**乘禽**繩證反下乘皮同　**上下**時掌反　**各稱**尺證反　**東紡**芳往

反　**不朝**如字又直遥反　**不背**音佩　**東鄉**許亮反下同　**行夫**

**傳**張戀反注同　**遽**其庶反　**其使**色吏反注及下同　**有難**乃旦反注同　**傳**

**命**直宣反象胥職同　**焉使**劉焉音夷　**環人**　**殉環**徐音循或辭俊反

**及疆**居良反　**苛留**音何又呼何反　**象胥**　**閩**亡巾反又音文　**貉**亡百反

**國使**所吏反　**壹見**賢遍反　**而賓**音擯下同　**相之**息亮反下同

**掌客**　**政治**直吏反注同　**侯長**丁丈反注同　**敵用**丁歷反　**從者**

才用反下注從賓同　**蘜栗**古典反　**鉶**音刑　**牲三十有六**依注牲音星下牲十

有八受牲禮同　**二十筥**姜呂反　**二十罋**烏弄反　**五籔**素口反劉色縷反

**三秅**丁故反或丈加反　**乘禽**繩證反下及注同　**三食**音嗣下食大牢再食壹食

注不食同　**皆見**賢遍反注下除相見見讀皆同　**皆餁**而甚反　**西夾**古洽反劉古協

反下同 非衰初危反下同 差也初佳反又初宜反 倍鼎音裴 二行戶剛

反下六行四行二行皆同 從陳子容反 槀實古老反 幷刈必政反又必盈反

曰總本又作緵子工反李又音揔 手把必馬反 棟梠音呂 一穧才計反

參差初林反下初宜反 不復扶又反 勞賓老報反 造館七報反

秅秭徐音姊劉祖禮反 皆爲于僞反下同 愛費芳味反 芻稍所教

反舊疎詔反 煎子然反劉子賤反 亨普庚反劉普孟反 掌訶 野廬力於

反 求索色白反 道之音導下文注道之道賔道王同 退復入迎復扶又反

爲之于僞反亦如字 之治直吏反注下同 詞爲于僞反下則爲同 凡從才用

反注同 於竟音境 詔相息亮反 掌交 之好呼報反注下皆同

惡烏路反注同 辟行音避注同 之說音悅注同 之難乃旦反 朝大

夫 國治直吏反注下同 君長丁丈反注同 殿之都練反

# 冬官考工記第六

鄭云此篇司空之官也司空篇亡漢興購千金不得此前世識其事者記錄以備大數爾

輿居音預　監百古銜反　以上時掌反凡言以上放此　共工音恭　面埶音勢　以飭音勑下同　以辨皮莧反具也注及下同　以長丁丈反下同　操也七曹反　販甫萬反　粵無音越　鎛音博田器也注及後同　燕無音烟　函戶南反鎧也後同　無廬魯吳反下皆同本或作蘆　倚乃直里反　錢子淺反　斯挏音趙一音大了反　合垢工口反　鎧也苦代反　爲鑪音盧下同　竹欑才官反李音纂　柲也音祕劉又音筆　摩鐧力庶反　夫人徐劉方無反沈音扶　草葳音穢劉云穢字之異者　燕近附近之近　矜柲其巾反李其京反　畜牧許又反下音目又音茂　知者音智　創物初亮反依字作刱　始闓音開　爍金徐劉余灼反義當作鑠始灼反　合此如字劉音閤　爲枳吉氏反　鸛徐劉音權公羊傳同本又

作鸜左傳同其俱反　鴝音欲　踰濟子禮反四瀆水　貉戶各反獸名依字作貊　踰汶音問
水名　爲猨音袁　之削如字李思約反思詔二反　妢胡扶云反　之笴古老反注
作橐同　矢幹古旦反或古旱反　櫄勑倫反　箘其隕反李其轉反　簬音路　枯
音戶尚書作楛音同　爲邠彼貧反　以泐音勒　以澤音亦李音釋　再扐
音勒　後卦如字又俱賣反　解散音蟹　刮摩古八反　摶李音團劉音博　埴
時職反　言拍普百反　黏土女廉反　作捖劉音刮戚音完李侯管反　臬
古栗字　段桃徐丁亂反劉徒亂反　韗況万反劉音運本或作韗同　畫繢戶對反後同
筐音匡　幭莫黃反　玉楖側筆反　陶瓬甫罔反又音甫　侏儒音朱
榎屬古馬反字或作檟　爲鞄匹學反劉音僕　鞄甍如兗反柔革工　芒芒莫黃
反下同　放於甫罔反下同　甈大音武下音泰　甲宮如字劉音婢　盡
力津忍反　溝洫況域反　六畫音獲　而迆以氏反後同　崇於本亦作古

宗字　殳長音殊下直亮反後放此　酋矛在由反或且州反　皆插徐劉初輒反戚
初洽反　車輢於綺反劉於寄反車傍也一音起寄反　倚移於綺反下以氏反下放此　著
戈丁略反　邪倚似嗟反　其樸普剝反劉音僕一音扶祿反　屬章欲反下及注同
戚速徐劉將六反李音促注同　附著直略反下同　以操七曹反　作數
色角反下同　則易以豉反　已庳音婢　登陁徐丈爾反劉堂何反李音他輈人同
已大也音泰劉他餓反　阪也音反　乘車繩證反後乘車皆放此　軹音只
轂末也　轐焉音卜又音僕　軹轚音衞　旃僕之然反下如字又音卜　軌
廣古曠反後放此　輪人　輻牙音訝下皆同　中冬音仲下中夏同　以
樞居良反　其鑿在洛反又曹報反　內如銳反依字作枘　而合音閤又如字　輪
輮而久反劉音柔李而又反　輪敝婢世反徐劉伏滅反　幎爾莫歷反　諸園于權
反　均致直置反下注稹致同　揱音蕭又色交反又音朔李又所咸反　肉稱尺證反注

同　易直以豉反　纖殺色界反劉色例反下同一音如字　犫參上色交反又音蕭劉
音朔下所林反　桑螵戚眦昭反劉平堯反　蛸音蕭又音消　其眼魚懇反　其幬
音疇下同劉又音濤李一音持株反或一音蹈　幔轂莫干反　則裹音果　隅見賢遍
反　限切魚懇反李如字下同切音如字李倉愛反　其綆依注音餅李方善反又姑杏反玉篇
云鄭衆音補管反　其蚤音爪下同　言餅必井反劉本頃反　輪箄劉薄歷反李又
方匹反一音薄計反下皆同　爪牙劉音雅　其菑側吏反注及下皆同　不齵五構
反一音隅　相侂九委反　匡刺洛割反下同　如裁側吏反　立梟古堯
反　稹理之忍反本又作縝劉依司農音奠一音眞　不歠李戚好角反劉呼報反　作
秏呼報反　歊暴步角反下同劉步莫反一音蒲報反　必橈乃孝反　則柞莊百
反　則摯讀爲槷劉魚列反戚魚結反　迫唶莊百反　令牙力呈反卷內皆同
厚一寸胡豆反後放此　而中丁仲反　詘之丘勿反　度兩待洛反下度之

同　之防音勒　捎音蕭　其藪素口反李一音倉豆反　轂空音孔　趨也七住
反又七須反下同　去一起呂反後去三去二皆同　爲賢如字劉李胡畂反注同　相
稱尺證反下同　陳篆直轉反　必數色角反李色住反　轂約烏孝反又如字
丸漆如字又胡喚反　量其音良下量其藪同　鑿曹報反又如字後同　深尸鴆反下放此
大扤五骨反或五活反　而強其良反劉其尚反　不勝音升　故菈獲耕
反　而殺色界反劉色例反注同　之溓依字力簟反依注音黏女廉反　褭小劉初
危反一音如字　黏著直略反下附著同　爲骹胡飽反又下教反李又苦教反　近轂
附近之近　人脛刑定反　揉輻而九反又音柔李又奴丑反一音而又反　火槁劉苦
老反沈居趙反　平漸子廉反下同　無槷魚列反依注音涅乃結反李一音素結反　倨
句音據　鑿內如稅反　掇也素結反　足見賢遍反注同　綆參方穎
反下七南反又音三　不掉徒弔反　欲杼直呂反　欲侔亡侯反劉莫豆反

是摶徒丸反李又丈轉反　不甐本又作鄰音吝李一音鱗　不挫作臥反李又祖加反

瘇也胡罪反　中規丁仲反下同　萬之姜禹反李又音俱注同　蔞良主反劉音流下文同李又里俱反　縣之音玄後皆同　相直音值　則斲陟角反　難易以豉反　杠中音江　桯圍讀爲楹音盈　信其音申　部廣古曠反劉音徑下同　爲下于僞反下爲兩同　弓鑿才報反　蓋橑音老劉力報反　鑿空音孔　弓菑側吏反劉音廁　撓之乃教反　剡其以冉反又才冉反　庇軹方二反　輨或作幹俱音管　近部附近之近　蚤圍音爪　幾半音祈　欲畢音婢下同　隤下大回反　而霤力又反　潦車音老　車輿音餘

殷畝音隱　不隊直類反落也　輿人　參稱尺證反注同　爲隧雖遂反注邃同又音遂注燧同　如鑽作官反　之較古學反　兩輢於綺反劉於既反下同　作榷音角　植者直吏反下同　轛音對又張歲反李一音都回反　繫

綴張歲反　軨立劉音領又音零下同　鄉人許亮反　中規丁仲反下皆同
弘殺色界反　凡居如字舊音據　無幷如字又必政反　偏邪似嗟反
棧車士板反劉才產反　欲弇劉於驗反又於檢反　爲其于僞反　革鞔莫干反
易坼以豉反下勑白反　輤人張留反革轅也方言云楚衛之閒轅謂之輤　五
椉音木本又作鞪同　種馬章勇反　齊馬側皆反　與轐音卜舊方木反又音
僕　之觙本又作減同洽斬反　率寸音類又音律下同　軓前劉音犯注同　作
軓音犯　所封音樹　與隧雖遂反　兩軶於革反　不勝音升　其
孫音遜注同　無弧音胡杜音烏　不汚李音烏一音紆　今夫音符　轅摯
竹二反輖也　覆車芳服反　必易以豉反下注之易喻易同　輖也音周一音弔或
竹二反　上阪時掌反下登上同　必縊一賜反劉一計反　作偏音遍　不
援音袁　其邸丁禮反　必緧音秋　作鰌音秋與緧同　欲頎苦佷反　典音殄

又勑殄反注同　馬倚於綺反　利準音水又如字下及注皆同　重讀直用反又直龍反
不楗杜音蹇鄭音倦　不便婢面反　不罷音皮　不契苦結反注同　需
音須又乃亂反注同　衣衽而甚反又而鴆反　環灂子召反李音在學反　之被皮寄
反　沂鄂魚斤反下五各反　九斿音留　宿之音秀下同　象伐如字劉扶
廢反　與參色林反　東辟音壁　弧韣音獨　張幓所銜反本又作縿同
又爲于僞反　下齊才細反下及注皆同　段氏丁亂反　刃削如字李音笑下
同　鑒燧音遂　錞于音淳　豆區烏侯反　鬴也音輔　錢鎛子淺反
則忍音刃　築氏　鋒鍔五各反　冶氏　鋌徒頂反
三垸音丸　異齊才細反　槀中古老反　句子古侯反下句兵同　接
柲音祕　而邪似嗟反　以啄丁角反　必横劉華孟反又如字　磬折
之設反　而便婢面反　曼胡莫干反　三鋝色劣反又音劣或音環　鍰

也戶關反又于眷反　萊稱尺證反　中矩丁仲反注同　與剌七賜反注同
著秘直略反　鏄祖悶反劉祖悶反　折與音餘　桃氏　臘廣
力闔反一音獵李魯頰反　之莖戶耕反　劍夾古協反又古洽反下同　鐔戚音淫徐
劉音尋一音徒南反　於把劉音霸戚必雅反　易制以豉反　裨冕婢支反劉音卑　笏
音忽　虎賁音奔　說劍吐治反劉詩悅反　鳧氏　兩欒本又作鑾力端
反　之銑先典反　之鉦音征　上祛巨書反徐巨庶反　之甬音勇
之旋如字李信犬反　蹲熊音存　盤龍畔干反　辟邪必亦反下似嗟反　之篆
直轉反　之攠音靡劉亡奇反又莫賀反　之隧音遂　窒而劉烏華反徐於蛙反又於銳
圭反　似夫音符　從爲了容反下同　數也色主反　有說徐始反注同
大厚音泰劉他賀反下同　則柞側百反注咋同　鍾掉徒弔反　則近附近
之近　短間音問下同　易竭以豉反　梟氏　消湅音練下同　不

復扶又反咸也洽斬反本亦作減同齊才計反稱分尺證反其臋徒門反徐劉徒恩反謂覆芳服反聲中丁仲反應律應對之應緊而古愛反思索所白反求也允臻側巾反爲民于僞反以觀古亂反示也又如字注同使放方往反啓道音導函人七屬之樹反下及注同合甲如字舊音閤注同謂要於遥反下同甲鍛丁亂反不摯音至大孰音泰劉菟餓反言致直置反下同其鑽作官反空音孔又如其窓於阮反或云司農音鬱其易以豉反下同敗蔵音穢本或作穢其朕直忍反橐之音羔劉古道反謂卷眷勉反下文同衣之於既反齗戶界反更也音庚便利婢面反鮑人作鞄匹學反劉音樸蒼頡戶結反鞄甍人兗反茶白音徒茅莠音酉又音秀煩撋人專反劉而垂反或如謫反摶之直轉反或除面反下同縛一直轉反如瑱他見

反本或作顚音同 不䖥音虧又許皮反 其著直略反下眡其著同 之札側八反又

側列反 者 鋪普吳反又音孚 著之直略反又丁略反 其線思賤反注緬同 澣

之戶管反 而腛於角反劉音屋 則需人兗反注同 作劅而髓反又人兗反

沾渥於角反 信之音身劉音新下皆同 爲帴音踐或山箭反 如俴音踐

劉仕顯反 羊豬戔劉音普見反依字才丹反字林昨善反沈云馬融音淺干寶爲殘與周易戔戔之字同亦音素干反不知其義或云字則如沈釋而羊豬戔之語未見出處俗謂羊豬脂爲臟音素干反豈取此乎案周禮注殘餘字本多作戔宜依殘音 不甐音吝或作鄰音同注同 韗人況万反衆家並音運

爲鞫音陶徒刀反 爲穹起弓反下同 空邪似嗟反 上三音參七南反

近晉附近之近 之賁扶云反本或作鼓又作鼖皆同 短聞音問下同

畫繢之事 以圜音環 爲獐音章 謂麇俱倫反 爲其于僞反

易漬以豉反 鍾氏 朱湛子潛反或子鴆反又音鴆 丹秫音述 漸

車子潛反下漚漸同 淳而章均反注及下同 爲纏許云反 緅側留反劉祖侯
反 又復扶又反 以紺古闇反 之縓倉絹反范倉亂反 之窺勑貞
反本又作𣟧亦作赬 者與音餘 幌氏音茫 湅絲音練下同 涗水書銳
反 漚絲烏豆反李又烏侯反 暴之步卜反劉步莫反下同 作湄劉音眉一音奴短反
所涚子禮反 曰涹烏禾反又於僞反一音乃罪反 以欄音練李又來踐反或音蘭
渥烏豆反與漚同注渥菅同 以蜃常軫反 縉人似陵反 渥菅古顏反
爲湛子潛反 士冠古亂反 白屨九具反 以魁苦迴反又作魁 柎之方于
反 魁蛤古盍反 粉之如字劉方問反 而盝音鹿 而揮音輝 去
其起呂反 朝更此一字張遙反餘皆朝廷之朝

冬官考工記下

玉人 信圭音身 朝覲直遙反下皆同 用龍莫江反 用瓚才旱反下

同司農音讚　伯用將如字劉音陽　爲餐之然反　餍作旦反　下尊遐嫁反
見禮賢遍反下同　中必府結反戚如字　鹿車縪劉府結反沈音畢云劉音非也
案北俗今猶有此語音如劉音蓋古語乎劉音未失　組約如字劉阿駮反　爲執于僞反
失隊直類反　有邸丁禮反又音帝下文同　杼上直呂反　之珽他頂反
椎也直追反下同　閷也色界反劉色例反殺字之異者本或作殺下取殺殺文同　相玉
息亮反　自炤音照　度景待洛反此下注同　祼圭古亂反注祼果皆同　琬
圭於阮反　而繅音早　王使所吏反下同　藉也慈夜反　琰圭餘冉
反　除慝吐得反　易行以豉反又音亦改也行音下孟反注同　以上時掌反
瑑飾直轉反　去起呂反　煩苛音何　璧羨以善反延也又音賤徑也　好
三呼報呼老二反璧孔也注同　肉倍柔又柔育二反下同　之瑗于眷反劉于願反
其袤音茂　璧琮才宗反　射四食亦反注及下注同　金勺上灼反注同

衡四音橫注衡謂並同　祈沈如字劉居綺反小爾雅曰祭山川曰祈沈案爾雅祭山曰庪縣祭川

曰浮沈祈音九委反今讀宜依爾雅音　大祝音泰　校人戶教反　以覘吐弔反視

也　有鉏劉李測魚反沈徐加反　駔琮音祖　爲稱尺證反　錘直僞反劉直危

反　之柢音帝劉作柢戶古反　僻昌綃反　以勞力報反注同　玄被皮寄

反　造賓七報反　鄉人莊密反本或作櫛　雕人音彫本亦作彫

磬氏　倨音據　句沈音鉤注同劉如字　先度待洛反　去一起呂反　磨鑢音慮

假令力呈反後皆同　已上時掌反注同　大上音泰劉他賀反下同

其喘音喘劉又音穿本或作端　矢人　鍭矢音侯劉音侯　茀矢依注

音殺色黠反劉色例反李音拂　參訂音亭劉當定反　槀中古老反下同　絜矢苦結

反又音結　矰矢音增　繝依注爲茀劉符弗反李音拂　而繝本又作殺色界反注下皆

同　令趣七喻反一音促　鏃也子木反或七木反　而羽于付反注及下同　其

笱古老反下相笱同　以辨皮勉反劉方勉反　夾其古洽反劉古協反　其比
眦志反下及注同　能憚音怛都達反李直旦反注同李又直丹反　鋌十直項反　三
垸音丸　則趮音躁子到反旁掉也沈又色到反　掉也徒弔反　而搖本又作搯
羊昭反　橈之乃孝反　之稱尺證反　搦其女角反　凡相息亮反注
同　而搏徒丸反　瑕蠱丁故反　陶人　爲甗魚輦反又音言劉魚
建反沈魚偃反一音彥甑也　二鬴音輔　鬲實音歷　五觳音斛　旊人方往
反　髻音刮　墾苦很反頓傷也　薜卜革反劉薄駁反破裂也注同　暴音剝又音雹或蒲到反墳起也
爲其于僞反　不任音壬　爲聑劉音月或五刮反一音兀又五活反　墳起扶粉
反　堅致直致反　器中丁仲反下同　膞市專反注輇同　中縣音玄後皆放此
旣拊音附又方附反　尌音樹本又作樹　儗度疑紀反下徒洛反　則埒芳符
反又普回反　相勝音升　梓人　爲簨息允反本又作筍橫者曰筍　虡音巨

植者曰虞 **植曰** 直吏反又時力反 **蠃** 力果反下同 **貔** 音毗 **螭** 勑知反 **郤**
**行** 羌略反劉去逆反 **仄行** 音側 **紆行** 乙俱反李又香于反 **以脰** 音豆頸也 **以注**
陟又反劉都豆反一音之樹反 **胷鳴** 本亦作骨又作肻千本作骨云蔽屁屬也賈馬作胃賈云靈蠵也鄭
云榮原屬也不知榮原之屬以何鳴作骨者恐非也沈云作胃爲得亦所未詳聶音胃劉本作胷音鹵 **雕**
**琢** 丁角反 **鼈屬** 必滅反本又作鱉 **螾衍** 羊忍反下如字爾雅云螾衍入耳郭璞云蚰蜒
也案此蟲能兩頭行是卻行劉云或作衍蚓衍音延今曲蟮也 **鼁** 戶媧反 **黽** 莫幸反 **蜩** 音條
蟬也 **蜺** 五兮反又五歷反又五結反 **蚣** 息容反 **蝑** 思餘反又思呂反 **榮原** 如字原亦
作螈音同又五丸反 **弇口** 於檢反 **燿後** 所教反劉李羊肖反 **爲哨** 音稍劉李音與
燿同沈蘇堯反 **頭小** 音傾李一音懇 **銳喙** 況廢反一音昌銳反 **決** 如字又烏穴反 **吻** 劉無憤反
戚已粉反 **數目** 劉音促李粗角反 **顅** 苦顏反又楷田反李又古慳反又戶弔反 **遠聞** 音問下同
**口腃** 音權 **作牼** 劉苦顏反又客田反一音工定反案左傳有華牼音苦耕反 **爲[illegible]**

劉苦顏反呂忱同云鬢禿也或苦瞎反一音枯曷反　**摶身**徒丸反　**傭**勑龍反　**凡攫**

俱縛反舊居碧反李又九夫反　**繝**色界反劉色例反　**援簭**上音袁下音筮　**頮頌**許愼口忽反云

禿也劉古本反李又其懇反一音苦紇反又音混　**撥龠**必末反沈蒲末反　**其匪**芳鬼反注

下同　**穨龠**如字李湯過反　**廢措**七故反注同　**作厝**劉音錯七洛反又七故反

**勺一升**上灼反注同　**觚三升**依注作觶之豉反下同　**則一豆矣**依注作斗

舊音主亦多口反下一豆酒同　**觚豆**音孤　**鄉衡**許亮反注同　**之長**丁丈反

**參分**方云反注參分下身居一分同　**而鵠**古篤反注下同　**所射**食亦反下射三侯下文射

女同　**兩个**讀爲幹古旦反下及注同李云人鄭依字　**傅地**音附　**擠幹**力荅反

**亦爲**于僞反　**象率**音類本又作類又音律　**縜**于貧反或尤粉反劉侯犬反一音古犬反

**於植**直吏反　**籠綱**鹿工反　**而棲**音西　**則春**讀爲蠢出允反作也出也

**畫正**音征下皆同　**三獲**如字下皆同或音胡化反　**謂勞**力報反　**使臣**色吏

反　折俎之設反　猶女音汝下文并注同　毋或音無　強飲其丈反下

同　詒女曾孫羊之反又羊志反　遺也唯季反　盧人力吳反下同

戈柲音祕　殳音殊　酉矛在由反　言遒在由反或子由反沈慈有反

言罷音皮　羸劣皮反　句兵劉俱具反沈音鉤下注同　無彈徒旦反注同　刺兵

七賜反注同　無蜎於全反又於兖反李又烏犬烏玄二反或巨兖反　兵椑薄兮反注鞞同

兵摶徒丸反　謂掉徒弔反　悁邑烏玄反　謂橈乃教反下同

蟲蜎巨兖反　隋他果反　圜音圓　則校古飽反李又侯巧反　傅人音附下及

注同　所操七曹反　絞而古飽反　爲矜巨巾反下同　之被皮寄反注

同　去一起呂反下同　晉圍如字又音箭　把中音霸　鐏也存悶反劉

子悶反　所捷初洽反　置而如字李直吏反　灸諸音救　封也音樹

猶柱知主反下同　輓而音挽　牆翣所立反本又作澀又作翜同　反覆芳服

反注同　軒輖音周　匠人　置槷魚列反注臬同　作弋以職反下杙同

劉杙音子則反　爲其難于僞反　度兩待洛反　朝夕如字　經涂音塗

緶三方穎反　金轄胡瞎反　猶鄉許亮反　兩夾古洽反劉古協反

窻初江反一音怱　蜃灰常軫反　堊牆烏路反又烏洛反　之墊音埶劉又音育

重屋直龍反下及注同　放夏方往反　複笮音福下側白反　度九劉直

路反戚待洛反下及注同　禹卑如字劉音婢　堂與音餘　大扃古熒反　七个

古賀反注及下同　闈門音韋劉音暉　鄉鼏音香　浮思並如字本或作罘罳同

高一古報反後放此　度長待洛反下同　環涂如字劉戶串反　作轘戶關

反　溝洫況域反　之甽古犬反　之隧音遂本又作遂　併發步頂反

甽也古犬反與甽同古今字也劉古善反　所佃音田又音電　二仞音刃　之

澮古外反　園廛直連反　莇音助　校數音教下色主反下此數者同　以

別彼列反　雨我于付反　徹與音餘　爲其于僞反下爲其爲此同　埶

也音藝　其率音律又音類下同　通雍於勇反　地防音勒　水屬讀爲

注之樹反　理孫音遜注同　梢溝劉音蕭注蛸一音色交反　螵蛸婢遙反　奠

水音亭　磬折之設反後放此　水漱色救反前注同　爲歆許金反　水淤於據

反　留著直畧反　淫液音亦　其網色界反劉又色例反注下同　去一

起呂反　里爲式里讀爲已音以出注　傅衆音附　格格音各　椓之丁角反

槖槖音託　葺屋七入反劉音集又子入反　囷丘貧反　窌劉古孝反依字當爲窖作窌假

借也　令甓上音零下薄歷反爾雅云瓴甋謂之甓郭璞云今甋甎　祴也音階　竇其音豆

相勝音升　車人　謂之宣如字本或作寡亦作宣　脛也戶定反

晧落胡老反本或作顥音同劉作晧音灰　柯欘古阿反　之欘張玉反爾雅句欘謂

之定郭云斫也　句欘音劬又音俱　之定丁甯反或音如字　上俛音免　耒

力對反劉音誄或艮水反　庛依注音刺七賜反李又似斯反　纇疵似斯反　緣其如字沈悅
戰反　相中如字又丁仲反　應一步應對之應　利推如字李湯雷反　或作
摶徒九反　謂牙五嫁反李五家反下同本或作迓　大安音泰又菀餓反下同　反
輮人九反劉音柔　仄輮音側　則易以豉反　耎者人兖反　爲泥于僞
反下同　綆寸方穎反　牝服步忍反又扶死反李扶緬反服依注音負詩音如字　輪算
薄歷反　謂較音角　鬲長沈於革反劉音隔　厭牛於甲反　弓人
既聚似主反具也　檍於力反一音意劉又烏克反　檿桑烏簟反　杻檍
女丑反　箕簸音服　凡相息亮反下同　鄉心許亮反　則遠于万反下
遠於同　近根附近之近　射遠食亦反下同　菑側異反又側其反沈子異反劉音廁
栗音烈李又如字　不弛羊氏反　不菑側其反　畬音餘　以鋸音據　副析普逼
反下星歷反　倚移於綺反下羊氏反下同　邪行似嗟反　裂繻音須　秋

緅戚色界反劉色例反下同　紾劉徒展反許慎尚展反又徒展反與注抮縛之抮同角絞縛之意　而昔七各反下同　抮縛並與紾同縛又徒轉反　犄理才苦反又七奴反　錯然七各反李云鄭且若反　瘠牛在亦反　夫角音扶下皆同　蹙於子六反注同李又音促又且六反　剒乃老反本又作腦　而休音煦下同　爲煦況付反劉音休下同　之畏讀爲隈烏回反下同　故胞七歲反　而摶徒丸反　凡昵女乙反又音職　作檝音職　爲㲋女乙反爾雅云膠也劉沈並音刃　脂敗音職呂忱云膏敗也　必剽芳妙反戚芳昭反或扶召反後同　撊然下板反或胡簡反　登陴婢支反劉蒲佳反又房卑　測反　敝之敝婢世反徐扶哲反　嚼之才略反　惻隱本或作慇同　度徒洛反　液角音亦下同　爲醳音亦劉沈音釋下同　奠體讀爲定下同　檗中音景　析濟子召反　復內扶又反　則易以豉反　滑致直致反下言致同　則合讀爲洽　被弦皮寄反　無邪似嗟反　必荼音舒

下同　由幨昌廉反注同　重醳直龍反　稱尺證反下各稱同　其帤女居
反　則需人兗反下注罷需同　檽有劉音須沈音儒本亦作襦　衣絮本亦作帤周易作袽
皆女居反　中裨符支反又音甲　疏數音朔　必侔莫侯反或已又反　繳不音灼
由挫子臥反　蹴折子六反　之隈烏回反　恒角古鄧反又如字下同
不校古卯反注及下同　爲褻音督　緪古鄧反或古登反沈又居肯反　爲揯古鄧反
辟如音譬下注變辟同或房赤反　終紲息列反弓鞦也　鞦音秘又補結反　爲發
于僞反　緄古本反劉古魂反　縢本又作縢徒登反　茭司農古歷反鄭戶卯反　解戶賣
反注同　茭讀音交下茭亦同　激發古歷反　足擊烏喚反　骹之骹
戶卯反　簫臂如字下文同本或作辟一音房赤反　於挺勑頂反注同或徒令反　有柎
方輔反下同　爲湖音胡　漂絮匹妙反下相預反　引如引依注音譬　重明
直用反　撟幹居兆反劉枯老反沈古了反　無燀音替又音尋或大含反　鬻膠

章呂反 苟愉吐侯反或吐豆反 其畏烏回反 其敝讀爲蔽必世反劉又博壻

反 宛之於阮反 已應應對之應注下皆同 不罷音皮 拊甲劉音婢

於網色界反劉色例反注下同 而羽讀爲扈音戶 難易以豉反下同 党之

直庚反或之亮反又詩尚反注同沈云或音堂非 辟屄劉必亦反衆家皆匹亦反 不勝音升

下注同 有三有讀爲又三讀爲參 被筋皮寄反 擐之戶串反劉郭犬反

三侔本又作件亦作梓同莫侯反侔等也 三鋝色劣反又音劣 三邸丁禮反或丁計反

三蚪羊主反 鍰也音環又于卷反 合九如字一音閤下同 豐肉如字

劉而樹反 忿埶音勢 中且丁仲反注及下同 作數音朔 以愿音願愨也

一音元 愨也苦角反 夾臾古洽反劉古協反下音庾 利射侯食亦反注下除

繳射大射小射用射外皆同 獲劉胡檗反 繳射諸若反 木椹張林反 捆

復苦本反 若背補內反注同 角環如字又戶串反 筋蕡扶文反注同

斥音尺蠖枉縛反又於郭反　泉實絲子反　上再時掌反　覆之孚服反注下皆同　句弓劉九具反沈音鉤　猶譱音善本又作善下同

經典釋文卷第九

經四千八百四十三字
注一万二千三百八十一字

# 經典釋文卷第十

## 儀禮音義

唐國子博士兼太子中允贈齊州刺史吳縣開國男陸德明撰

士冠古亂反禮第一鄭云童子任職居士位年二十而冠主人玄冠朝服則是仕於諸侯天子之士朝服皮弁素積古者四民世事士之子恒爲士

士冠古亂反下以意求之　筮于市例反　廟門劉昌宗音廟案廟古廟字　以蓍音尸

謂禰乃禮反父廟也　朝服直遙反注同後朝服放此　緇帶側其反　素韠音畢蔽膝也

黑繒似陵反　再繚音了劉音遼　長三直亮反凡度長短曰長直亮反度廣狹曰廣古曠反他皆放此

上廣古曠反　以眡音視本或作視下同　皮弁皮彥反

爲緅側留反劉子侯反　六入與音餘　自辟必亦反　卒吏子忽反

假吏古雅反　具饌劉仕轉反一音士戀反　西塾音孰劉又音育爾雅云門側之

堂謂之塾 以畫音獲下同 記爻戶交反 闑魚列反門橜也 閾音域劉況逼反
門限 橜其月反 閫苦本反劉音困 槷魚列反 蹙子六反 執筴初革
反 上櫝音獨 少儀詩召反 右還音旋後皆放此 識爻音志 反
還音環一音旋 作臚力居反 撤去起吕反 警也居領反 爲衆
于僞反 擯者必刃反劉方刃反 曰介音界 直音值下放此 東榮如字
劉云榮屋翼 堂深申鴆反凡度深曰深後放此 承盥音管 夏屋戶雅反後同
罍力回反 纁裳許云反 韎音妹又武拜反劉又武八反 韐古洽反又音閤
之縓七絹反范散騎音倉亂反 再染如琰反下二字同 之赬丑貞反 欲令
力呈反 下近附近之近 緼音溫劉烏本反 韍音弗 而幽於糾反 茅亡交反一
音妹 蒐所留反 名蒨七見反 猶辟必亦反下同 其要一遥反 此
莫音暮 於朝直遥反 夫玄音扶 缺依注音頍去蘂反又音跬劉屈絹反下皆同此

項下講反　青組音祖　屬于章玉反注同　繃纚山買反舊山綺反　笄音雞　組紘音宏纓從下而上者　同篋苦協反　著頍陟略反下著卷同　四缀丁衛反　有緺劉紀屈反　著卷去圓反　名藴古內反　猶著直略反　以叏土刀反　之簪側金反　以上時掌反　隋方他果反狹而長　櫛實莊乙反　于簞音丹笥也　笥息嗣反字林先字反　甒亡甫反又音武　有篚方尾反　實勺上若反　觶之豉反爵容三升也字林音至　角柶音四匕也　脯醢音海　如笭力丁反一音冷　以酙九于反又音俱挹也　作廡音武　一匴素管反本或作算　西坫丁念反　無纅音早　玉瑱音其　象邸丁禮反　爲篹素管反劉音篹　爲檐以占反　于阼才故反　猶酢才各反　袗玄之刃反劉之愼反一音眞同　紒音計後同　錦緣以絹反　幷紐女九反　道之音導　當碑彼宜反　相鄉許亮反本又作嚮　近其附近之近　作浣戶管反

適子丁歷反　辟主音避下辟爲同　爲賓于僞反下爲不同　乃祝之又反一
音之六反注皆同　鶬焉七良反　復出扶又反　見者賢遍反　屬音燭
面枋音柄彼命反　薦脯本又作虆子見反或作廌非也廌依字直買反解廌獸名後放此
啐七內反　捷柶初洽反本又作插亦作扱　見于母賢遍反下及注入見如見見于
君贄見與見姑見母同　闈音韋劉音暉宮中小門也　猶俠古洽反劉古協反下同　應
也應對之應　處也昌慮反　帷幕武博反　後賓戶豆反　奠贄本又
作摯音至　非朝直遥反　少牢詩召反　洓其子禮反下同　清糟子曹
反劉本作湑音糟　儷皮音麗兩也　飲賓於鴆反　皆與音預注同　爲介
音界　則醮子召反劉側教反　以盛音成　由便婢面反　撓之劉奴高反
爲聶女輒反　折俎之設反注同　嚌之才計反嘗也　若殺如字劉色例反
下同　離肺芳吠反　扃古螢反鼎扛也　鼏亡歷反鼎覆也　胖普半反　於鑊

戶郭反　曰亨普庚反　爲鉉玄犬反范古顏反劉音關又胡畎反　贏醢力禾反

虒音移劉音夷　蝓音揄劉又音由　爲蝸力禾反又古華反　加俎嚌之嚌音祭出

注　美稱尺證反下之稱美稱同　能共音恭　重有直用反下注同　湆之

音利一音類　惟祺音其　爾女音汝下同　作麋亡悲反　黄耇音苟　無

疆居良反竟也下同　疆竟音敬又音景　之休虛虯反　亶丁但反　時劉本

作古旹字　爲癉劉音旦一音丁但反　爲嘏古雅反又作假　旣滑息呂反　之

祜音戶福也　于假古雅反大也　長幼丁丈反　作父音甫又如字下同　縫中扶用反

屨九遇反　青絇其于反　繶於力反　純章允反劉之閏反注下同

紃也音旬　純緣以絹反　以魁苦回反　柎方于反劉音鈇　蜃上忍反　蛤音閤

以績戶內反　繐屨音歲　大古音泰注同　齊則側皆反注同本亦作齊

其緌如誰反注同　而緻婢世反劉齊蔽反　以上時掌反下以上同　適

子丁歷反本又作嫡 毋追音牟下丁回反注同 猶堆丁回反本或作塠同 殷冔況甫反 於槃畔干反 幠火吳反 篡初患反 殺本又作弒亦作試同申志反下同 坊記音房 之殺色界反舊所例反注同 而謚時志反

士昏禮第二鄭云士娶妻之禮以昏爲期因而名焉必以昏者取其陽往而陰來

納采亡在反擇也 取妻七住反亦作娶下同 紹介音界 爲神于僞反下明爲鄉爲今爲同 尊處昌慮反 於禰乃禮反 使者所吏反後使者及注皆同 莫夕音暮 內霤力又反 爲庪居委反 楹閒音盈 合好呼報反 甒醴亡甫反下音禮 鄉爲許亮反本又作鄉 如冠古亂反下同 授校劉胡鮑反又丁孝反一音苦交反注同 几辟劉房益反一音避注同 拂拭上音弗下音式 逡遁七旬反下音旬 角柶音四 梧授吾故反 面枋彼命反 疑立魚乞反又音嶷 主爲于僞反下巾爲蓋爲同 執觶之豉反 坐啐七內反

猶扱初洽反　從者才用反後從者皆同　復使扶又反下不復皆同　玄纁許云反　儷皮音麗偶也　純帛側其反　請期音情又七井反　陰和戶臥反　去蹄起呂反注同下大西反　肫劉音純又音之春反字林之閏反　髀步米反字林方爾反云骹骨也又作髀　皆飪而甚反　扃古螢反　鼏亡狄反　壻之悉計反從士從胥俗作壻女之夫　鄉內許亮反　右胖音判　飯必扶晚反　近竅附近之近下苦弔反　以扛音江　為髀必爾反又毗支反　作鉉胡畎反　承盥音管　饌于仕戀反劉仕轉反　醯醬呼西反　巾之如字劉居近反　四敦音對劉又部愛反下敦南對敦同　食齊上音嗣下才計反下同　大羹並如字大又音太亦作泰羹劉音戶庚反字林作臑云肉有汁也劉亦大羹同　湆劉云范去急反他皆音泣字林云羹汁也口恰口劫二反　在爨七亂反　大古音泰　北墉音容牆也　綌冪去逆反　加勺上灼反　以庪居委反劉居綺反　合巹音謹劉羌愍反字林作𧇊居敏反蠡也以

此丞爲警身所奉之警 **破鉋**白交反 **三酳**以刃反劉士客反下文同 **緇袘**以豉

反又音移注同 **從車**才用反下注同 **二乘**繩證反 **以上**時掌反後以上放此 **親迎**

魚敬反下同 **衣緇衣**上於既反下如字 **謂緣**以絹反又以全反下皆同 **持炬**

音巨 **炤道**音照 **有裧**昌占反 **共之**音恭 **爲神**于僞反下主爲爲行同

**纁袡**如占反 **髮也**皮義反 **追師**丁回反 **編次**必連反劉步典反

**袗玄**之忍反一音之愼反又普眞反後同 **姆**莫候反字林亡又反劉音母又音茂 **纚笄**山買

反劉霜綺反 **縚髮**他刀反本又作弢同 **朱綃**音消 **相別**彼列反下別出同

**被**皮義反下及注同 **頍**苦迥反劉音古熒反禪也 **黼**音斧劉音補 **姪**大結反字林丈一反 **娣**

大計反 **禪也**音丹 **朱襮**音博 **刺黼**七亦反劉音刺史之刺 **而下**遐嫁

反 **婦乘**如字劉音繩證反下記同 **御塵**魚呂反 **令衣**力呈反 **作憬**

劉音景 **道之**音導下同 **滕席**以證反又御證反下及注同 **于奧**烏報反西南隅

**媵御**依注音訝五嫁反迎也下媵御御受御袵御餕御贊竝注同音　**朼者**必履反劉云匕器名朼者朼載也　**由便**婢面反下同　**啟會**古外反　**卻于**去逆反　**啜湆**昌悅反　**咂醬**子闔反　**三飯**扶晚反注及下同　**主爲**于僞反下爲媵爲尊竝同　**漱也**所又反　**演也**以善反　**嚌肝**才計反　**肝炙**諸夜反　**迺撤**劉直列反　**餕之**音俊　**說服**吐活反劉詩悅反下親說同劉云訓解通同勿言脫也　**絜清**如字又才性反下放此　**作稅**舒銳反劉詩稅反　**御袵**而甚反又而鴆反臥席　**將覞**劉古偏反今本亦作見　**因著**丁略反　**俟見**賢偏反注及下皆同　**執笲**音煩竹器　**而衣**於既反　**蔈**劉羌居反　**蘆**劉音盧　**拜處**昌慮反　**則俠**古洽反劉古協反後放此　**段脩**丁亂反本又作腶同脯也　**尸牖**子九反　**疑立**魚乞反又音疑注同　**始冠**古亂反下猶冠冠子同　**盥饋**其位反　**孝養**子亮反記注共養同　**取女**七住反　**作併**步頂反　**淬**劉七內反本或作染如琰反　**汙**汙穢之汙

娣從才用反　勞人力報反　用董音謹　考妣必履反　帥道音導

下帥道同　扱地初洽反劉羌及反又魚及反　昏昕音欣　不腆他典反　用

鮒音附　不餒奴罪反　始扱初洽反劉羌及反　左奉芳勇反　攝之

之涉反注及下同　猶辟必亦反　爲門于僞反　阨狹於賣反下音洽　見

文賢遍反下注婦見同　官長丁丈反　俟迎魚敬反下親迎同　三屬音燭注同

涚水舒銳反　緇被皮義反注同　纚裏劉音里　爲鎬戶老反　則

辟音避　醮之子召反　適婦丁狄反下同　共養九用反　貺室音況

賜也　猶妻七計反　惷失容反劉敕用反又池江反一音竹降反字林丑凶反又丑降反愚也

子爲于僞反　我與音預注同　虞度大各反下同　不億於力反

謂卒寸忽反　服期音基下同　爾相息亮反注同助也　勗帥許玉反劉朽目

反　猶女音汝下同　大姒音泰　毋違音無注同　施衿其鴆反　結帨

舒銳反　施鞶步干反　無愆去連反　以盛音成　申重直用反　而
使識申志反又音式　適長丁狄反下丁丈反　紀裂上音己下音列　繻音須
傳直專反　齊喪側皆反　壻見賢遍反注下除相見皆同　請覿音狄見也
得濯丈角反　漑於古代反　造繒七報反　闔扉音非

士相見禮第三鄭云士以職位相親始承贄相見之禮

贄本又作摯音同　用腒其居反乾雉也　奉之芳勇反下同　願見賢遍反凡卑於尊曰見敵而曰見謙敬之辭也下以意求之他皆放此　耿古幸反　介音界　別有彼列反
爲其于僞反下爲其同　爲脰音豆頸也　大崇音泰劉唐餓反下同　下人遐嫁反　復見扶又反又音服注同　曰曏許亮反　請還劉音旋下皆同　曩也乃蕩反　猶傳丈專反下文皆同　謂擯必刃反　相者息亮反　嫌褻息列反　辟正音避　以索悉各反注同　有行戶郎反　衣其於既反

繫聯音連 靡莫兮反 彌璧子六反注及下同 恭慤苦角反 摯

鶩亡卜反鴨也 必辯皮勉反劉方勉反 不疑音擬又如字注同 邪鄉似嗟

反下許亮反 疑度大各反 君近附近之近下同 妥而他果反安坐也 己

爲于僞反下爲嫌示爲皆同 孝弟音悌 中視如字劉丁仲反 抱劉薄報反 毋改

音無下同 嫌解古賣反 惰他臥反 毋上時掌反 侍坐如字又才臥反

欠起劒反劉欺劒反 伸音申 猶辨皮莧反 作蚤音早 膳葷香云反

葱薤戶界反 先飯扶晚反注同 偏嘗音遍注同 呫嘗音貼他篋反穀梁有未嘗有呫血之盟呫嘗也劉音當密反云此意謂未快或楚未許或音沾 其釂子召反盡爵也 隱辟匹亦反一音避劉房益反注同 君爲于僞反 若食音嗣 飲之於鴆反 俛

而音免 逡七旬反 遁音巡 比及毗志反 命使所吏反注同 有饋其位

反 曳踵諸勇反 備蹕音致 跲也其業反劉居業反 作抴以制反劉音泄

草茅莫交反　刺草七亦反劉此歷反　猶剗初限反劉測展反

鄉飲酒禮第四鄭云諸侯之鄉大夫三年大比將獻賢者能者於其君以禮賓之與之飲酒之禮

賓介音界　知仁音智　六行下孟反下德行同　而須音班　大比毗志反劉音鼻　少師詩照反　邦索色白反　禮屬音燭下文共注同　尊長丁丈反　警也音景　所爲于僞反　敷席音孚又普吳反劉豐吳反　牖前音酉　斯禁如字劉音賜　二勺上灼反　堂深申鴆反後皆放此更不音　東榮如字劉音營禮內皆放此　羹如字劉戶庚反卷內皆同　定丁佞反注同　一相息亮反　傳命丈專反　賓厭於涉反推手曰揖引手曰厭已下皆同　當楣亡悲反　復拜扶又反下復盥不復復重同　爲手于僞反　坋汚步困反劉扶問反　疑立魚乞反又魚力反注同後疑立皆放此　趙盾徒本反　小辟音避劉房益反　設折之設反注及下同　弗繚音了劉力彫反又力弔反　嚌才計反字或作嚌同嘗也　猶紾

音軫又徒展反劉徒典反一音土展反　以上時掌反　坐挩始銳反拭也注帨同　啐
酒七內反嘗也　專爲于僞反下當爲爲工同　由便婢面反下由便皆同　取觶
之豉反字林音至　殺於所界反劉色例反下殺皆同　言疑魚乞反又音疑　省文
所景反　下賓遐嫁反下下賓下主人禮下同　示偏音遍下同　之長丁丈反注下皆
同　辯有音遍注下皆同　相者息亮反下及注同　何瑟戶可反又音河擔也
挎戶孤反一音口候反挎也　之少申召反下少長同　視瞭音了　瞽音古矇音蒙
晛見賢遍反　則爲于僞反下不爲同　擔之丁甘反　近其附近之近
則詨戶孝反本又作傚同　君勞力報反下勞賓同　使臣所吏反下同　更是
音庚又古鸚反　賢知音智　大師音泰注大師大平大王同　則爲于僞反注同　南
陔古才反　相風上如字下方鳳反　復重直用反　惡能音烏　考父
音甫　和一胡臥反　乃閒閒廁之閒注及下注笙閒或閒音同　魚麗力知反本或作

離下一同 纍力追反 蔓音万 宴樂音洛下人樂同 之治直吏反 之長
如字 關雎七徐反 葛覃大南反 卷耳力轉反劉居晚反 召南音邵注同 采
蘋毗人反 后妃芳非反劉音配 于岐其宜反一音祇 王業如字劉于況反
之采七代反 化被皮義反 肆夏戶雅反下同 繁遏於葛反 作相
息亮反下及注同 爲有于僞反下爲賓同 解古賣反 惰徒臥反 以監古銜反
退共九勇反注同 少長丁丈反下及下庭長同 皆弟大計反 以鄉
許亮反下皆鄉同 相旅息亮反下注升相同 仲別彼列反下同 辟受音避下辟
國君同 媵爵以證反又成證反送也 不弛式氏反下同 傳請丈專反
之少申召反 爲僎音遵 說屨吐活反劉詩悅反注同 爲稅始銳反
胾醢莊吏反 鄉設許亮反本又作鄉同 子札壯八反 酒罷皮賣反劉音皮
三重直龍反下注同 公如音若出注 人去起呂反下同 之朝直遙反下

皆同　復自扶又反下而復復差同　息勞力報反下皆同　不殺所八反注同劉色例反　以筋居勤反　不與音預注及篇末文注同　禮瀆音獨劉又音濁　素韠音畢　而衣於既反　布純劉之閏反或章允反注同　純緣以絹反　冪迷狄反　亨于普庚反下注亨狗同劉虛讓反　五挺大頂反本亦作脡同　猶膱音職本亦作樴音同　陳處昌慮反　冠禮古亂反　左胸其于反屈中曰胸　胳肺劉音格一音各　進奏本又作腠同千豆反理也　前脛戶定反　臂臑乃報反字林人于反　膊劉音純　猶拴苦圭反　作骼古白反　降殺所界反下同　其妨如字一音芳亮反　之長丁丈反　復差初佳反又初責反又初宜反　特縣音玄　雖爲于僞反　縮所六反下同　霤力又反　縮從子容反下同　爲蹵子六反　授從才用反

鄉射禮第五鄭云州長春秋以禮會民而射於州序之禮也謂之鄉者州鄉之屬

按如字二字當在劉丁仲反四字上

鄉射食夜反　州長丁丈反　猶警音景　語也魚據反　此爲于僞反下同　殊別彼列反　斯禁如字劉音賜　加勺上灼反　篚音匪　縣于音玄注同　辟射音避下辟射同　所射食亦反　中掩劉丁仲反　束之如字　以爲于僞反下爲人同　獲者如字劉胡蘖反下文同　羹定多佞反注同　朝服直遥反下及下注及朝同　一相息亮反注同　傳命丈專反下傳主人同　賓厭一涉反下賓厭同　當楣亡悲反　作浣戶管反　疑立魚乞反又音疑注下同　小辟婢亦反一音避　折俎之設反後皆放此　臍之才計反注同　坐挩始銳反注下同　啐七內反　拭也音式　醋主才各反報也劉云與酢同音義　便也婢面反後放此　取觶之豉反　禮殺所界反劉色例反後皆同　人復扶又反　示徧音遍下同　之長丁丈反注及下注同　德行下孟反下德行同　辯有音遍後皆同　爲僎音遵　別於彼列反　夾尊古洽反劉古協反　不去

起呂反注同　再重直容反下同　欲大音泰劉唐餓反　相者息亮反下及注同　不間間廁
何瑟胡可反又音河　于縣音玄　乃合如字劉音閤下合足同　則爲于僞反下
之間　大王音泰下大師同　成王如字劉于況反　瞽矇音蒙　解倦古賣反
注爲爲有爲己爲位爲當明爲同　人相息亮反下文作相以相注相謂同
以監古咸反　袒徒旱反　決古穴反　兼挾劉音協一音子協反下皆同　乘矢
繩證反後乘矢皆同　猶闓音開下同　著右丁略反一音直略反　大學補革反劉薄歷反大
也指　射講古侯反劉苦侯反　見賢遍反　鏃於子木反一音七木反　弣右芳甫反劉
方輔反　年少申召反　福豐音福　倚于於綺反下同　北括古活
以比毗志反劉音鼻注同　相近附近之近　爲溢音利又音類　說朿如字
又吐活反又始銳反注同　當辟音避　相工息亮反　三笴劉古老反矢幹也字林云
箭笴也　矢幹古但反又古旱反　鄉堂許亮反　弓矢拾其劫反劉其輒
公但反

反更也除決拾以外皆同　**拾更**音庚　**揞三**音進又音箭劉又祖雞反反插也後同　**一个**

古賀反下皆同　**插也**初洽反下同　**復言**扶又反下復言同　**豫則**音樹出注

**下鄉**遐嫁反　**猶併**步頂反下皆同　**不去**起呂反下注同　**取扑**普卜反劉方逼

反後皆同　**以撻**他達反　**欲令**力呈反　**於中**丁仲反下中人者中則以中並同

**猶閒**閒廁之閒　**儀省**所景反　**什也**音赴　**還其**劉戶串反一音環下還其

後同　**無射**食亦反注同　**從傍**蒲郎反或作旁　**說決**吐活反又始銳反下說決拾皆

同　**而乘**承證反下乘乘矢同　**拊之**芳甫反　**四四數**所主反下侯數同

**不索**悉各反盡也　**應曰**應對之應　**乃復**扶又反下注復言復射同　**鄉獲**許亮

反又作嚮下皆同　**皆與**音預下將與同　**繹己**音亦　**尊別**彼列反下尊別同

**立比**毗志反下及注同　**見其**賢遍反　**乃徧**音遍下同　**卻手**去逆反注同

**踣弓**蒲北反　**毋周**亦作無同　**覆手**芳伏反注同　**命去**起呂反下皆同

**共而**九勇反下共而侯同 **不貫**古亂反中也 **猶中**丁仲反下中正下文若中同

**中正**音征 **近其**附近之近下自近近司馬同 **有題**大兮反 **識也**申志反劉

音式 **貢楛**音戶字又作楛 **先數**所主反下及注同 **爲其**于僞反下爲其爲侯爲將

同 **爲純**如字全也禮記音全 **縮從**子容反下同 **爲蹙**子六反 **易校**

以豉反 **爲奇**居宜反下同 **面鄉**許亮反本或作嚮 **以中**丁仲反下皆同 **下無**遐嫁反下

相下同 **將飲**於鴆反下相飲同 **而畢**如字劉音婢 **其少**詩召反

**加弛**尸氏反 **執弣**芳甫反 **辟飲**音避下辟舉辟中辟組同 **三**

**處**昌慮反下放此 **右个**劉音幹義見周官下同 **辟設**扶益反注辟之辟舉及下注辟薦同

**先三耦**悉薦反下同又如字 **說矢**如字又始銳反後說矢同 **以樂樂**下音洛下

句同又皆如字 **傳尊**直專反 **相應**應對之應下同 **騶虞**壯由反 **還鄉**

許亮反下同 **五豝**音巴 **五豵**子工反 **說侯**吐活反下說屨弁注同 **不復**

扶又反下不復復尊皆同 當監古銜反 相工息亮反 禮殺所界反下皆同
小逡七旬反 遁音旬 則長丁丈反注及下皆放此 不與音預下同 授從
才用反注及下從者同 亦爲于僞反下同 則摳苦侯反 其被皮義反
狗胾壯吏反 設啗徒覽反 迭飮大結反 皆與音預注同 朝服
直遥反下皆同 說朝吐活反下同 猶勞力報反下除勞倦一字皆同 無介音界
不殺如字劉色例反 不與音預注及下大夫與皆同 德行下孟反 見物
賢遍反 所好呼報反 亨于普庚反下注同 綌冪去逆反 布純之閏
反又諸允反注同 純緣以絹反 五職音職脡也 脡也大頂反 作植
常職反 腠七豆反 猶挂苦圭反 之長丁丈反下注州長皆同 樂賢
音洛 一和戶臥反注同 之少詩召反 謂先悉薦反 麋侯亡悲反
二正音征下正鵠同 正鵠戶沃反 射熊食亦反下射麋與射之同 謂從

子容反　與跬丘蘂反劉闕彼反一舉足曰跬　五架音駕　曰庋九僞反又九委反

糅女又反雜也　杠音江　仞音刃七尺曰仞　鴻脰音豆頸也　韜吐刀反　此

謟徒刀反　杠橦直江反　將指子匠反中指也　始射食亦反又食夜反

復用扶又反下注不復復自同　厚寸戶豆反　直心音值　而乘繩證反

髹虛求反注同　拳之音權　中人丁仲反下中人待中並同　不與音預注同

奉之芳勇反　教擾而小反劉音饒　繻如朱反　下大遐嫁反下下鄉同

體比毗志反下同　貫之音串下同　鄉之許亮反下以鄉同　圍中音又一音

于救反　射與音餘　臑奴報反說文讀爲儒字林云臂羊豕也人于反　若膊音純　胳

音格又音各　轂之苦角反又戶角反　右个音幹下及注同　謂刌寸本反　說

矢吐活反又始鋭反下同　尊別彼列反　骰胡飽反又下巧反李又苦教反　肱古弘

反　爲衺初危反　篠也息了反　刊之若干反　稍屬章欲反

若飲於鴆反注同　則夾古洽反劉古協反　觚于音孤　爲縚吐刀反　龍
大學音泰　歧蹄巨支反一音支　析羽悉歷反　於竟音景注同　龍檀之然反　兕中徐履反山海經云狀如牛蒼黑色可重千斤　厭於一涉反

燕禮第六鄭云諸侯無事若卿大夫有勤勞之功與羣臣燕飲以樂之禮也

戒與音預注與者同　相君息亮反　勞力報反下君勞以勞同　使臣所吏反下文使者使臣皆同　樂之音洛下尚樂宴樂同　告語魚據反　人縣音玄注同　爲燕于偽反下爲卿爲拜同　東霤力又反　罍水音雷又力回反　象觚音孤　瓦大音泰尊名注同下放此　用綌去逆反　若錫悉歷反劉音余章反　兩圜音圓　瓦甒亡甫反　畢而如字劉又音婢　爲緆悉歷反又余章反又羊豉反　布純之閏反又章允反後放此　西鄉許亮反本又作嚮下及注同　莞筵音官　加繅音早　師長丁丈反下同　大僕音泰下大宰大平大王皆同　由闑魚列反　之

近附近之近 又復扶又反下復盟復言復再拜又復將復而復同 敢伉苦浪反敵也 宰

辟正音避下辟正主辟君皆同 爲觶章豉反 坋步困反劉扶問反 塵如字劉直吝反

嚌之才計反 挩手始鋭反 坐啐七內反 酢主才各反

胥劉思叙反一音如字下胥薦同 媵觚上以證反又繩證反送也 酌散思旦反注及下同

禮殺所界反下皆同 壹弛尸氏反 類與音餘下與竝同 命長丁丈

反後不出者同 爲其于僞反下爲拜猶爲爲其爲恭同 相飲於鴆反 夫辯音遍

作徧音遍後同 別尊彼列反 兼卷九轉反劉居遠反 重席直容反注下皆

同 猶去起呂反下同 則先悉薦反下先大夫同 牧有牧養之牧劉音目

大尊音泰劉徒餓反 近君附近之近下同 私昵女乙反 之坐才臥反 之

處昌慮反 無胥之承反 瞽矇音蒙 執技其綺反 少牢詩召反

左何胡我反又音河 相入息亮反注及下相祭并注同 則傚戶教反本又作詼同

其更音庚　賢知音智　便其婢面反　南陔工才反　風切方鳳反　重雜直用反　惡能音烏　考父音甫　乃閒閒廁之閒注及下注放此
魚麗力知反　下賢遐嫁反　纍力追反　蔓音万　之治直吏反　采蘋音頻
之長如字　關雎七徐反　葛覃大南反　召南上照反注同後放此　以監古銜反
興王如字又于況反　之采七代反　被于皮寄反
俱相息亮反　爲君于僞反下爲位所爲同　皆說吐活反劉寄悅反注同
饌士戀反劉才悶反　肝膋音遼　狗胾壯吏反　南鄉許亮反　媵觚觚依注音觶
欲令力呈反　亦學戶教反教也　大樂音泰　別於彼列反
鑮人本又作鎛音博下同　皆辟音避劉房益反　旬人大練反　燋也哉約反劉哉妙反
闇人音昏　掌共音恭　陔夏戶雅反下同　之使所吏反下使人同
不腆它典反　寡鮮息淺反　重直用反　傳命丈專反　朝服

直遥反 注同　素韠 音畢　今辟 音璧　而衣 於既反　亨于 普庚反 注同

公食 音嗣　饗時 許兩反 或作鄉非　燕爲 于僞反　公父 音甫 下同

飲南 於鴆反 下文若飲并注同　堵父 音者 劉音覩　猶遠 于万反　樂闋 苦穴

反　應之 應對之應　示易 以豉反　則勺 音灼 劉又音照　於鑠 上音烏下

舒若反　栗蹷 子六反　酏 以支反 劉書支反　糝食 素感反　糗 去久反

飯屑也劉香久反孟子曰舜飯糗茹草　餌 音二　粉餈 才私反　袒 徒旱反　朱襦 如朱反

稍屬 章欲反　辟不 音避　俟復 扶又反　一笴 工但反 又工老反

厭於 一涉反 下同　公鄉 許亮反　相者 息亮反

大射儀第七 鄭云諸侯將有祭祀之事與其羣臣射以觀其禮也

大射 食夜反　治官 直吏反 下之治同　視滌 大歷反　謂溉 古代反

命量 音亮 下量人皆同　參七 依注音糝 素感反 後放此　干五 依注音豻 五旦反 劉音鴈

後放此　巷涂音徒　所射食亦反下射之射麋侯同　以爲于僞反　豹鵠

古毒反後同　下天戶嫁反　巾車如字劉居覲反後皆放此　見鵠賢遍反又如字

注同　掌裝音莊　所射食亦反下射之所射侯同　中此丁仲反下難中中之皆同

任己音壬　言較音角　鳿鵠音干劉音岸又音鴈　正者音征下爲正同　題

肩大西反　捷黠戶八反　參分七南反又音三　大半音泰下大蔟同　宿

縣音玄注同　鏄本又作鎛音博　大蔟七豆反　沽音姑　洗西典反　皆編

必連反又甫于反下同　爲堵丁古反　應鼙應對之應注同下步迷反　之跗方于

反　便其婢面反後皆同　頌磬如字一音容　無射音亦　爲賓于僞反下

同　省文所景反　簜在大黨反　鼗大刀反　倚于於綺反　西紘

音宏　有柄彼命反劉本作秉音同　以柷尺六反　用錫悉歷反劉相亦反細布也

若絺敕其反細葛也劉作綌音郤　綴諸陟衛反又丁劣反　近似附近之近　而畢

如字劉音婢 箭篠素了反 爲幂于僞反下注爲諒爲有爲射同 卷辟必亦反

橫之如字劉古曠反 作緆悉歷反劉余章反又羊鼓反 兩圜音圓 壺獻

素河反出注下汁獻並同 爲沙素河反下同 泲之子禮反 浣于始銳反 醆

酒壯䇲反 西鄉許亮反下皆同 當共音恭劉居倖反 羹定多佞反 亨

肉普庚反 大史音泰後大平大師大大史皆同 在干音岸 從者才用反 正

相息亮反 之長丁丈反 又復扶又反下復再同 賓辟婢亦反又音避注同

逡七旬反 遁音旬 肆夏戶雅反凡代名及樂章九夏皆放此 巡守手又反

敢亢苦浪反劉音剛 辟正音避下注上辟皆同 于篚音匪 宰胥相呂反又如字

後同 嚌之才計反 挩手始銳反 坐啐七內反 樂闋苦穴反 命長

以醋才各反本亦作酢 酌散思但反下皆同 禮殺所界反下禮殺皆同

丁丈反注及下皆同 降造七報反 一人與音餘下同 爲拜于僞反下猶爲爲大

尊為君為背同　相飲於鴆反　夫辯音遍後并注作偏皆同　重席直容反注下皆

同　布純之閏反又章允反　猶去起呂反　辟君音避下辟君同　臑奴到

反　則先悉薦反下注先大夫同　大尊音泰　近君附近之近下同　私昵

女乙反　之坐才臥反　之處昌慮反下放此　無胥之承反　諷誦方鳳反

少師詩召反下文及注皆同　相大息亮反下及注皆同　視瞭音了　杜蒯

苦怪反　分別彼列反　左何胡可反又音河　挎越口胡反又口侯反　西

縣音玄下同　則詨戶教反亦作傚　於勞力到反　陪于劉蒲來反　餘長

丁丈反下之長同　皐陶音遥　長六直亮反　東坫丁念反　以監古銜反

不背音佩下為背同　挾音協又子協反下皆同　乘矢繩證反注同　見賢遍反

鏃子木反又七木反　於弣芳甫反或方武反　猶闓音開　著右丁略反又直略反下

同　射韝古侯反劉苦侯反　弓把音霸　大擘彼革反劉薄歷反　楅音福

疏數音朔　壹從子容反　公射食亦反下三字同　中之丁仲反下注於
中矢中同　遂比毗志反劉音鼻注同　不拾其業反劉其輒反下文及拾發拾取既拾皆同
一个古賀反下同　捷也初洽反本又作扱　射三食亦反下二字同　取扑
普卜反下同　以撻土達反　欲令力呈反　猶閒閒廁之閒　併也步頂
反下皆同　合足如字劉音閤　命去起呂反注下同後去扑去侯注去塵皆同　共而
九勇反下共而去皆同　還其劉戶串反下注還其同　說決土活反又始銳反劉詩悅反下
說決拾皆同　曰毋音無下同　射獲食亦反注同　拾更音庚　坐乘承證反注
下同　數之所主反　不索悉各反一音所伯反　乃復扶又反下注復言復賓復並行爲復
復釋君復皆同　比耦毗志反下同　見其賢遍反　左還音患注下放此一音環
南踣步北反　將背音佩下同　覆手芳伏反注同　捆之口本反劉音涃
作魁古回反　中離丁仲反注矢中中鵠值中猶中不中下所中中三侯若中皆同　其

邪似嗟反　爲絹劉侯犬反又于貧反一音占縣反又古犬反　不著直略反下同

傳告直專反　一笴工但反劉古老反　以笥息嗣反字林先字反劉音司　萑

音丸葦于鬼反　以韜土刀反　將指子匠反　契如苦計反　以袂

面世反　右隈烏回反　揉之而九反劉奴丑反又耳了反　宛紆阮反　爲

紐女九反　稍屬之玉反注及下稍屬同　眡算音視本亦作視　先數所主反注

數者校數同　則縮所六反　從也子容反下同　作蹙子六反　易校

以豉反　自近附近之近下注近其同　爲奇居宜反下同　當飲於鴆反下文若

飲公飲君皆同　奉豐芳勇反下同　其少詩召反　加匙尸氏反　辟飲

音避下辟中辟組皆同　爲之于僞反下爲大侯當爲嫌爲爲爲復爲將皆同　兩獻素多反

教擾而小反劉音饒　卒錯劉音厝　右个劉音幹注及下同　視侯之又

反下同　若女音汝下同　而射食亦反下始射同　彊飲其丈反下同　貽

女以之反遺也　辟薦婢亦反注同　一个古賀反下同　鄉許亮反注同　言
拾其業反下大夫拾同　坐說劉詩悅反又始銳反下同　用應應對之應下同　失正
音征　無當丁浪反　奏貍里之反　不朝直遙反　有弧音胡弓也
疏數音朔　所擬音擬　度也大各反　乘之繩證反　若長丁丈反下士長
同　授從才用反注同　去藏起呂反　皆說土活反下同　猶蹴子六
反　踖子亦反　謂膜音損又才悶反又士戀反　肝膋力彫反　狗胾壯吏反　有
炮薄交反或作炰缹同音缶　鱉本又作鼈必滅反　膾鯉古外反　鶉市春反　鴽音如
洗象觚音觶出注　欲令力呈反　曰復扶又反　中三丁仲反注同
而和戶臥反　懽樂音洛　聯事音連　教治直吏反　相大息亮反
釋縣音玄　别內彼列反　皆辟劉芳益反一音避　開合閒廁之閒
所樂如字又音洛　句人大見反　閽人音昏　燋也劉哉約反字林子弔反

掌共音恭　薪蒸章淩反　內霤力又反　入鷩五刀反注同鷩夏樂章

聘禮第八鄭云大問曰聘諸侯相於久無事使卿相問之禮也小聘使大夫

聘禮匹正反問也　因朝直遙反後皆同　命使所吏反下以意求之　上介音界

副也下放此　易於以豉反　大宰音泰官名下放此　先行悉薦反　管

人古緩反劉音官管人掌館舍之官後同　布幕音莫　玄纁許云反　皆乘繩證反

辟使音避　南鄉許亮反下以意求之　賈人音嫁後同掌物價之官　監其

古銜反　爲當于僞反下同　復展扶又反下不復入復校復請不復皆同　于禰乃禮

反　之稱尺證反　之宰音律劉音類　四只劉音紙　于笲音煩器名

必盛音成　躐行力涉反　載旝之然反通帛爲旝孤卿所建　表識如字

又音志　相近附近之近　櫝大木反函也　繅音早圭藉也注璪同　藉圭在夜

反後皆放此　璋音章半圭　加琮才宗反劉又音綜半璧也　繒也似陵反又才陵反

妃合 音配本亦作配 瑑圭 大轉反 以瀕 他弔反 脫舍 音捨 于竟 音景後同 直徑 古定反 猶道 音導下請道同 非爲 于僞反下爲其且爲所爲來爲主凡爲明爲同 餼之 許氣反猶遺也牲腥曰餼謂殺而未熟 積唯 子賜反或如字 用少 詩照反下少牢皆同 以秣 音末 執筴 音策 掠也 音諒 師從 才用反下同 一肆 以二反劉常二反習也注同 爲壝 劉以垂反一音以癸反 壇 大丹反封土曰壇 畫階 音獲注同 外垣 音袁 皆與 音預注同 以幾 音機本亦作譏 問從 才用反下注授從同 幾人 居豈反 當共 音恭本或作供同後放此 委積 上於僞反下子賜反後放此 各下 戶嫁反 拭圭 音式 拭清 如字劉才姓反 放而 方往反 私覿 大歷反 有勞 力到反下文及注皆同 便疾 婢面反後放此 者與 音餘 乘皮 繩證反後乘馬乘禽乘皮皆同 儐勞 必刃反劉云與擯同 篚方 音甫劉音蒲本或作簠外圓內方曰篚內圓外方曰簠 圜 音圓 不腆 他典反善也厚

也　之祧他條反遠廟爲祧謂始祖廟也　旣拚方問反謂洒埽也劉符變反　俟閒如字
劉音閑　奄卒寸忽反　齊戒側皆反本亦作齋　設飧音孫下及注同熟食曰飧
飪一而審反劉而鴆反孰也　六餅音刑　稟實古老反　并刈魚廢反
訶五嫁反迎也　俟辦蒲莧反辦具之辦　而傳丈專反下同後傳命放此　所爲
于僞反下爲其皆同　直音值　闑魚列反　閾外音域又況域反　而上時掌反
所別彼列反　皆裼西歷反　相君息亮反下放此　賔辟音避劉房益反注同　鴈行
後賔辟之類并注各放此　逡七旬反　遁音旬　必後戶豆反又如字下及後同　猶近
戶郎反下同　中棖直庚反爾雅謂之楔門兩旁木也　西塾音孰劉又音育
附近之近下同　依前於豈反本又作扆　繢戶內反　純劉之閏反一音章允反後放此
鄉入許亮反下同　又盡津忍反　先賔悉薦反　立處昌慮反　當
楣亡悲反　言辟音避又扶益反　見其賢遍反下皆可以意求之　坫之丁念反

麛音迷或作麑同　靑豻五旦反胡地野犬也劉音鴈　褻本又作褻詳又反　絞衣戶交反

爲溫于僞反下及注賓爲同　凡襢音但劉上戰反　則攝之涉反下及注皆同　爲

并執必性反一音如字下同　告糴大歷反　汶陽音問　公食音似下親食同

加萑音完　几與音餘　塵坋蒲悶反劉本亦作坋被也或作被皮義反　爲

梧五故反　几辟婢亦反又音避注同　加柶音四　面枋彼命反　以飲於鴆反

尚攕劉音纖一音以涉反　啐七內反　相幣息亮反下以相并注同

殺也所界反　右靮丁歷反　從者才用反注及下注可從從者皆同　辟享音避下辟堂辟君又辟皆同

扣馬音口　還牽劉戶串反　纖縟音辱　儷皮音麗兩也

其復扶又反下乃復復特同　重入直用反　道入音導下逆道道賓帥　之行道放此

籧伯其居反　無恙羊亮反　公勞力到反注及下同　下見戶嫁反下孟反又如字

足躩駈碧反劉俱碧反　嫌近附近之近下放此

韎韋音昧又亡拜反劉又武八反　魚腊音昔　扃古螢反　鼏亡狄反　膷音香牛臛也
臐許云反羊臛也　膮許堯反豕臛也　牲臛火各反字林火郭反　唯燖劉音尋一音潛本作爓
窆用彼驗反　韭音九　菹莊居反　醓醢他感反又注曰醓醢汁也
百甕烏弄反　百筥居呂反　二行戶郎反下同　五籔劉色縷反一音速注不數之數同卷末放此
爲逾劉音余後同說文大溝反　三秅丁故反四百秉爲秅字林疾加反
北輈丁留反車轅　大祖音泰　不下戶嫁反後下君下朝皆同　治
令直吏反　執紖直軫反　別於彼列反下同　于宁直呂反劉直慮反
亦見如字劉胡眄反　亦爲于僞反下文注爲之爲大夫爲賓皆同　相拜息亮反下注如相同
醙所九反白酒也　黍閒閒廁之閒　從拜才用反又如字　壹食音嗣注及下皆同
亨大普庚反　以飲於鴆反　俶獻昌叔反始也　鳫鶩劉下音木
以侑音又　易以以豉反　琥璜音虎　若鄉許亮反　賄用

呼罪反劉音誨下同　束紡劉敷罔反　之縛劉音須一本作縛息絹反案說文云白鮮色也居掾反聲
類以爲今正絹字　以遺唯季反　車造七到反下同　爲拜于僞反下爲旦見爲
爲行爲君爲酢爲之皆同　展軨力丁反劉音領　以好呼報反　見爲賢遍反
受勞力到反後同　惡其烏路反　使之將子匠反一本作使之將兵兵則後加字
禳乃如羊反　衆從才用反　盡言津忍反　猶女音汝　當復
扶又反下將復又復復以復記同　尊長丁丈反　于闐魚列反劉魚子反　于禰
乃禮反　獻從才用反注同　辟國音避　下辯音遍下文辯復明辯同　亦
與音預　饗食音嗣凡饗食皆同　喪殺色界反　素純諸允反又之閏反下純同　括
去衰起呂反下七回反下注皆同　作計音赴　別於彼列反下別處同
髮古活反　爲之具于僞反又如字下爲之棺同　爲致于僞反下爲大下文爲客同
棺古患反一讀如字　斂之力豔反下同　俟閒劉音閑又如字　不享本又作饗

百名（名謂文字也） 以上（時掌反凡以上放此） 方版（音板） 人稠（直由反） 處

嚴（昌慮反下常處同） 必璽（音徙） 幾月（居豈反） 作齋（子兮反） 釋軷

蒲末反道神也注跋涉音同 車騎（其義反） 爲難（乃旦反） 餞之（在淺反送行飲

酒也） 轢之（力狄反） 作祓（芳弗反又音廢） 與繅（音早注藻及璪音同） 剡上

以冉反字林才冉反云銳 厚半（戶豆反） 韋衣（於既反） 玄纁（許云反劉又音訓）

繫（音計劉胡帝反） 長尺（直亮反又如字） 絢（呼縣反劉云舊音縣李胥倫反一音巡） 組（音祖） 作

約（音巡劉音圈聲類以爲約字） 又賓（子兮反注同） 爲行（戶郎反下有行同） 爲

肄（以二反） 孫而說（音遜下音悅注及卷末注同） 爲秖（之氏反） 爲大（音泰）

劉唐餓反下大宜同 飧不（素昆反） 絜清（才性反又如字） 訝大（五嫁反） 其

贄（音至） 鞠窮（劉音弓本亦作躬） 不勝（音升） 上如（示掌反） 蹜蹜（所六反）

如爭（爭鬭之爭） 失隊（直類反） 怡焉（以之反） 卷（去阮反） 豚（大本反）

見於賢遍反下不見同　蹌焉七羊反　俞俞羊朱反劉音庾　鵝也五何反　相間間廁之間注及下猶間同　畜獸許又反　從廄居又反　衣食於既反下音嗣　聘于于音爲羽危反出注　各稱尺證反　以組於問反　氏大音泰　而卑劉音婢　五職音職　之脡大頂反　再扱初洽反　以相息亮反注及下注相拜同　爲蹷子六反　猶遺唯季反　辟正音避　若昭式遥反注同　作脸而甚反劉音審　祝祝上之六反下之又反　肹肉音班賦也　及庾所求反　下之戶嫁反　士中丁仲反注同　比放也甫往反　有齊才計反　和者戶臥反　請觀古亂反下注同又如字　猶道音導　爲之于僞反　私樂音洛　恩殺所介反　君復扶又反下同　量名音亮　穧名才計反下同　萊易音來　聚把百馬反　曰稷劉宰孔反字林子工反　作緵劉音總

公食大夫禮第九鄭云主國君以禮食小聘大夫之禮也

公食音嗣下注後食饗食食禮同　易以以豉反　以爲于僞反下爲既爲從爲公爲賓同　三辭息暫反又如字　拜使所吏反下同　賓朝直遥反下及注同　羹定多佞反注同　若編必緜反劉方緜反　兼亨普庚反　鼎扛音江　作鉉胡犬反一音扃劉古頂反又音玄又音闋　槃匜以支反　設湆劉羌立反下及注並同　截漿昨再反　別於彼列反　賓辟婢亦反又音避及下同　逡遁七旬反音旬　賓從才用反　道之音導　遠下戶嫁反　東夾古洽反劉古協反　北鄉許亮反後皆放此　不拾音涉下同　曰辵敕略反　去鼏起吕反卷末注去會同　大夫長丁丈反注及下注之長同　猶更音庚　腊飪而審反　進奏千豆反注同　七介古賀反　鬠也巨之反　魚近附近之近下宜近相近同　腴羊朱反　骨鯁古孟反　滑脃七歲反　俎拒劉音巨　由

便婢面反後放此 殺於所界反 授醯呼西反 處也昌慮反下放此 疑

立魚乞反又魚力反注同 君離力智反 醯他感反 麋臡奴兮反醢有骨者也

字林作腝人兮反 菁子丁反劉音精 萁亡丁反 不絣側耕反 直家音值

並併步頂反下皆同 不和戶臥反注不和同 于鐙音登瓦豆也 大古

音泰下大宰皆同 爲風于僞反下爲其爲將同 設鉶音刑 而甲劉音婢又如字

食有音嗣下爲食食禮同 以辯音遍下同 擩于人悅反劉而玄反又而誰反 染

也人漸反又七內反 少儀詩召反 刌之寸本反 挩手始銳反 扱上

初洽反 拭也音式 爲臠力轉反 之膴火奴反 復出扶又反下復告

復發將復不復復自皆同 膷音香 臐許云反 膮呼堯反 牛炙章夜反下同 臛火各

反又火沃反 牛鮨巨之反注鰭音同郭璞云鮨鮓屬 衆人騰依注音滕以證反又繩證

反 三飯扶晚反注同 歠湆昌悅反 漱所又反 乘皮繩證反下乘皮

下文之乘同　以侑音又　相幣息亮反　爲君于僞反下爲其爲之致同　從者才用反注同　曰梧五故反　易退以豉反　盡以津忍反　它時土多反本又作他　不與音預注同　爲施如字又音式豉反　賓朝直遙反除之朝一字皆同　拜食音嗣下以意求之　蝸醢力禾反　毋過音無　鶉音淳　鴽音如　無母音牟　于甕烏送反　辟正音避　亨于普庚反　布純諸閏反又諸允反下及注同　加萑音丸　純緣以絹反　作莞音官或音丸　敷之如字又普吳反劉芳蒲反　鈃芼亡報反　豕薇音微　苦荼音徒　堇荁音丸　爲苄音戶爾雅云地黃也劉又云苄一音遐嫁反　作幕音莫　凡炙章夜反

和也戶臥反　加繅音早

覲禮第十鄭云覲見也諸侯秋見天子之禮曰覲禮

覲禮其靳反　璧勞力到反注同下王勞注勞之勞其以勞請事勞同　之朝朝服

並直遥反下以意求之　使者所吏反下放此　爲人如字又于僞反　見侯賢遍反下
侯見畢見同　乘馬繩證反下乘馬皆同　左驂七南反　騑芳非反　之從
者才用反　司空與音餘篇末注月與館與與同　女順音汝下注猶女同　卿爲
或作鄉非　訶者五嫁反　詔相息亮反　先朝悉薦反　分別彼列反
諸任音壬　裨冕婢支反劉音卑注同　衣裨衣上與既反下如字下衣此衣放此　而
冠古亂反下冠冕同　言埤毗支反一音卑　公袞工本反　鷩必列反　毳
尺鋭反　孤絺丁里反劉本作希張里反　於祧他彫反　弧音胡　韣音獨　有
纚音早　張繆所銜反又所感反本又作幓下同　侯信音申　以藉才夜反下纚藉
同　韋衣於既反　廣衮上古曠反下音茂　爲璪音早　斧依於豈反注
依如同　令綈大西反　屛風步丁反　莞席音官　紛純諸允反劉之閏反下
同　繢之戶內反　南鄉許亮反下放此　傳丈專反下傳此傳而皆同　而上時掌

反下而上同　四亨四依注音三亨音香丈反劉虛讓反　積畫音獲　絲纊音曠劉古
曠反　卓上劉丁角反　折其之設反　右肱古弘反　奉篋苦協反　大
史音泰後大史大常大陰皆同　是右音又亦如字注右王之右同　耊老大結反又音鐵　毋
下音無　謂食音嗣下同　墤土以垂反後同　爲埒音劣　猶重直龍反下同
監之工銜反　巡守音狩下同　方琥音虎　黃琮才宗反　見王
賢遍反　侇先悉薦反下同　四傳丈專反注同一音孚　俠門古洽反　作
傳音付　樊纓步干反　二乘繩證反　盟約如字又於妙反　詛祝莊慮
反　如皦古了反　燔柴音煩　地瘞乙例反　愒苦蓋反　作殪
一計反　之處昌慮反

## 喪服經傳第十一

鄭云天子以下死而相喪衣服年月親疏隆殺之禮也喪必有服所以爲至痛飾也

斬衰七回反字又作縗後皆同斬者不緝也縗以布爲之長六寸廣四寸在心前縗之言摧也所以表其中心摧痛 苴七如反有子之麻 絰大結反實也 絞帶戶交反後皆同一音如字 菅古顏反草也毛詩傳云茅已漚爲菅 屨九具反履也 明爲于僞反下同 在要一遙反後放此 之缺上藥反劉屈綃反 齊衰音咨緝也後同 不緝七入反下同 有蕢扶云反麻實 大搹音革扼也 去五起呂反下同 各齊如字劉才計反 擔主市鹽反注同 絛屬音燭注同 六升衆並如字鄭音登登成也 鍛丁亂反 菲扶未反杜預云草屨也 倚於綺反 廬力居反 寢苫失占反草心 枕之鴆反 塊苦對反土也本又作凷說文云塊俗凷字 歠昌悅反 粥之六反劉音育 一溢如字劉音實鄭云二十兩曰溢爲米一升二十四分升之一射慈同王肅劉逵袁準孔倫葛洪皆云滿手曰溢 柱丁主反注同 楣亡悲反梁也 疏食音嗣又如字 飯素劉扶晚反今本多作飰字 食如字又音寺 扼也於革反 爲殺所界反劉所例反 猶著直略反下同 以別

彼列反下遠別別於同　**右縫**扶弄反下左縫出縫皆同　**梁闇**烏南反　**壘**劣委反又

力水反　**甓**古狄反劉薄歷反　**涂塈**劉其既反又許氣反一古慨反　**爲父**于僞反凡爲服

之例放此意求之　**長子**丁丈反後長子長殤皆同　**言嫡**本又作適同丁狄反　**所傳**

丈專反　**與禰**乃禮反　**爲所爲**上于僞反注下如字　**布總**子孔反　**箭**

**笄**音雞　**髽**側瓜反　**篠也**素了反　**露紒**音計下同　**之括**如字劉音活

**如著**丁略反　**幓頭**七消反　**子冠**古亂反　**子免**音問　**無袒**而甚反又

而鴆反裳際也　**長六**直亮反後放此　**厭於**一葉反後皆放此　**家相**息亮反

**閽寺**音昏守門人也寺內小臣　**牡麻**茂后反　**枲麻**思似反　**沽功**音古後同

**藨**皮表反劉扶表反　**蒯**苦怪反草也　**女以**音汝下同　**期矣**音基本又作朞後皆

放此　**帶緣**以絹反注同　**大子**音泰　**無施**以豉反注同　**從爲**于僞反

**旁尊**劉薄浪反下注同又如字　**牉合**普半反　**則辟**音避下注辟大同　**適**

子丁狄反本又作嫡後除適人之類可以意求之 遠別彼列反下同 而見賢遍反下同

將上時掌反 孰後如字又音候下放此 何算素管反劉音選 大祖音泰

注大祖同 近政附近之近 稷契息列反 序昭市遥反又如字下昭穆皆放此

綴之丁劣反 適人施隻反 妻穉直吏反 爲之于僞反下爲其同

敢與音預注同 於朝直遥反注及下章注同 者與音餘 所寓音遇寄也

圻内巨衣反本又作畿同 越竟音景 恩殺所界反 未冠古亂反 文

縟音辱 不繆居虯反 猶數音朔下同 散帶悉但反 爲其于僞反

姪大結反字林丈一反 嫂本又作嫂同素早反 入治直吏反注治猶同 猶行

戶郎反下同 甲遠于万反 猶傻素口反 人稱尺證反 之別彼別

反下有別并傳同 上而時掌反 相爲于僞反下其爲爲之下文所爲同 見恩

賢遍反下以見同 不復扶又反 總衰音歲 接見賢遍反注同下章不見并注放

此澡麻音早治去起呂反後注猶去則去同莩音敷垢古口反無絇其俱
反娣大計反姒音似兄弟之妻娣姒或云謂先後亦曰妯娌弟大計反本亦作娣長
丁丈反注同孺子而注反有食音嗣傅姆音茂劉音母字林亡又反見
於賢遍反則劬其俱反緦麻音絲省文色景反朝服直遙反後
章放此庶孫之中殤依注中音下不見賢遍反章末注同則爲于僞
反下記所爲下注必爲相爲爲其同壻息計反女之夫縓七絹反倉亂反范緣以絹反下及注
同一染而漸反不見賢遍反嫌其爲如字又于僞反若辟音避
下同袒徒旱反免音問字或作絻注同幼少詩召反虞祔音附錫衰
思狄反反謂墳扶云反屍音尸柩其又反大斂力驗反之稱尺證
反滑易以豉反素總子孔反折笄之設反有著丁略反下同
櫛莊乙反榛笄莊巾反刻鏤劉音陋摘頭他狄反大飾音泰

劉唐餓反　三絇劉音鉤又恪憂反　猶殺色界反劉色例反下同　大古音泰

以便婢面反　謂辟音辟博歷反下皆同　廣古曠反　袤音茂　袂屬音燭劉又

音蜀　之肱古弘反　袪尺起魚反　併兩步頂反　拱尚九勇反

士喪禮第十二鄭云士喪其父母自始死至於既殯之禮

適室丁狄反注同適室正寢之室也　幠火吳反覆也　用斂力豔反後皆同　者齊側皆反本

亦作齋　北庸如字牖也本亦作墉　當牖音酉窻也　衽而甚反曲禮注云臥席也

去死起呂反　簪裳側林反劉左南反　左何戶我反又音河　扱領初洽反劉

初輒反　則夏戶雅反後夏祝皆同　純衣側其反　纁裳許云反　中屋如字

劉丁仲反　用篚方鬼反本或作篋苦協反　以衣於既反注及衣戶同　西北厞扶未

反本或作扉音非　楔齒息結反　爲將于僞反下并注不爲同　含戶暗反本亦作唅後

放此　綴足丁劣反劉張歲反　辟戾音辟下力計反　以馮音憑　俠牀古洽

反　亦適丁狄反　使者至所吏反　扂劉羌據反閉也　者三息暫反

入襚音遂衣服曰襚　執要一遥反後放此　言遺唯季反與也　別於彼列

反下皆同　爲銘亡丁反禮記云銘明旌也　經末丑貞反　旗識識之上音試下

音式亦作試　爲旆步貝反　竹杠音江　橦也丈江反　梠音呂　甸

人大練反　掘坎其勿反又其月反　爲塈音役　東鄉許亮反注同後放此　塊

竈苦對反劉音古雷反謂宜用土塊也　廢敦劉音對又都愛反及注下皆同　重直容反注重重鬲於重

同　鬲音歷下放此　皆濯大角反　造于七報反注同　五種章勇反　以盛

音成下同　溲濯上奴亂反下直孝反下文放此　以汲居及反　將縣音玄　滌

大歷反　漑古愛反　事遽其據反　不綪注作綪側庚反後皆同說文云綪縈繩也

江汚音紆水名也一本作沱大何反江別爲沱　謂縈於營反　繩索悉各反　以

親如字劉音清刃反　髻劉音膾又戶膾反後同　纋中音憂一音何侯反　廣袤

古曠反下音茂　賓爲于僞反下同　有惡烏路反　掩練劉音奄　析其

西歷反　褎首音果　瑱他見反充耳　白纊音曠劉古曠反緜也　幀依注音縈

於營反劉宛名反又武遍反又音緜後同　組繫戶計反下同　葛藟力水反　以絜

息據反　爲消古玄反　握手於角反劉烏豆反下設握同　牢中牢音樓出注

若檡音澤　猶闓音開　挾弓音協又子協反　令不力呈反下令可同　挈

指苦結反劉本作契苦計反　吒鼠劉音託　冒亡報反後皆同　手齊如字又才計反

經殺所界反劉色例反注及下注同　韜尸土刀反　而上時掌反　純衣莊其

反注同　所衣於既反下所衣同　褖衣他亂反後同　緣之說絹反注緣同

不褌音丹下同　一稱尺證反　韎音妹又武拜反劉又武八反　韐古荅反又古洽反

縕音温劉烏反本　韍音弗蔽膝　竹笏音忽　以瑑音蚪劉巨蚪反　文竹如字

劉目眞反　去一起呂反　珵他頂反本又作珽同　侯荼音舒　皆繶於力

反繼純諸允反劉之閏反注同組綦音其一音其記反注同于踵諸勇反士

冠古亂反以魁苦回反柎方于反馬絆音半于笄音頻於筐

丘方反用綌去逆反櫛莊乙反於簞音丹笥也葦于鬼反笥息嗣反

通裁在代反又音才管人如字劉又音官不說土活反劉舒悅反注同繘均必

反劉俱筆反綆也淅米西歷反汏也徒賴反受潘芳元反下及注同淅米汁

也用重直龍反用爨七端反又七亂反盛米音成下注盛物巾盛盛笙同

處也昌慮反造冰七到反下同士併步頂反下皆同禮之善反下同

第壯矣反下同牀簀也侍從才用反倮裎力果反下直貞反扸用之慎反劉

居吝反晞也清也清如字又才性反下絜清同用料音主作湪劉土亂反蚤

依注音爪下鬊蚤同揃子淺反斷爪丁管反揃鬚音須本亦作須大蜡士嫁反

扱諸初洽反劉初輒反下同以從劉才用反下同爲飯于僞反下扶晚反下佐飯

幷下文同 南首手又反 便扱婢面反 于跗方于反 連絢其于反
足坼丑宅反 三稱尺證反杜預云衣禪複具曰稱下放此 而衣於旣反下同
不紐女九反 不數所主反 省文所景反 欲見賢遍反 捷也
初洽反下同 于擊烏亂反 大擘補革反劉薄歷反大指也下同 爲藉才夜反
有彄苦侯反 擐劉郭犬反一音患 作捥烏亂反 槖之古刀反劉古道反
爲槖音託 鬊音舜劉又音旬亂髮也 辟奠婢亦反又音避 重木直容反下
及注同 縣物音玄下同 髾孔側林反劉左南反 鬻本又作粥之六反一音育 餘
飯扶晚反注同謂以飯尸之餘米爲粥 於養羊亮反 幂用本又作鼏亡狄反 久
之依注音灸 用靲劉舉琴反下同說文其闇反 竹簚音蔑 辟屈音壁 縓
絞戶交反後同 縮從子容反下同 赬裏丑貞反赤也 無紞丁敢反 被
識申志反 無別彼列反 散衣息但反下及注同 袍襺古典反 盡用

津忍反 取稱尺證反 饌于劉牀轉反一音士眷反後同 鍛濯丁亂反下大角反
反 齊坫丁念反 爲奠于僞反下爲舉爲不爲塵皆同 苴七如反 經大結反
大鬲音革又作搹同 搤音厄本又作扼 去一起呂反下并注同後放此 齊音咨
後同 易服以豉反 宜差初賣反 簀也音責 殺之色界反劉色例反
四鬄託歷反解也 去蹄大兮反 兩胉音博劉音百又音魄脅也 扃古營反
肩髀步啓反又必爾反下文同 則辟婢亦反 或僎本又作顛丁田反 倒衣丁老
反 馮尸音憑後皆同 鬠髮音括劉音活 入免音問後放此 雞斯
所買反劉霜綺反下作纚同 而紒音計下同 今著丁略反下同 幓頭七消反
作總音問 髽側瓜反 宮縮他刀反 爾毋音無下同 縱范音摠劉又在紅反
扈扈並音戶 侇于音夷 鄉賓許亮反 東夾古洽反劉古協反
錯七故反下及注同 其使婢面反 爲鉉胡犬反劉古頊反又音扃又音玄 乃

杝必李反 進柢丁計反本也後同 爲脾必爾反又毗志反 爲胝劉音帝

組從劉才用反 巾巾並如字劉下居覲反 由重直龍反 代更音庚下同

憔悴在遙反下在季反 禮坊音房本亦作防 挈壺苦結反 縣壺音玄

不背音佩 以褶音牒一音特獵反 雖複方服反 與禪音丹 爲燎

力召反或力弔反 火燋劉哉約反又祖堯反一音哉益反後同本作燭 紟其鴆反劉居鴆反下

皆同 必盡津忍反下注同 又復扶又反下不復將復復執皆同 瓦甂亡甫反

䫄豆苦瞎反劉苦割反 贏醢力禾反 無縢大登反 四梃大頂反

縢緣悅面反 柲緄古本反劉古魂反 爲蝸力禾反又古華反 掘其勿反又

其月反 肂以二反劉音四 見賢遍反 衽而甚反 小要一遙反 用輴勑倫反

櫕至在官反劉本作挫音同云禮記作櫕 不塈其器反劉本作塈古慨反 用軸大六反

軹軸九勇反 輓而音晚本又作挽 熬五刀反 蚍音毗 蜉音浮 令不

力呈反下令足同　爲畢于僞反下同　縛市轉反劉市專反　鮒音附　左胖音判
鋪於普吳反又音孚　奉尸芳勇反又如字下放此　爲銘于僞反下爲安爲神祝爲
爲菲同　設柎方于反　從設才用反下皆同　于奧一報反　鬠巨之反　闔
戶尸臘反下同　堊室於各反　厭於一涉反下注同　招彌亡婢反又作弭
桃茢音列又音例　惡之烏路反　下天子戶嫁反下尊下王同　釋菜七代
反　入辟婢亦反又音避下不出者同　爲讙許略反　耆酒市志反　窟
室苦忽反　朝至直遙反下朝者同　公焉於虔反　在壑火各反　由
便婢面反　敢讙火官反又許元反下同　囂許驕反劉五高反下同　聒尊古活反
逡七旬反　遁音旬　辟位音避下文不辟注同　立乘繩證反下文及注乘車同　小俛
音免　始歠昌悅反　粥矣之六反劉音育　辟門婢亦反注同　拊心芳甫反
直東音值下直西同　倂於步頂反又必性反　啓會古外反注同　猶度

大各反下文度茲弁注同　免經如字又音勉注同下放此　之處昌慮反下灼處同　少儀詩召反　上韇音獨函也　爲其于僞反注爲其爲下同　右還劉戶串反一音旋注及下同　畫地音獲　之竈昌絹反　偏視音遍　楚焞存悶反劉吐敦反又徒敦反又子悶反又音純　以鑽子官反一本作灼　炬也音巨　菙氏時髓反　掌共音恭　燋挈本又作契苦計反劉苦結反下同　爇燋如悅反　其焌劉音俊又存悶反又子悶反李作館反　族長丁丈反注及下同　涖音利又音類　于闑魚列反

閾外音域劉呼逼反　有近附近之近

既夕禮第十三鄭云士喪禮之下篇也既已也謂先葬二日巳夕哭時也與葬閒一日若上士二廟則既夕哭在前葬三日也

請啓舊七井反　啓肂以二反劉音四　侇牀音夷本亦作夷　饌于劉士轉反　朝柩直遥反下朝祖殷朝周朝同　用蒸之承反薪也　鬊側瓜反　散帶悉但反

爲將于僞反下爲有爲啓爲其同　相見賢遍反　子免音問後放此　子冠古亂反　袒音但　止讙火官反　䠂許驕反劉五高反　聲三息暫反又如字下放此　拂扐本又作仿佛上芳味反下芳丈反　噫於其反又於喜反　作絻音問後同　夏祝戶雅反下之六反後皆放此　于重直龍反後放此　幠火吾反　拂去起呂反　輁九勇反　轉轔音鄰　爲軹音紙　著金丁略反下著之同　巾之　之楯勑倫反　奠從才用反後以意求之　鄉戶許亮反下鄉水鄉柩皆同　巾之如字劉居覲反　直柩音值下文同　爲禦于僞反下爲褻爲遷爲其爲載爲設爲苞同　北輈竹求反　辟新音避下同　馬鞅於丈反　絛絲他刀反下同　如厲九例反　執筴初革反　側昳大結反　紐女九反　桱丑貞反　齊三如字劉才計反注同　承霤力又反　車笭力丁反　衣以於既反　縣於音玄　不揄音遙　絞戶交反　以聯音連　上𦫼汝誰反　設披彼義

反劉方寄反下同 **爲藩**方元反 **屬引**音燭注同著也引音胥又如字注引所以引同後屬

引皆放此 **猶著**直略反 **曰紼**音弗 **乘車**繩證反注及下注乘車同 **成味**

武葛反劉音妹 **成蹄**陟角反 **竽**音于 **笙**音生 **筍**息允反 **虡**音巨 **折橫**

之設反後皆同 **猶庪**九委反劉居綺反下以庪同 **窆事**彼驗反劉逋鄧反 **壙上**

苦晃反又音曠 **抗席**苦浪反劉音剛後皆同 **苞筲**色交反 **縡於**側耕反

**便也**婢面反後放此 **見善**賢遍反 **御也**魚呂反亦作禦下同 **加茵**音因

**以籍**才夜反下當藉同 **緣之**以絹反 **上綪**側耕反 **以裹**音果 **畚**

音本 **種類**章勇反劉之用反 **一轂**音斛劉又戶角反 **甕**烏弄反 **冪**亡狄反本

又作鼏 **甒二**亡甫反注甒音同 **木桁**戶庚反又戶郎反 **久之**依注音灸 **兩**

**敦**音對劉又都愛反 **兩杅**音于本又作芋音同 **槃匜**音移劉音徒何反 **杅盛**音成

**爲桙**音牟劉音杅 **干笮**側白反矢箙也 **甲鎧**苦代反 **兜**丁侯反 **鍪**

音牟**干楯**常允反又音允**矢箙**音服本亦作服**杖笠**音立**翣**所甲反扇也**爲**
**神**于僞反下爲將爲還爲柩爲其爲哭爲行皆同**馮依**音憑後放此**還柩**劉音患下還車同
同**公賵**芳鳳反車馬曰賵**旌繁**步干反**前輅**音路**使者**所吏反下公使
**奠幣**如字劉音定**于棧**士板反劉才產反注輚同**胥徒**如字劉思敘反**之長**
丁丈反下注之長同**相閒**閒廁之閒**復有**扶又反下同**若賻**音附貨財曰賻
**則梧**五故反**于陳**如字劉直吝反下同**玩好**呼報反**九行**戶郎反下同
**書遣**弃戰反注及下讀遣并注同**爲燎**力召反**少牢**詩召反**左胖**
音判**髀不**步禮反又方爾反**作髀**必爾反又婢支反**挂也**苦圭反**後**
**肫**劉音純又之春反**溷**音患又戶困反**腴**音臾**髀析**劉音毗注同一音婢支反下思狄反
**蜱**皮佳反**羸**力禾反**髀肶**尺之反**蚌也**步講反**爲蝸**力禾反又
工華反**棗糗**去九反**粉餌**而志反**辟醴**音避下不辟注同**猶併**

步頂反 **倚之**於綺反後放此 **由闑**魚列反 **道槀**古老反 **脛骨**戶定

反劉胡孟反下同 **三介**古賀反 **辟臑**乃到反 **取骼**劉音格一音各 **毋**

**哭**音無下同 **低仰**五郎反 **去杖**起呂反 **說載**土活反 **於緘**古咸

反劉古陷反 **拾踊**其業反劉其輒反後放此 **加見**賢遍反注皆同 **不復**扶又反

**堲周**子疾反 **容枳**尺六反 **拾更**音庚 **彷**音旁**徨**音皇 **離也**

力智反 **猶屬**音燭下同 **適寢**丁狄反注同 **東首**手又反 **北墉**音庸

**者齊**側皆反本又作齋後同 **養者**于亮反後兼養并注同 **去樂**起呂反後同

**皆埽**素到反 **爲有**于僞反下放此以意求之 **穢惡**紆廢反劉烏外反下烏路反

**屬**音燭下屬幅并注同 **纊**音曠劉古曠反新緜 **盡孝**子忍反 **人諦**大兮反

**纚**所買反又所綺反 **牀笫**側几反 **衽**而甚反又而鴆反 **朝服**直遙反後同

**執要**一遙反後同 **衣朝**於既反 **楔貌**悉結反 **如軛**於革反 **綴**

足丁劣反劉丁衛反校在劉胡飽反一音苦交反辟戾必亦反當腢五口反劉五侯反或卒七忽反長子丁丈反下注長猶同作計音赴別尊彼列反淅米西歷反差盛七何反又初佳反劉藏何反下音成抗衾苦浪反劉音剛襢之善反倮力果反袒音但簀音責盝音祿便也婢面反髻古外反褌音昆襂音衫于笲音煩柱丁主反顚丁千反瑱塞佗殿反掘坎其勿反又其月反從也子容反爲坽五錦反劉音作慼反埤蒼云坎也坑也甃用音役塊苦內反塥也普逼反劉音逼不辟必亦反劉又薄歷反注同及敿苦角反又戶角反足蹈方于反不見賢避反下不見同不被皮義反線七絹反范倉亂反綼毗支反劉音畀緆他計反劉羊豉反一染而漸反緇純諸允反劉之閏反注同設握如字劉烏豆反中指如字劉丁仲反于掔烏亂反涅廁乃結反塞也復往扶又反設楔於庶

反　齊于如字劉才計反　坫丁念反　素勺上灼反注同　面枋彼命反　及
錯七故反　辟奠婢亦反劉音芳益反注辟襲奠同　神遠于万反　辟斂音避
下辟患同　髺髮音括　便離力智反　奉尸芳勇反下奉之同　人說土活
反劉詩悅下不說同　髦音毛　爲鬌丁果反劉徒禍反　之散息但反　外縪
音必劉又扶結反　屬音燭注同　厭一涉反注同伏也　著於直略反注同　寢苫
失占反編槀也　枕之鴆反　編必連反　槀古老反　歠昌悅反　粥之六反劉音育　作
一溢音逸劉音實　縻也亡皮反　曰蓏力果反　端衰七回反
堊烏洛反一音烏路反　狗幦亡狄反覆笭也　覆笭力丁反劉音領本或作軨　其臑
乃管反　爲幕音莫　蒲蔽側留反劉作侯反牡蒲莖也　木錧音管　爲鎋
戶瞎反　木鑣彼苗反　齊如字又子淺反　纅車音早　駹亡江反　車輿
音餘　布裧尺占反　猶緣悅絹反下同　差飾初皆同　比貝必二反注

同　諸窔本又作窔一弔反又音杳見爾雅　內鬛音獵又以接反　猶先悉見反
供養九用反　洗去悉禮反劉本作淬七對反　聽朝直遥反下文及注同　猶
相息亮反下同　之昕音欣　饌于士轉反　近西附近之近　先先柩
上如字下西見反　後後柩上如字下戶豆反　乘車繩證反後皆同　革靾息列
反　載旜之然反　縣于音玄下注同　夏毛戶嫁反　士齊側皆反
豹犆音直　韇也居㫗反劉本作韥音獲　槀車古老反古到反劉　載蓑素禾反
猶散悉但反　用荼大奴反茅莠　且御魚呂反劉本作衙音禦　易也
以豉反　菅古顔反　筲三所交反　皆淪餘若反　皆湛子廉反劉子鹽反
以爲字如　還車音患　爲鄉許亮反　翫好呼報反　于坦古鄧
反道也　斂服收斂之斂注同　祝說士活反劉詩悅反　蜃車巿軫反　之
團　作輇　作槫並音巿專反又巿轉反劉團及輇巿專反槫大官反　沽功音古

有弭面爾反　無緣以絹反　弓檠音景　弛則式氏反　緄古本反　縢
大登反注同　爲柴音祕　撻他達反　爲銛劉音括一音息廉反　有韣音獨
弓衣也　矢箙音伏又音倏　骨鏃子木反一音七木反　射之食亦反　笴
古老反又工但反　軒輖音周字林云重也一曰輦也又音弔　輖摯音至本又作贄音同又字
林竹二反同

士虞禮第十四鄭云虞猶安也士既葬其父母迎精而反日中而祭之於殯宮以安之之禮

饋食其位反　側亨普庚反劉虛兩反注同　一胖音判　用鑊戶郭反
饎尺志反　冪用亡狄反　苴子徐反劉子都反下及記同　刌七本反　猶藉
在夜反後皆同　便其婢面反後放此　別於彼列反　二敦音對劉又都愛反後放此
匜水音移　錯七故反後同　簞巾音丹　作鉉玄犬反　南鄉許亮反
羞燔音煩　臨位力蔭反下同　髽側瓜反　散帶悉但反　祝免音問

注同　澡葛音早　爲其于僞反下爲神同　長丁丈反下文并注同　近南附近之近後放　倚杖於綺

此　東縮所六反　從也子容反下文并注同　爲蹷子六反

反注及下同　祔杖音附　啓會古外反後放此　顯相息亮反下文不相并注同

揖衣音宣手發衣曰揖又作擐音患又古患反　少牢詩召反後放此　祝祝劉下之又反及

注下放此　奉篚芳勇反下芳鬼反本亦作筐　哭從才用反後以意求之　旣封彼驗反劉

逋鄧反　淳尸韋純反注及下同　辟執音避　妥尸他果反劉湯回反坐安也

攝八悅反劉而玄反又而誰反　墮祭許恚反注同又相恚反　猶隳許規反　嚌

之才計反　湇去及反　截側吏反　尸飯扶晚反注及下并下注九飯同　啗

肉大敢反　舉胳音格一音各　三个古賀反　曰個古賀反　肵俎

音祈後同　酳尸以刃反劉俟客反　賓長丁丈反下賓長皆同　肝炙支夜反

進柢丁計反後同　併也步頂反　以醋才各反本亦作酢　直室音值

繶爵於力反　有篆大轉反　猶養予亮反下同　尸謖所六反起也
前道音導下前道道尸爲道同　腓用扶未反劉音非隱也　爲厭一豔反下同　飫也
於庶反　不櫛莊乙反　期以音基篇末同　用棜於庶反　凡爲于僞
反下爲淺爲神本爲圭爲同　羹飪而甚反　辟臑乃報反　肫音純又之春反　骼音格
又音各　左膉音益脰肉也後同　脰音豆頸也後同　殳矛音殊下莫侯反　鱄
市專反又市轉反　鮒音附　髀步禮反又方爾反　鬐渠之反　爲胝音帝　下
尸戶嫁反　以盛音成　淺劉音箭一音贊　汚汚穢之汚　負依於豈反注同
若薇音微　用萓音丸　苦荼音徒　堇類音謹　爲枯如字又音姑劉本作
柹音先古反　爲芐音戶劉音下　嬴力禾反　不楬苦瞎反劉苦割反本或作毼同
不說他活反劉詩悅反下說經說首弁注同　鄉尸許亮反下注皆同　踧子六反
踖子亦反　辟退音避又婢亦反　使適丁狄反　不綏依注音墮許恚反劉相恚

反　滑截莊吏反劉本作截酢再反　拾踊其業反注下同　更也音庚下同　牖

鄉許亮反亦窻也　不復設扶又反下復又復同　重閉直用反　顯相息亮

反注及下顯相同　悲思息嗣反　剛鬣力涉反豕曰剛鬣　昧冒亡比反下亡報

反　香合本又作薌音同黍曰薌合　普淖女孝反劉徒較反普大也淖和也謂黍稷　明

齊才計反注同明齊新水也　溲酒所求反注醙同　涚齊始銳反　明粢音咨一音側其

反　祫事音洽　爾女音汝下同　勸彊其丈反下同　報葬禮記音芳付反

下同　令正力呈反　離也力智反　乃餞挾淺反送也　于濟子禮反

于禰乃禮反劉本作泥音同　四脡徒頂反又他頂反　烏翅申豉反　從也

子容反　入臨力蔭反　重餞直勇反下重帶同又直用反　朐在其俱反

闈門音韋劉音暉　不與音預注同　隮祔子兮反升也　差跳初賣反

搔依注音爪　揃子淺反注鬋同　頭嗌音益　中月劉丁仲反注同　而禫大感反

猶閒閒廁之閒下同　言澹大斬反　某妃豐非反劉又音配

特牲饋食禮第十五鄭云諸侯之士以歲時祭其祖廟之禮

不諏子須反謀也　職褻息列反　爲詛莊助反　來與音預　闑西魚列反　閾外于逼反又況逼反　爲筮于僞反下爲神爲視皆同　作槷魚列反　爲蹙子六反　西塾音孰　謂蓍音尸　之長丁丈反下長占弁注同　言妃音配又芳非反　禫月大感反　還即音環　由便婢面反後放此　畫地音獲　其馮音憑　主人辟劉芳益反一音避　傳命丈專反下同　將涖音利又音類　有鼏亡狄反　棜在於庶反　從也子容反　木[illegible]音頂　鈃音刑　兩敦音對劉又都愛反後放此　當夾古洽反劉古協反後皆同　近南附近之近下同　兄弟從如字又才用反後以意求之　濯溉古愛反　省文所景反下文省同　以筴初革反　羹飪而甚反　視饎尺志反注饎同　齊坫

丁念反　亨于普庚反注及下注不能亨亨者同　以鑊戶郭反　溉之古愛反

釜鬵音尋劉側林反　藉用慈夜反　萑音完細葦也　細葦于鬼反　尸盥

音管　匜音移　簞音丹　不揮許韋反　凡鄉許亮反下同　敷席音孚本又

作鋪普吳反後同　纚所買反又所綺反　宵音消依字作綃綺屬　猶辯皮莧反

少牢詩召反下少牢皆同　蝸醢力禾反　直室音值　賓長丁丈反下注庭長下

賓長弟長并注放此　用鮒音附　爲其于僞反下當爲不爲爲將爲改同　道之音導

下以道猶道同　旣錯七故反下文及注同　朼載必履反　刊其苦干反　惡桑

烏路反　抽扃古熒反　東枋音柄本亦作柄下同　升肵音祈　鉶芼亡報

反　啓會古外反下介下注於會同　祝曰州又反下文卒祝祝曰同　普淖文孝

反　爲厭一葉反　詔侑音又　武方音無　妥尸他果反劉湯回反　彊之

其丈反　挼祭依注音墮許恚反劉相恚反後隋祭挼祭皆放此　挼醢如悅反劉而玄反又

而誰反後同　啐酒七內反　刌肺寸本反　齊敬側皆反　共之音恭
莝和戶臥反下不和同　客絜丑慮反調和之也　湆去及反　不嚌才計反
先食悉薦反又如字　啗之大敢反　三飯扶晚反注及下同　膮許堯反　炙
章夜反下肝炙同　胾醢莊吏反　得綪側耕反　舉骼音格又音各後皆同　不
復扶又反下爲復復拜不復并復入同　者三息暫反　盛肵音成注同　三个古賀
反注干個同　及臑乃報反　酳以刃反又士刃反　樂之音洛　下大戶嫁
反下下尸同　以醋才各反　聽嘏古雅反受福曰嘏嘏長也大也　摶黍大官反
挂于俱賣反一音卦注同　奉納芳勇反　季少詩召反下同下少年之少亦放此　染
以燔音煩　爲主于僞反下爲絕爲異爲將爲酬必爲同　不提丁禮反
汚而漸反　襲處昌慮反　之別彼列反　之與音餘下爲之與燕飲與同
位辯音遍後皆同　加勺時灼反　鄉賓許亮反　獻長丁丈反注下皆同

薦胥之丞反　殺也所界反下皆同　將傳丈專反　孝弟音悌　定
好呼報反　洗散悉但反下皆同　猶養羊亮反下同　供養九用反　尸
謏所六反起也　爲將餕于僞反下同　去之起呂反　冪然本或作幕或作冪
食餕劉子峻反與餕同　有以依注音似或如字　言女音汝下同　其坐
才臥反　親昵女乙反　厞用扶未反　厭一豔反　飫於庶反　朝服
直遙反下皆同　韠音畢　齊服側皆反　順從子容反下從從橫同　饌于
扶轉反又如字　覆兩芳伏反注同　盝音鹿　瀝音歷　且爲于僞反下爲婦爲餕爲尸
爲其同　裹之音果　玄被皮義反　若薇音微　冬荁音丸　苦荼
音徒　堇屬音謹　膴膴亡甫反　如飴以之反　爲芐音戶劉又音下
西辟步歷反又音辟　直屋音值　梠音侶　皆去起呂反　近南附近之近
奉槃芳勇反　淳沃之純反劉音純　作激古狄反一本作浮劉本作徼音敫　辟

位婢亦反又音避注同　逡七旬反　遁音旬　弟婦大計反或作娣下弟同　姒婦
音似本或作似　燔燎力召反或力弔反　肫時倫反又之春反又之罪反　有併步頂
反　放而方往反　數奇居宜反下同　猶搓苦圭反　不提丁禮反
髀步禮反又方爾反　脡他頂反　轂戶角反又苦角反　辟大音避　長兄
丁丈反注同　皆殽戶交反　見政賢遍反又如字　皆與音預
少牢饋食禮第十六鄭云諸侯之卿大夫祭其祖禰於廟之禮
少牢詩召反後放此養牲所曰牢少牢羊豕也　而芻初倶反猶養也　丁己音紀注皆同
先諏子須反　朝服直遙反後朝服皆放此　上韇徒木反　大廟音泰
下文大筮大祝皆同　蓍之音尸　圜而于宣反　重以直用反　占繇直又
反卦兆辭　由便婢面反後皆同　畫地音獲　命滌大歷反　當共音恭
且齊側皆反下同　滌溉古愛反一本作濯　又爲于僞反下爲此爲尸同　下

人戶嫁反　比於毗志反次也注同　刲羊苦圭反　省也所景反　人

概古愛反　刲亨普庚反　廩人力甚反注同　甑甗子孕反下魚展反又音言

劉音彥又魚變反　與敦音對劉又都愛反後皆放此　爲烝之膺反　放于方往

反注同猶依也　羹定多佞反　右胖音判　髀步禮反又方爾反　臑奴到反又人于

反　膞劉音純說文之允反　骼音格又音各下同　脡他頂反　猶上時掌反下同

近竅附近之近下苦弔反　從前劉子容反　綪側耕反後同　併也步頂反下文同

作辯音遍一音皮莧反　作脾必爾反又婢支反　溷音患又戶困反　腴羊朱反

副倅七內反　卒脀之承反　鄉內許亮反　兩甒亡甫反注甒同音

棜於據反　去足起呂反　設罍音雷　有枓音主　斞水九于反劉

又苦侯反　爲實于僞反下爲尸爲將爲其爲神同　槃匜以支反　與簞音丹　于

奧烏報反　神坐才臥反　道之音導下爲道同　作枋彼命反　以從

如字又才用反後放此　以相息亮反注同助也　肵俎音祈　長朼丁丈反注及下
賓長同　爲刌七本反　俎拒音巨　進腠七豆反　相見賢遍反
用鮒音附　令其力呈反　被錫依注讀爲髲鬄上音皮義反下大計反劉士歷反下同
侈袂本又作移昌爾反　醢他感反　羸力禾反　韭菹側魚反作菹亦同
或剔他計反　之紒音計　不纚所買反又所綺反　亦衣於旣反　綃
衣音消　爲緆音羊　爲蝸力禾反又工華反　相從息亮反注及下注同　啓
會古外反及下同　以重直容反注同　祝祝下之又反　剛鬣力輒反　普
淖女孝反　皆辟音避又房益反下同　後尸戶豆反　奉槃芳勇反下同
沒霤力又反　妥尸他果反　不啐七內反　而殺所界反後禮殺同
隋祭許規反劉相規反下同　辯音遍　擩于如悅反劉而誰反　作徧音遍後皆同
重言直用反　直於音值下注直室同　皆芼亡報反　有柶音四　尸

扱初洽反　用薇音微　先食作飲飯者皆非　啗之大敢反　嚌之丁計反

羞胾莊吏反　臐許云反　膮許堯反　又復扶又反下復嘗同　小數所角反　獨侑音又　爲祝于僞反下同　操以七刀反　乃酳音胤又士刃反　既食音寺　又飲於鴆反　樂之音洛　從也子容反　爲蹙子六反　尸醋才各反　以綏許規反劉相規反并注挼及墮亦放此下皆同　受嘏古雅反　摶之大官反　無疆居良反　于女音汝下同　來女依注音釐力之反賜也劉音釐亦音來力代反亦訓賜也下音汝　猶傳丈專反　袂音決　截大結反劉士結反　挂于俱賣反又音卦　屬于音燭　尻苦刀反　折一之設反後同

辟人音避　猶養子亮反下文同　尸謖所六反　爲不于僞反　四人

養音餕　乃辯音遍下同　湆于去及反

有司第十七本或作有司徹鄭云大夫既祭儐尸於堂之禮

有司徹直列反字又作撤　以厭一豔反　於祊百庚反　大廟音泰下大宰同　爲僨于僞反下爲尸同　少儀詩召反下之少年少同　氾埽芳劍反下索到反　曰拚方問反　爲聶女輒反　錟音尋劉徐鹽反溫也注燖同　肵亦音祈　不與音預　扃古熒反注同　鼏亡狄反　去其起呂反下拂去同　禮殺所界反劉色例反下皆同　爲鉉玄犬反　侑于音又　道尸音導　爲蹙子六反　並併步頂反後皆同　匕湆去及反　豕脅之承反　長左丁丈反後皆同　麷芳中反熬麥也　蕡扶云反熬枲也　醓他感反　麋臡乃兮反又人兮反　枲也思治反　辟鉼音避下亦辟辟併辟主同　肫音純　胳音格又音各本亦作骼　腝奴到反　脡他頂反　復序扶又反下不復復言同　折分之設反下皆同　臍才計反　下尸戶嫁反下注下尸下之亦下下侑下主人下大夫下上大夫同　而摭之石反　加膴火吳反依注音哻況甫反劉呼孤反後同　刳魚口吳反又口侯反　大鬻

力轉反　摬如悅反劉而誰反　執挑湯堯反劉湯姚反又他羔反一音由又食汝反　以

抯一入反　之歃初洽反劉初輒反下扱同　或作挑本又作抌劉式羔反　飯操

七消反　以抒食汝反　覆手芳伏反下同　啐七內反　羊燔音煩

由便婢面反　糗去九反　與腶丁亂反本又作段音同加薑桂以脯而鍛之曰腶脩　餌

也音二　擣肉劉本作擣同丁老反　爲斷丁亂反　之柶音四　抭手由銳

反注紛悅音同　宜鄉許亮反　粉餈在私反　則酏以支反劉書支反　食音寺

下同　糝食素感反　膴許云反　膮許堯反　有胾側吏反　以辯音遍

注偏同後放此　儀度大各反　作羲劉音儀　不別彼列反　親昵女乙

反　爲衆于僞反下爲不爲鬼同　隆污音烏　延熹許其反　不綏許恚

反本亦作隋同　七飯扶晚反後皆同　乃盛音成注及下同　無髀步禮反又方爾反

三个古賀反　爲揲之石反劉音與摭同　也與音余　酳尸以刃反又士刃反

反　其綏幷注綏及隋皆許惠反後放此　弟婦音娣　縠折苦角反又戶角反

尸謖所六反　乃蕢音俊　厞扶味反　取敦音對劉又都愛反下同　厭一豔反

飫於庶反　不令力呈反　作茀音弗

經典釋文卷第十

# 經典釋文卷第十一

## 禮記音義之一 起第一盡第五

唐國子博士兼太子中允贈齊州刺史吳縣開國男陸德明撰

曲禮第一 本或作曲禮上者後人加也檀弓雜記放此此曲禮者是儀禮之舊名委曲說禮之事 禮記 此記二禮之遺闕故名禮記

鄭氏注

毋不敬 音無說文云止之詞其字從女內有一畫象有姦之形禁止之勿令姦古人云毋猶今人言莫也案毋字與父母字不同俗本多亂讀者皆朱點母字以作無音非也後放此疑者特復音之 嚴 魚檢反本亦作儼同矜莊貌 若思 如字徐息嗣反 矜莊 居冰反 樞機 昌朱反 敖 五報反慢也王肅五高反遨遊也 不可長 丁丈反盧植馬融王肅並直良反 欲不 如字一音喻 可從 足用反放縱也 樂不 舊音洛皇侃音岳 可極 如字皇紀力反 桀 其列反夏之末主名癸 紂 直丑反殷之末主名辛 狎而 戶甲反習也近也 近也 附近之近下注內不出者皆同

貴俄音戚本亦作戚　誣人音無後並同　有畜勑六反　以賙音周

樂氏音岳謂宋司城樂喜　有害如字本亦作難乃旦反　咎犯其久反　重耳直龍反

爲傷于僞反下爲傷爲近皆同　臨難乃旦反　很胡懇反閱也　勝舒證反

分扶問反　閱呼歷反猶鬬也　謂爭爭鬬之爭下文皆同　傷知音智

若夫方于反丈夫也　如齊側皆反本亦作齋音同注同　士丐本亦作匄音蓋

乃還音旋後放此　使從色吏反　牲幣徐扶世反　弗享許兩反　夫音扶凡發語之端皆然後放此

禮者　親疏所居反或作疎　決徐古穴反　嫌疑戶恬反

別同彼列反下注下文同　說人音悅又始悅反注同　佞乃定反口才曰佞　媚眉忌反意向日媚

不辭本又作詞同說文以詞爲言詞之字辭不受也後皆放此　費芳味反言而不行爲辭費

侵侮徐亡撫反輕慢也　不好呼報反注同　善行下孟反下行脩同　取於

人舊七樹反謂趣就師求道也皇如字謂取師之道　取人如字謂制師使從己　辯訟皮勉

反徐方勉反　君臣上下上謂公卿下謂大夫士　宦學音患　班朝直遙反

涖官本亦作莅徐音利沈力二反又力位反臨也　禱丁老反鄭云求福曰禱　祠音詞求得

曰祠　共給音恭本或作供　不莊側良反徐側亮反　學或爲御鄭此注爲見他

本也後放此　撙節祖本反趨也　猶趨七俱反就向也　嬰本或作鸚厄耕反

母本或作鵡同音武諸葛恪茂后反　不離力智反下同　狌狌本又作猩音生　禽

獸盧本作走獸　聚麀音憂牝鹿也　鹿牝頻忍反徐扶盡反舊扶死反　大上

音泰注同太上謂三皇五帝之世　施而始豉反下文同　負販方万反　輕佻吐彫

反　好禮呼報反下同　不懾之涉反怯也惑也　猶怯巨劫反何肖云憚所行爲

怯　冠古亂反　曰艾五蓋反老也謂蒼艾色也一音刈治也　曰耆渠夷反賀瑒云

至也至老境也　不與音預　而傳直專反沈直戀反　八十九十曰旄本又

作耄同亡報反惛忘也注同本或作八十曰耋九十曰旄後人妄加之　惛音昏一音呼困反　忘也

亡亮反又如字　將知音智　曰悼徒報反謂可憐愛也　期頤羊時反養也　猶要於遥反又如字下同　養道羊尚反又如字　猶聽吐丁反後可以意求皆不音　勞苦如字又力報反　坐乘繩證反　稱也尺證反　長者丁丈反下皆同　必操七刀反　而夏遐嫁反　凊七性反字從冫冰冷也本或水旁作非也　牀衽而審反徐而鴆反席也　儕仕皆反等也沈才詣反　四皓戶老反四皓園公綺季夏黃公角里先生　畢遠于万反　僚友本又作寮了彫反同官者　其弟大計反下注同　之行下孟反　必告古毒反　冠工喚反　惇行都溫反　差退初佳反徐初宜反　主奧烏報反西南隅也沈於六反　尊處昌慮反下同　根直衡反闑也　闑魚列五結二反也　以上時掌反凡言以上皆放此　食音嗣　饗本又作享香兩反　饌具士戀反　爲其于僞反下注除不爲孤皆同　苟訾音紫毀也沈又將知反　君子樂音洛　瞑本亦作冥莫定反下同　爲卒寸忽反　不純諸允

反又之閏反緣也下及注皆同　**純緣**悅絹反　**縞冠**古老反沈又古到反　**素紕**婢支
反徐補移反　**早喪**息浪反　**適子**丁歷反　**常視**音示　**無誑**本或作誆同九
況反欺也　**不衣**於既反下同　**大温**音泰徐他佐反　**便**婢面反　**易也**以豉反
**提**大兮反　**攜**戶圭反　**手奉**芳勇反又扶恭反下及注奉扃奉席奉箕皆同　**辟**匹亦
反側也徐芳益反沈扶亦反注同　**咡**徐如志反口旁也何云口耳之閒曰咡　**挾之**音協　**掩**
**口**於檢反　**鄉尊**許亮反本又作嚮後文注皆同　**屏氣**必領反　**從於**才用反下
皆同　**拱手**俱勇反　**而上**時掌反下同　**不呼**火故反號叫也　**警內**京領
反　**二屨**紀具反單下曰屨　**言聞**音問又如字下同　**視必**常止反下同徐音示沈又
市志反　**奉扃**古螢反何云關也一云門扇上鐶鈕　**瞻無**徐如字　**戶闔**胡臘反
**不拒**其庶反　**毋踖**在亦反一音席躐也　**摳衣**苦侯反提也下及注同　**趨隅**
七俱反向也注同本又作走徐音奏又如字　**慎唯**于癸反應辭也注同徐于比反沈以水反　**諾**乃各

反　**乃應**應對之應　**由闑**魚列反門橛也　**門橛**求月反門中木　**踐閾**于逼反一音況域反門限也　**下賓**遐嫁反　**數也**芳夫反　**道之**音導　**復就**音服後此音更不重出　**拾級**依注音涉　**級**音急階等　**躡**女攝反　**之併**步頂反　**以上**時掌反下皆同　**重**直勇反徐治恭反　**蹉**本亦作差同七何反　**跌**大結反　**相過**古臥反後不音者放此　**帷薄**位悲反帷幔也薄平博反簾也　**爲其**于僞反下並同　**迫也**音伯　**上介**音界　**並坐**如字又步頂反後放此　**橫肱**古弘反　**不跪**求委反本又作危　**授坐**本又作俛仰　**凡爲**于僞反　**攘**本又作糞徐音奮掃席前曰攘　**加帚**之手反　**於箕**音基　**膺**於陵反　**葉**如字箕舌　**以袂**武世反衣袖末　**拘而**古侯反徐音俱　**謂掃**先報反又先早反　**擁帚**於勇反　**而扱**依注音吸許急反斂也　**箕去**丘呂反下注同　**如橋**居廟反井上桔槔　**令左**力呈反　**巾**本又作昂又作仰同五剛反又魚丈反下同　**挈**本又作契又作絜同音結　**皐**古毫反挈皐依字作桔槔見莊

子　**請衽**而審反臥席也　**何趾**音止　**坐在**才臥反又如字　**函**胡南反容也　**丈**
如字丈尺之丈王肅作杖　**指畫**胡麥反　**於牖**羊九反　**重席**直龍反注同
**再辭曰固**一本作曰固辭　**不恙**羊尚反爾雅云憂也　**所爲**于僞反下同　**無**
**怍**才洛反慙也　**去齊**音咨注同本又作齋謂裳下緝　**下緝**七立反　**毋撥**半末
反發揚　**毋蹶**本又作蹷居衞反又求月反行急遽皃　**行遽**其據反　**書筴**本又
作策初革反編簡也　**盡後**津忍反後放此　**爲汙**汙辱之汙又一故反後放此　**毋儳**
徐仕鑒反又蒼鑒反又蒼陷反暫也　**既說**音悅　**毋勦**初交反一音初教反擥取　**說**如字注同
徐舒銳反　**擥也**徐力敢反　**應也**應對之應下同　**侍坐**才臥反後放此　**篇卷**
音眷徐久戀反　**唯而**于癸反徐于比反注同　**爲有**于僞反下爲饌同　**不見**賢遍
反　**跋**半末反本也　**則去**起呂反下風去免去同　**燼多**才信反　**有厭**於豔反下
同　**不叱**尺質反　**狗**古口反　**風去**方鳳反　**不唾**吐臥反　**有穢**

紆廢反徐烏外反惡也烏路反欠巨劒反伸音身撰仕轉反猶持也杖屨紀具反下

同日蚤音早莫音暮離席力智反必令力呈反少閒音閑注同

探人音貪耳屬之玉反于垣音袁毋嗷古弔反淫視如字徐市

志反毋倨音據毋跛彼義反又波我反徐方寄反偏任也毋髢徒細反髮垂如髲

毋袒徒早反露也毋褰起連反皆爲于僞反下爲妨爲于皆爲爲其爲後同

號戶高反本又作嗁字呼火故反又如字睇大計反眄莫遍反伏覆芳伏反

髲皮義反袪巨魚反爲肆以二反餘也不上時掌反爲妨

音芳猶著丁畧反同柂羊支反衣架也枷本又作架徐音稼古本無此字巾櫛

側乙反嫂叔字又作嫂素早反漱裳悉侯反澣也於梱本又作閫苦本反門

限也重別彼列反下及注同澣也戶管反行媒音梅不相知本或作不

相知名名衍字耳傳昏直專反判妻普叛反齊戒側皆反取妻

七住反本亦作娶下賀取妻同　非勝羊證反又繩證反　本繫音計又戶計反　有見
賢遍反　辟嫌音避本亦作避下同餘皆放此　筋力音斤　黒臀徒孫反　指
擿徐吐歷反或音的　爲醫於其反　二十冠古亂反　許嫁笄古兮反
左殽戶交反孰肉有骨曰殽　右胾側吏反大臠　食居音嗣飯也注食飯屬同徐音自
羹居古衡反舊音衡　皆便婢面反下同　其近如字　膾古外反　炙章夜反注
同　醢徐音海本又作醓呼兮反　醬子匠反　葱渫以制反烝葱也　烝之承反
酒漿子羊反字亦作漿　客燕本亦作宴於遍反　宜放方兩反　公食音嗣
此儀禮篇名也後放此下文及注執食同　左朐其俱反屈中曰朐　客祭禮飲食必祭示有所
先也干寶注周禮云祭五行六陰之神與人起居　延道音導　徧祭音遍下注同　魚
腊音昔　湆醬音泣　三飯符晚反下注禮飯以手同依字書食旁作卞扶万反食旁作反符晚反二
字不同今則混之故隨俗而音此字　后辯音遍下同　酳音胤又士覲反漱口也以酒曰酳以水曰

漱　親饋徐其類反　爲于僞反　汙下半反本或作汙　挼乃禾反沈耳佳反　莎
息禾反沈又息隨反　毋摶徒端反　爲欲于僞反後皆同　去手起呂反　流
歠川悅反　毋咤陟嫁反叱咤也　毋齧五結反　固獲並如字徐云鄭橫霸反專
之曰固爭取曰獲一音護　飯黍扶晚反　以箸直慮反說文云飯攲也　嚃他苔反一
音吐計反又音退不嚼菜也　不嚼疾略反又序略反　絮勑慮反調也謂加以鹽梅也
毋刺七亦反　弄魯凍反　淡度敢反　能亨普彭反煑也　辭以窶
其禹反貧也　濡肉音濡字亦作濡　斷也音短　嘬初怪反　炙章夜反　臠
也力轉反　少牢徐式照反凡少牢皆同　嚌之才細反　卒食子恤反後更不音者
同　齏本又作齊將兮反　相者息亮反注同　鄉音向　少者式召反下皆同
未釂子妙反盡也　先尊悉薦反又如字　亢禮苦浪反　僮僕音同
其核戶革反　漑者古愛反　重汙直勇反徐治龍反　陶梓音桃瓦器也沈

音遥　萑竹音丸葦也　傳己直專反　侑曰音又　餕餘子閏反食餘曰餕

重穀直龍反　偶坐五口反配也一曰副貳　用梜古協反沈

又音甲字林作筴云箸也公洽反　梜箸直慮反　爲天于僞反下同　削息畧反

瓜古華反　副之普逼反四析也　絺勑宜反細葛　副析星歷反下同　横

斷音短下同　華之胡瓜反中裂　以綌去逆反麤葛　累之力果反一音如字

倮也力果反沈胡瓦反　疐之音帝　去疐丘吕反　齕之恨没反徐胡切

反　冠者如字徐古亂反　不爲如字徐于僞反　不惰徒禾反一音徒臥反　私

好呼報反　至别本又作哂失忍反又詩忍反齒本也　不至詈力智反罵詈　則

見賢遍反　水潦音老雨水謂之潦　拂其本又作佛扶弗反下同戾也　爲其

于僞反下爲其同　喙害吁廢反又陟遘反又知胄反又丁角反　佛戾力計反　竹籠

力東反　以冒莫報反　畜鳥許六反養也徐況又反　則馴似遵反狎也徐食倫反沈

養純反　**筴綏**音雖執以登車者　**冑**直又反兜鍪　**操右**七刀反持也下及注皆同

**右契**苦計反　**操量**音亮一音良斗斛　**鼓**隱義云樂浪人呼容十二石者爲鼓　**醫**

**齊**本又作韲同子兮反　**便也**婢面反　**鎧**苦愛反　**兜**丁侯反　**鍪**莫侯反

**劵要**字又作劵音勸　**凡遺**于季反與也注同　**弛弓**本又作施同式是反謂不張也注同

**隤然**本又作頽徒回反順皃　**承坿**音撫把中也徐音甫下同　**弭頭**亡婢反弓末也

**耶也**似嗟反　**把中**音霸手執處也　**垂帨**徐始鋭反佩巾　**磬**徐苦定反　**折**

徐時列反又之列反沈云舊音逝　**還辟辟拜**上辟扶亦反下辟音避注同　**覆手**芳服

反　**與**音餘　**其鐏**在困反舊子困反鋭底曰鐏注同一讀注音作管反　**矛戟**本又作鉾音謀

兵器　**其鐓**本又作錞徒對反平底曰鐓注同一讀注丁亂反　**鋭**以稅反　**底**丁禮反

**拂之**如字　**所馮**皮冰反　**去塵**起吕反　**效馬**胡教反呈見也下同　**手**

**便**婢面反　**呈見**賢遍反　**犬齜**本亦作噬常世反　**以繢**胡對反畫也

以掬九六反手中也兩手曰掬　弗揮音輝何云振去餘酒曰揮　肥也七歲反　苞

苴子餘反苞裹也苴藉也　簞音單　笥思嗣反字林先自反沈息里反簞笥竹器也圓曰簞方曰笥

裹魚音果　以葦韋鬼反　盛飯音成　圜曰音員　如使色吏反注及下

使者使也並同　凡爲于僞反下注爲哀樂爲其廢喪事並同　朝服直遙反　強識

如字又式異反　善行下孟反皇如字　怠音代　昭穆時招反　幼少式召反

乘必繩證反下注二處乘車同　齊者側皆反　哀樂音洛下無容樂非樂所同

思也絲嗣反又如字　毀瘠在昔反瘦也　骨見賢遍反　由作才故反

門隧音遂道也　有創初良反又初亮反　瘍有音羊本或作痒　不勝音升

任也而金反　衰麻七雷反　數也所主反下皆同　殯必刃反下同　斂力驗

反下同　貶於彼檢反字林方犯反　者傷如字下同舊式亮反　能賻音附公羊傳曰

錢財曰賻穀梁傳曰歸生者曰賻　不問其所費芳味反一本作有所費下句放此　能遺

于季反與也 **皆爲** 于僞反下爲其皆同 **登壟** 力勇反塚也 **塋域** 音營 **執紼** 音弗引棺索 **引棺** 本亦作引車 **索** 悉各反 **望柩** 求又反 **入臨** 如字舊力鴆反 **舂** 束容反 **不相** 息亮反注同送杵聲 **杵** 昌呂反 **由徑** 經定反邪路也 **不辟** 音避本亦作避下注同 **內荏** 而審反柔弱貌 **心很** 胡墾反 **小俛** 音免 **禮不下** 遐嫁反又如字 **遽於** 其庶反沈又其於反 **不上** 時掌反 **不與** 音預 **車綏** 耳佳反 **則載** 音戴本亦作戴下及注同 **塵埃** 烏來反 **鳴鳶** 悅專反鴟也 **車騎** 其寄反 **有摯** 音至 **貔** 婢支反徐扶夷反孔安國云貔執夷虎屬皆猛健 **貅** 本亦作狖許求反又虛虯反貔貅摯獸 **以警** 音景 **師從** 才用反下同 **行列** 戶剛反 **招搖** 並如字北斗第七星 **急繕** 依注音勁吉政反 **軍陳** 直覲反 **杓端** 數招反徐必遙反 **分也** 扶問反 **之讎** 常由反 **多壘** 徐力軌反又力水反軍壁 **軍辟** 本又作壁布狄反 **數見** 色角反 **爲無** 于僞反下

爲不爲其爲有皆同　則埋徐武乖反　褻之息列反慢也　之使也色吏反

諱辟音避下皆同　禹與雨並于矩反一讀雨音于許反　丘與區並去求反一讀區音羌虯反又上于反案漢和帝名肇不改京兆郡魏武帝名操陳思王詩云脩阪造雲日是不諱嫌名　逮事音代一音大計反　心瞿本又作懼同俱附反　適士丁歷反　入竟音境　所

惡烏路反　筮市制反　冠娶古亂反　假爾古雅反下同　是瀆徒木反

麗力知反　猶與音預本亦作豫　必踐依注音善王如字云履也　爲著音尸

監駕古銜反　且爲于僞反　展軨歷丁反一音領盧云車轄頭靼也舊云車闌也

由右上時掌反下犬馬不上下注而上車同　去塵羌呂反　跪乘繩證反下除乘君不乘奇車乘路馬皆同　分轡悲位反四馬八轡故云分　弁轡必政反　右攘如羊反卻也又音讓　辟音避徐扶亦反本或作避字非也　車驅起俱反徐起遇反　而騶仕救反又七須反徐仕遘反　拘之古侯反又音俱　非贄本亦作摯音至　朝位直遙反下同

禮記音義之一

善蘭力刃反　自御之依注音訝五嫁反迎也　跛者波我反　眇者名小反　爲其于僞反下注爲若爲彧爲掩同　萎拜子臥反又側嫁反詐也挫也沈租嫁反又子猥反盧本作蹲　惡空烏路反　遠嫌于万反　奇車居宜反奇邪不正之車何云不如法之車　廣欵開代反　五巂本又作巂惠圭反規也車輪轉一周爲巂一周長九尺八寸地　爲㯿本又作㯿如棰反徐而媿反　策彗音遂徐雖醉反又四歲反竹帚也　䘏蘇没反注同　勿音没注同䘏勿搔摩也　驅如字又羌遇反　搔素刀反　摩莫何反　齊牛側皆反　載鞭必緜反　足蹙本又作蹴徐采六反又子六反　馬芻初俱反

曲禮下第二

凡奉本亦作捧同芳勇反　提者徒兮反　上衡時掌反衡謂心平也　綏之依注音妥湯果反又他回反謂下於心也　勝音升　操幣七刀反　行舉足一本作行不舉足　曳以制反　踵支勇反　磬折之列反又市列反一音逝　垂佩步内反本或作珮非

佩倚范於綺反謂附身也徐又音其綺反　有藉在夜反下同　則裼星歷反
藉藻音早本又作繅　見美賢遍反　璧琮才冬反　姪大節反字林丈一反　娣
大計反　家相息亮反　長妾丁丈反下注長老同　辟天子音避本又作避下同
僭作念反　儌胡孝反　使音史　射市夜反　則辭以疾如字本又作有疾
爲疾如字本又作疢音救　去國三世鄭云自祖至孫盧王云世歲也萬物以歲爲世
於朝直遥反下皆同　復立扶富反下復還同　臧紇恨發反徐胡切反沈胡謁反
不爲父于僞反　作謚音示　倒筴多老反　去塵羌呂反下徹猶去去琴瑟同　士輤千見
傎丁田反　重素直龍反注同重素衣裳皆素　袗絺之忍反單也
反　葦席于鬼反　爲其于僞反　苞屨白表反草也　扱初洽反　衽而審反
厭冠於涉反伏也　藨白表反一音扶苗反　齊衰本又作齋音咨下七雷反下文同
蒯苦怪反　之菲扶味反屨也　方板字又作版音同　書賵芳仲反車馬曰賵

廄庫九又反　凡家造才早反一本作凡家造器器衍字　犧賦許宜反　養

器羊尚反一如字　不粥音育賣也　不衣於既反　去國祭器不踰竟

音境注及下同一本作大夫士去國下去國踰竟亦然　寓祭魚具反寄也　覬己音冀

爲壇徐音善注同　鄉國許亮反　撤緣悅絹反　鞮屨都兮反又徒兮反鞮屨屨

無絇　素簚本又作幭莫歷反注同白狗皮覆笭　髦馬音毛　不蚤依注音爪謂除爪也　鬋子淺

反鄭云謂翦鬢也　無絇求俱反　覆笭力丁反車闌　不鬄吐歷反又他計反

不自說亦劣反又如字　惡其烏路反　接見賢遍反下文見國君注謂見同

爲幕莫歷反又音莫　勞之力報反注及下君勞同　還辟婢亦反下同還辟逡巡也

使者色吏反　非見賢遍反下大夫見士見下注拜見同　辟正音避　男女相

荅拜也一本作不相荅拜皇云後人加不字耳　遠別彼列反　麛音迷　卵力管反

生乳如注反　祭胏芳廢反　不縣音玄下同　皆爲如字舊于僞反下爲

妨于偽反　憂樂音洛　出疆居良反下同　不恙羊尚反　分職方云反徐
扶問反　予一人依字音羊汝反鄭云余予古今字則同音餘　皆擯必刃反　皆
祝辭也本或作皆祝祝辭也下祝字之又反又之六反　眕於之忍反致也　某父音甫
注同　大祝音泰下文注除大宗皆同　百辟必亦反　登假音遐注同已也　登
上時掌反下同　若僊音仙　措之七故反置也　而祔音附　有嬪音頻
丱人革猛反又虢猛反徐故猛反丱人掌金玉錫石未成器者　陶音桃陶人為瓦器也　旊方往
反旊人為簠簋之屬　築音竹築氏為書刀　冶音也冶氏為箭鏃　梟音符梟氏為鍾也　段
本又作鍛多亂反段氏為錢鎛　函音含函人為甲鎧　韗況万反一音運一音況運反韗人為鼓
萑葦音丸　曰享許兩反獻也舊許亮反後皆放此不復重出　其治直吏反
其會古外反　之長丁丈反後皆同　自陜式冉反依字當作陜何休注公羊傳云弘農陜
縣是也一云當為郟古洽反謂王城郟鄏也　召公時照反又作邵音同　一相息亮反

其擯本又作儐必刃反　天子謂之伯父本或有同姓二字衍文　曰牧牧養之牧徐音目　辟二音避下同　謙稱尺證反　當依本又作扆同於豈反注同狀如屏風畫爲黼文高八尺　而見賢遍反下文注除相見皆同　覲其靳反　當宁徐珍呂反又音儲門屏之間曰宁　夏戶嫁反　唁音彥穀梁傳云弔失國曰唁　取易以豉反　於郤丘逆反　涖牲音利徐力二反又音類　曰盟音明徐亡幸反　郤閒如字又音閑　坎用苦感反徐又苦敢反後同　嗇夫音色　自謂寡人一本作自稱　適子音的　其行下孟反　使於色吏反下同　濟濟子禮反　蹌蹌本又作鶬或作鏘同七良反　僬僬子妙反　體盤步丹反　蹙將六反　之妃芳非反　孺人而樹反　貶於彼檢反　去上羌呂反　小童本或作僮　陪重直恭反　之稱尺證反　使自稱色吏反注使謂同本或作使者自稱　所遠于万反　爲奪于僞反　則號戶刀反　度其待各反

物齊才細反　儗人魚起反注同猶比也　所褻息列反　數地色主反下

數畜同　數畜許又反鄭注周禮云始養曰畜　歲徧音遍本又作遍下同　句芒古侯

反下音亡　蓐收音辱　玄冥亡丁反　禋祀音因　中霤力救反　爲

其于僞反　復廢扶又反　妄祭本亦作無福　索牛所白反注同求也

犧牷音全一本作純　於滌直的反養牲宮也徐又同弔反　大武如字一音泰　剛

鬣力輒反　豚曰徒門反　腯肥徒忽反注同本或作腞　翰音戶旦反長也

羹獻古衡反徐又音衡　槀魚苦老反乾也　鮮魚音仙　脡祭他頂反徐唐頂

反直也　薌音香　合如字或音閤　薌其字又作萁同音姬語辭也王音期期時也　稷曰

明粢音咨一本作明粢古本無此句　嘉蔬本又作蔬色魚反　韭音久　曰鹹本又

作鹹音咸　鹺才何反　曰量音亮又音良　作腯徒忽反　翰長如字　稻

菰音孤本又作苽音同　爲人于僞反　傎壞音顛　澌也本又作凘同音賜盡也

曰柩音舊白虎通云究也久也　曰降戸江反又音絳落也注同　曰漬辭賜反

相瀸子廉反　汙穢汙之汙一作汗戸旦反　祖妣必履反媲也　皇辟婢亦反法也徐扶亦反　稱號尺證反下之稱皆同　德行下孟反下同　言媲普計反　短

折市設反　任爲音壬又如字　不上時掌反下及注同　於給音劫交領　緌

視依注音妥他果反　游目如字徐音流　則敖五報反　辟頭本又作僻匹亦反　君命絕句　大夫與士肆本又作肆同以二反習也　之處昌慮反下皆同

寶藏才浪反　貨賄呼罪反字林音悔　輟朝丁劣反止也　莫適丁歷反

腥音星　凡摯音至徐之二反本又作贄同　天子鬯勑亮反香酒　摯匹依注作鶩音木鴨也　樊纓本又作繁步丹反　射韝徐音溝又古侯反一音古豆反　椇俱羽反木名　榛側巾反木名字林云仕巾反木叢也古本又作亲音壯巾反云似梓實如小栗也　見以賢遍反　枳椇居紙反　今邳被悲反下邳也　郯音談東海縣名　掃悉報反　灑所買

反又山寄反　乚　親迎魚敬反　賤婦人之職本又有無婦字者

檀弓第三檀弓魯人檀大丹反姓也弓名以其善於禮故以名篇　卷之二

公儀仲子公儀氏仲子字魯之同姓也其名未聞　免焉音問注同以布廣一寸從項中而前交於額上又卻向後繞於髻　乃祖音但　舍其音捨下皆同　適子丁歷反下皆同

何居音姬下同語助　孫蔑亡結反　孫腯徐本作遁徒本反又徒遜反　立

衍以善反　爲親于僞反下爲晉禮爲爲師同　孔子曰否絕句　左右徐上音佐下音佑今並如字左右扶持也下同　就養以尚反下同　稱其尺證反　以語魚據反又如字　叔向香亮反叔向羊舌肸　之葬徐才浪反又如字　請合如字徐音閤後合葬皆同　欲文如字徐音問　不喪如字下同徐息浪反下放此　子思伋音急

子思名也孔子之孫　母期居疑反本又作朞後放此　道隆力中反盛也　道污音烏下同殺也　殺也所戒反又所例反下同　自予羊許反許也一云我也又音餘　稽顙

素黨反稽顙觸地無容　頹乎徒回反順也　頎音懇惻隱之貌又音纖　觸昌欲反
少孤詩召反下文同　不墳扶云反　不識式志反又如字　常處昌慮反
之度本又作之數　防墓防地之墓也庾云防衛墓崩　不應應對之應　三息暫反又
如字　泫然胡犬反　涕音體　使者色吏反下及注同　醢之音海　蒯
苦怪反　聵五怪反蒯聵衛靈公之太子出公輒之父莊公也　簒輒初患反輒出公名也　啗食
本又作啖待敢反　以怖普故反　命覆芳服反注同　期可音朞　衣衾
音欽　以爲極己並如字極已也徐紀力反王以極字絶句己作忘向下讀孫依鄭作己而如王分句
不樂如字又音洛　聊側留反又作鄒　梁紇恨發反徐胡切反又胡没反　五
父音甫注及下同　衢求于反　亦爲如字又于僞反　曼父音万　其愼依注
作引羊刃反　以輤七見反　翣所甲反　不相息亮反注同　不綏本又
作綏同耳隹反　去飾起呂反　陶大刀反　即周本又作堲同子栗反又音稷注下同

何云治土爲輙四周於棺　燒 叔招反　折即 之設反管子云左手執燭右手折即即燭頭燼也弟子職篇名

其棺 音官　椁 音郭　上梓 音子　牆置 在良反　長殤 丁丈反下式羊反十六至十九爲長殤十二至十五爲中殤八歲至十一爲下殤七歲已下爲無服之殤未滿三月不爲殤

爲正 音征下同又如字　斂用 力驗反下皆同　乘驪 力知反徐郎兮反純黑色馬

騋 音來馬七尺已上爲騋　乘翰 字又作鶾胡旦反又音寒白色馬　物萌 亡耕反

乘騵 音原騂馬白腹　騮 力求反赤馬黑鬣尾　用騂 息營反徐呼營反純赤色也一云赤黃色

曾參 所金反一音七南反後同　齊斬 音咨本亦作齋齋衰之字後皆放此　饘 本又作釬之然反說文云糜也周謂之饘宋衛謂之餰　粥 之六反徐又音育字林云淖糜也　布幕 本又作冪音莫徐音覓下同

縿 音綃徐又音蕭　縑也 古兼反　綃 音消徐本又作綃桑堯反

僭巳 子念反　爲幦 莫歷反　孋姬 本又作麗亦作驪同力知反　重耳 直龍反注皆同

子蓋 依注音盍戶臘反下同何不也　蚤卒 音早　姬嬖 必計反

欲弒本又作煞音試注同徐云字又作嗣音同　皆惡烏路反　突徒忽反　傅音富
咎犯其九反　皐落古刀反　子少詩召反　多難乃旦反　爲
君于僞反下爲時同　雉經如字徐古定反如雉之自經也　共世子音恭本亦作恭注同
言行下孟反　而莫音暮　爲樂音洛又音岳　終無已夫音扶絕句
本或作已矣夫　又復扶又反　乘丘繩證反　年夏戶嫁反　縣音玄卷內
皆同　賁父上音奔下音甫人名字皆同　馬驚敗一本無驚字　公隊直類反
綏息隹反　圍人魚呂反　股裏上音古下音里　中馬丁仲反　誄
之力軏反論也　以上時掌反　隅坐不與成人竝音並絕句　晥華板
反明貌孫炎云晥漆也徐又音刮　之簀音責第也　與音餘下同　畫衡賁反　牀
第上音床下側吏反　爲刮古滑反　瞿然紀具反下同　曰吁音虛注同吹氣聲也
一音況于反　憊皮拜反羸困也　革矣紀力反徐又音極急也注同　請七領反

覰也音臾斃音弊仆蒲北反又音赴而沒音歿慨苦愛反而廓
苦郭反何云開也猶索所白反邾音誅婁力俱反或如字邾人呼邾聲曰婁故曰邾婁公
羊傳與此記同左氏穀梁但作邾升陘音形魯僖許宜反之髽側瓜反
臺鮐上音胡下音台去羌呂反纚所買反又所綺反黑繒韜而紒音計錫衰上悉
歷反下七雷反與音餘吉笄音雞素總音揔韜吐刀反閱音悅
爾毋音無後同從從音揔高也一音崇又仕江反扈扈音戶廣也大也爾女音汝
大高音泰一音敕佐反下大廣巳猶大大重同蓋榛側巾反木名又士鄰反長尺
直亮反凡度長短曰長皆同此音子禫大感反比御必利反下比及同蔑迷結
反彈琴徒丹反成笙音生絲屨音句組纓音祖無絇其俱反
縞古老反又古報反厭于甲反溺奴狄反茀除如字徐治慮反大
公音泰注及下注大史公皆同忍離力智反下相離同曰樂樂並音岳一讀下五教

反又音洛　乇首手又反注同　期音基　名鯉音里　誰與音餘下餘閣也與同　帝嚳苦毒

反高辛氏帝也　曰嘻許其反又於其反悲恨之聲　蒼梧音吾　陟知力反升也　騷素刀反一音蕭　湘夫音相　差之初佳反又初宜反　嬪也

婢人反　蓋袝音父　於爨七亂反　矯之居表反　謙儉其檢反

適室丁歷反　而語魚據反　澌也本又作斯音賜下同　纘孫音專　相

近附近之近　易成以豉反　之奠田練反　餘閣音各　庋藏字又作庪

同九毀反又居僞反　街里音佳　哭嫂悉早反注同　入倡昌尚反注同　踴音勇

娣姒大計反下音似　縮所六反從也　縫音逢又扶用反下同　衡依注音橫華彭反

從也子容反　解佳買反　曰伋音急　水槳子良反　俯音甫

跂上跂反　爲曾于僞反　不稅徐他外反注同　以上時掌反　使者

色吏反　賻音附　賵芳用反　乘馬繩證反四馬曰乘　貸他代反　副音付

何傳直專反一本作傳音附　惡乎音烏惡乎猶於何也　別親彼列反下同

夫由舊音扶皇如字謂丈夫即伯高　見我如字皇賢遍反　爲爾于僞反下注爲其疾爲褻爲我我爲皆同　來者一本作爲爾哭也來者　之滋音咨　不嗜市志反　薑居良反

而喪息浪反下喪明喪爾明同　女何音汝下同　洙音殊　泗音四洙泗二水名

華陰徐胡化反　異稱尺證反　罪與音餘　離羣羣朋友也上音利

索居悉各反猶散也下注索居同　晝知又反　致齊側皆反　見齒賢遍反

衰與七雷反下同後五服之衰皆放此不復音　不當丁浪反注同　惡其烏路反

精麁本又作麤七奴反　廣狹音洽　不應應對之應　褻息列反　偏倚於彼反又於寄反

稅本又作說同他活反徐又始銳反下及注同　驂七南反騑馬曰驂夾服馬也

騑芳非反　偏頗破多反　予鄉本又作嚮許亮反　而出如字徐尺遂反　涕音體

施惠始豉反　予惡烏路反　夫涕音扶　識式志反又音式下及注章識皆

同　啼呼火故反　饋祥其位反　遺也于季反　拱而恭勇反

傚孔本又作效胡教反下同　之耆市志反貪也注同　蚤作音早　枻羊世反亦

作曳　消搖本又作逍遥　頹徒回反　所放方兩反　委乎本又作萎同紆

危反注同病也　殆幾音祈又音機　在阼才故反　兩楹音盈　夾之本又

作俠古洽反下注同　饋食如字又音嗣　疇直留反　嚮明本又作鄉同許亮反

聽治直吏反　正坐才臥反又如字　之處昌慮反　置知吏反　翣所甲反　衣

木於既反　如襵所甲反又所洽反　與音餘　設披彼義反　綢練吐刀反韜也徐

直留反注同　設旐直小反　杠音江竿也　乘車繩證反　布廣光浪反凡度廣

狹曰廣他皆放此　幅方木反　褚張呂反　幕音莫褚幕覆棺者　蟻魚綺反蚍蜉也

又作蛾　蚍避尸反徐扶夷反　蜉音浮　之仇音求讎也　寢苫始占反草也　枕

干之鴆反　干楯本又作盾食允反又音允　而朝直遥反注同　銜音咸　而

使色吏反　爲負于僞反下爲其負相爲同　從父如字徐才用反　爲魁苦回反首也　杓必遙反又匹遙反　而陪步回反　皆經大結反　易墓以豉反注同　芟治所銜反　塡池依注音奠徹盧王並如字　載處昌慮反下同　遣奠弃戰反本或作遷奠非　推昌隹反又吐回反　柩其久反　辟音避下辟賢辟不懷並同　復升扶又反　從者才用反下同　禮與音餘下同　夫祖音扶　飰於煩晚反　牖下羊久反　小斂力驗反禮家凡小斂大斂之字皆同不重出　於阼才故反　且服也本或作且服過　裼裘星歷反　夫夫上音扶下如字一讀並如字注及下同　祖括徒旱反下古活反　而見賢遍反注及下同　予之羊汝反下同　和之音禾或胡臥反下同　樂由音岳又音洛　未忘音亡　彌亡卑反　牟莫侯反　爲之于僞反注爲之重服下爲之服皆同　廢適丁歷反下文及注同　涕洟上他計反下音夷自目曰涕自鼻曰洟　子瑕音遐本又作碬古雅反　也中丁仲反注及下

注禮中之中同　冠字古亂反　掘求月反又求勿反　中霤力救反　綴足丁劣反又丁衛反　躐行良輒反　不復扶又反　子碩音石　請鬻本又作粥音育賣也注同　惡因烏路反　蘧伯本又作璩其魚反　玉從才用反又如字　名

拔皮八反徐蒲末反　樂哉音洛下同一讀下音五教反　則瑗于卷反又於願反　刺其七賜反　弁人皮彥反　孺子而注反　可傳直專反　括古活反　嗤昌之反　卜人師依注音僕師長也謂大僕也本或無師字者非也前儒如字卜人及醫師也　從母才用反　二夫人音扶注同　相爲于僞反注及下注夫爲妻同　陵

鬷總上七亂反下音絲　縱縱依注音揔急遽貌　折折大兮反安舒貌注同　躐力輒反　怠惰徒臥反　騷騷素刀反急疾貌　謂大音泰一音他佐反下注同　謂絞戶交反後同　紟其蔭反　衾冒莫報反　遠之于万反　遠別彼列反　妻期音基　不知音智　成味依注音沫已曷反　成斲陟角反

縢本又作幐徒登反　頮也音悔洗面　竽笙音于下音生　不和胡臥反
之調直弔反　蕢息允反橫曰蕢　虡音巨植曰虡　植曰時力反又音值　問喪
問或作聞喪息浪反注及下皆同　孫于音遜　朽許久反　有爲于僞反下爲桓司馬　侈
爲敬叔則爲之注爲民作爲嫁母皆同　宋向式上反　戌音恤　名魋大回反
也昌氏反又中氏反　而朝直遥反注同　孟僖許宜反　閱音悅　將應
應對之應　汲汲音急　繆公音木　出竟音境　焉得於虔反　公叔
木音式樹反又音朱徐之樹反　贈襚音遂　子璵息果反依字作瑣　縢伯徒登
反　爲孟于僞反下及下注爲人同　伯鞏恭勇反　外內易以豉反　帷
堂意悲反　綌衰去逆反麤葛也下七雷反　繐裳音歲布細而疏曰繐　輕涼音良
子皐音高　無相息亮反　沽也音古畧也　易之音亦徐以豉反　稱家
尺證反　有亡皇如字無也一音無下同　惡乎音烏注同　齊才細反又如字注同　豐

省所領反　之比必利反　毋過音無　還葬音旋便也　巳斂力驗反

縣棺音玄　而封依注作窆彼驗反下棺也徐又甫鄧反　設碑彼皮反　綍音律　作

塴北鄧反　士賁音奔人名　汏哉本又作大音泰自矜大　醯呼兮反　醢音海

甕烏弄反　慶遺于季反又如字　革矣紀力反　不墾苦很反　衎

爾苦旦反注同自得之貌　爲小君于僞反下爲之服爲其久爲君服同　深邃先遂反

難人乃旦反　見之如字又賢遍反　反壤而丈反　反復扶又反舊音服非

大古音泰　自燕烏田反　爲壟力勇反　坊者音防　旁殺色戒

反下同　茭瓦徐在私反茅覆屋　門廡音武　甲如字又音婢　狹戶甲反

又易以豉反　馬鬣力輒反　斷其音短下同　上之時掌反下以上同

廣袤古曠反下音茂徐又己侯反　重霤直容反　衣以于既反　椑蒲歷反徐

房益反櫬尸棺　杝音移　堅著直略反　水兕徐里反　漆之音七　不

令力政反本又作合　楔齒悉節反　綴丁劣反又丁衞反　飯煩晩反唅也　不
剥邦角反　也與音餘下同　倮力果反謂不巾覆也　埃加音哀　乾腊音昔
逮日音代或大計反　緆七絹反淺赤色今之紅也　緣悅絹反下注同　於薰本又作纁
許云反　要絰一遥反下注小要同下大結反　無絇其俱反屨頭飾　角瑱吐練反充耳
衡依字作横華彭反下衡三同　長袪起魚反一音丘據反　謂褎本又作袖音徐秀反
袂口面世反　袪裼音昔　麛裘音迷本又作麑同鹿子也　青豻音岸胡地野犬　褎
絞戶交反　四重直龍反注皆同　深邃雖遂反　被之皮寄反注同　其厚
胡豆反度厚薄曰厚皆同此音　杝棺羊支反木名　椵杝徒亂反　梓音子　謂
屬音燭　周帀本又作迊同子合反　能濕乃代反　衽而審反又而鴆反小要
髹又作髤許求反　題徒低反頭也　湊七豆反聚也　紂衣本又作緇又作純同側其反
明爲于僞反下文及注爲其變皆同　衍以善反　菆塗才官反　龍輴勑倫反

畫輤音表 謂黼音甫 以刺七亦反 於繆音消 幕音莫 別姓彼列反注同 於朝直遥反下同 誄力軌反 耆老巨支反 莫相息亮反佐也注同 尼父音甫 其行下孟反 大縣郡縣之縣 皆厭于葉反注同 大廟音泰 惡野烏路反 銜枚上音咸下木杯反 叫呼火故火胡二反 稅人始銳反謂以物遺人也 謂遺維季反 縞古老反注同 紕避支反 月禫大感反 月樂音岳 賜帟音亦幕之小者 共焉音恭本亦作供

檀弓下第四　卷之三

君之適丁歷反下及下適室同 長殤丁丈反下及注同下式羊反 三乘繩證反下及注同 皆下戶嫁反 降殺色戒反 遣車弃戰反 爲差初佳反又初宜反 遠之于万反 朝亦直遥反注同 越疆居良反本又作壃下越疆同 蟜固居表反蟜固人姓名 不說他活反本亦作稅徐又音申銳反下同 入見賢遍反

矯失居表反　點多忝反　倚其於綺反徐其綺反　字晳星歷反　擯者必刃反本又作儐同後放此　則爲于僞反下亦爲爲之變同　是日人一反　不樂音岳又音洛注同　執引音胤注同車索　及壙苦晃反又音曠後同　執紼音弗棺索　羸音盈　曰臨如字徐力鴆反　袒免音問　辟正音避下辟難同　使人色吏反又如字　狎則戶甲反　近南附近之近　與哉音餘　悼公音道　游擯必刃反注同　擯相息亮反下同　詔音照　侑音又　齊穀依注音告又古毒反　爲之于僞反下及注同　王者如字徐于況反　重耳直龍反注及下皆同　喪亦息浪反注辟難乃旦反　在翟音迪本又作狄　嚴然魚檢反本又作儼同　得與音預　稽音啓及下皆同　孺子如樹反後同　稺也直吏反本又作穉同　子縶陟立反後皆同　顙桑黨反　子顯依注音韅呼遍反徐苦見反　使者色吏反　子贅同　仁夫音扶　則遠于万反　伯歜昌燭反　有禱丁老反一音丁報反

祠之音詞　鄉其本又作嚮同許亮反　飯用扶晚反　道褻息列反　銘音名　旌音精　別巳彼列反注同本或無巳字非　識之式至反皇如字　重與奠也與音如字一本作重與奠與二與並音餘　綴重丁劣反又丁衛反　聯也音連　縣諸音玄　齊敬側皆反　辟踊婢亦反下音勇　筭桑亂反　袒括觀闊反　慍哀庚皇紆粉反積也又紆運反怨恚也徐又音鬱　去飾羌呂反下及注去樂去桃茢並同　其衰七雷反　侈袂昌氏反下彌世反　哀衰所追反　哻况甫反　食之音嗣　歠徐昌悅反歠歠一音常悅反　爲其于僞反下注爲父母爲有凶爲人甚同　易也以豉反　粥之六反後同　之處昌慮反下同　所養徐羊尚反　旣封依注音窆彼驗反下同　已慤本又作殻苦角反注及後同　北首手又反　舍奠音釋注同　離力智反下同　卒哭遵聿反　易喪以豉反徐音亦　祔音附　比至必利反　末有莫曷反無也　期而音基　桃茢音列徐音例萑

苕杜預云黍穰也鄭注周禮云苕帚　惡之烏路反注及下注同　凶邪似嗟反下注同　萑音完　苕大彫反　難言乃旦反　之朝直遥反注及下注同　用殉辭俊反以人從死曰殉　殆幾音祈又音機下同　芻靈初俱反束茅為人馬曰芻靈　俑者音勇偶人　為舊于偽反下為君為使人皆同　古與音餘下同　諸膝音悉　將隊本又作墜直媿反　捷在接反　為瘠徐在益反　疑夫音扶　食食上如字下音嗣　遣車弃戰反下文及注同　一乘繩證反下同　七个古賀反下及注同　焉知於虔反　大斂音泰或他佐反　偪音逼本或作逼　包伯交反　子相息亮反下注同　西鄉許亮反下皆同　俠古洽反一音頰　羨道徐音賤音義隱云羨車道　曰噫本又作意同于其反　毋音無　斯音賜盡也　沾依注音覘勑廉反覘視也　其行下孟反　會見賢遍反下文不敢見同　矣夫音扶下同本亦有無夫字者　從祖才用反　欲去羌呂反　之號戸刀反　而徑古定反　人喜則斯陶徒刀反

斯咏音詠謳也 咏謳本亦作嘔烏侯反 斯猶依注作搖音遙 相近附近之近 慍斯戚紆運反怒也戚憤恚也此喜慍哀樂相對本或於此句上有舞斯慍一句并注皆衍文 戚憤扶粉反 恚一瑞反 歎吟本或作唫魚今反 斯辟婢亦反撫心也 躍羊灼反 惡之烏路反 斯倍音佩下同 所復扶又反 絞衾戶交反下音欽 設蔞音柳 翣所甲反 而食音嗣注同謂虞祭也 有舍音捨注同廢也 之訾似斯反病也 疫病音役 師還音旋 出竟音境 大宰音泰注及下文注大宰大師大史大廟大傅皆同 嚭普彼反 使於色吏反 夫差音扶下初佳反夫差吳王名闔廬子 盍嘗戶臘反 班白伯山反本又作頒音同 厲與音餘下及注有此與同 慨焉苦愛反 憊皃皮拜反 乃讙音歡 喜說音悅下同 知悼音智下同 彪彼虯反 李調如字左傳作外嬖嬖叔 樂闋苦穴反止也 杜蕢苦怪反注蒯同 作屠音徒 曠飲於鴆反下飲斯飲之飲曠飲調飲寡人皆同

曩者乃黨反嚮也 嚮也本亦作鄉同許亮反 諫爭爭鬬之爭 子卯不

樂如字賈逵云桀以乙卯日死受以甲子日亡故以為戒鄭同漢書翼奉說則不然張晏云子刑卯卯刑子相刑

之日故以為忌而云夏殷亡日不推湯武以興乎 疾日八一反 比葬必利反下同

為一于偽反 嬖必計反 匕必季反 是共音供 敢與音預 知防音房

又扶放反 揚觶之豉反字林音支又云酒器 揚近附近之近下聲相近同 名拔

蒲八反 行之下孟反 粥音祝 有難乃旦反注同 石駘大來反

石碏七略反 適子丁歷反注同 言齊側皆反 子亢音剛又苦浪反

莫養羊尚反下皆同 度諫大洛反 啜叔昌劣反叔或作菽音同大豆也王云熬豆而食

曰啜叔 斂手力檢反 還葬音旋後同 稱其尺證反下注之稱同 於從

才用反注下同 執羈音基 靮丁歷反 紖陳忍反 疾革本又作亟居力反急也注

同 遂之音遂 脫君本亦作說又作稅同他活反 與縣音玄注同 潘氏苦干

反　乾昔音干　屬之玉反　夾我古洽反　猶繹音亦　去羌吕反注
同　籥羊勺反　般請音班注及下同　機封彼驗反　多技其綺反下同
豐碑彼皮反　時僭子念反後皆同　斲大丁角反　以綍音律　繞而沼反
各重直龍反　下天戶嫁反　四植時力反　爾已古以字　強
使其丈反　女者音汝　與音餘下苦與同　其毋音無　噫於其反　禺人音遇
又音務注同　走辟音避　罷音皮　倦其卷反　頸上吉領反　掖之音亦
繇役本亦作傜音遙　弗能弗亦作不　爲謀于僞反下注國爲下爲懿同　復無
扶又反下復射謂不復同　死難乃旦反　隣重依注音童下同　汪烏黃反　踦於綺反
未冠古亂反　士行下孟反　馬鬐音篤本亦作督　子射食亦反下同
斃一人本亦作獘婢世反什也下同　韔弓勑亮反韜也　什也蒲北反又音赴
韜之吐刀反　又及一本或作又及一人又一人後人妄加耳　朝直遙反　不與音預

參乘繩證反　戈盾食允反又音允　曹桓公依注音宣　請含胡闇反
相啖徒暫反　食音嗣徐音自　衣之於既反　強之其丈反下注同　拂
樞芳勿反下其久反　蒴音列　叔肸許乙反　爲介音界注及後同副也　難
惠乃旦反　昭穆常遥反　蕢苦怪反　辟於徐音避又婢亦反　畫宮
音獲注同　于奪徒外反注并兊同　杞音豈　殖時職反　華還胡化反　且于
子餘反　肆諸殺三日陳尸音四　市朝直遥反　以上時掌反　執拘音俱
弊廬力居反　子贑吐孫反魯哀公子　設撥半末反紼也　輴車勑倫
反　椁幬上音郭下大報反覆也　欑塗才丸反下音徒　榆沈本又作瀋同昌審反
澆古堯反　之汁之十反　滑于八反　不中丁仲反又如字　何學
如字或音戶教反非注同　廢去羌吕反注同　士掘求勿反又求月反又戶忽反　肂本又
作肂以二反棺坎也　見賢遍反　衽而審反　爲之于僞反下爲妾注爲之下弗爲服皆同

禮與音餘 嬖必計反 犯躐力輒反 庚古衡反 償徐音尚 僭

子念反 侈昌氏反又赤氏反 邑長丁丈反 有餽本又作饋其位反遺也 使

焉色吏反 見在賢遍反 辟其音避 木鐸大各反 舍故音捨

所敗必邁反 櫜音羔甲衣 韔本亦作韔勑亮反弓衣 不戢側立反 似重

直用反 無苛音何本亦作荷 識之申志反又如字 執贄音志 下賢戶嫁

反 已夫音符 重強其丈反 虛墓本亦作墟同起魚反注同 之處昌慮

反下同 以蒞音利又音類 不解佳買反又胡買反 憔在遙反 悴在醉反 名札側八

反 爲無于僞反下同 長子丁丈反下官長并注同 於嬴音盈

反 坎深式鴆反 廣輪古曠反 揜坎本又作掩於檢反 可隱於刃反注

同據也 從也子容反 且號戶高反注同 郲婁力俱反下同 弔含

胡闇反注及下同 僭稱子念反 易則易並以豉反下及注同 拒之本又作距

頓也徒困反本亦作鈍　祝先之六反　畿內音祈　刎其勿粉反徐亡粉反　大饑居宜反字林九衣反本又作飢同　黔敖其廉反徐渠嚴反　而食音嗣下奉食同　蒙袂彌世反　輯屨側立反斂也　貿貿徐亡救反又音茂目不明貌一音牟　輯斂力檢反下同　左奉芳勇反　徵與音餘注同　狂狷音絹　有殺本又作弒同式志反下臣殺子殺同　玃俱縛反　且也子餘反　瞿然本又作懼紀具反　復處斷斯丁亂反　殺其人如字　壞其音怪　洿其音烏　豬音誅　扶又反　奐焉音喚本亦作煥奐爛言衆多也　輪囷起倫反　全要一遙反注及下注要君同　九京依注音原下同下亦作原字　善禱丁老反祈也　之畜許六反又許又反　狗古口反　馴守上音巡下如字又手又反　子貢本亦作贛音同　爲埋于僞反下亡皆反下並同　其封彼劒反出注　閽人音昏守門人也　弗內上如字下音納　其廄九又反　鄉者許亮反　下之戶嫁反　人辟音避下同

內霤力又反　子罕呼旱反　覗勑廉反下同　民說音悅下注同　窺去規反　扶服並如字又上音蒲下音蒲北反本又作匍匐音同　當之丁郎反　子般音班　殺音試　遏之於葛反　不與音預　原壤如丈反　材也音才　貍力知反　女手如字徐音汝　之卷音權本又作拳　佯不音羊　從者才用反　以巳並音以　叔譽音預　叔向許亮反　名肸許乙反　處父音甫注同　大傅音賦　行舊下孟反皇如字　并必正反專也注同　植直吏反又時力反注同　其知音智　狐射音亦又音夜　辟難乃旦反　要君一遙反　追然音退本亦作退和柔貌　不勝音升　妥他果反　吶吶如悅反徐奴劣反舒小貌　官長丁丈反　鍵也其展反徐其偃反籥也　不屬音燭　學子柳戶教反教也注同　衣衰依注衣作齊音咨　而繆依注讀曰樛音居虯反　爲舅于僞反下爲舅爲天子不爲兄不爲蠶同　魯頓徒困反又作鈍　仲衍以善反注同

繐衰上音歲下七雷反　之縷力主反　好輕呼報反　喪如字　未吾
莫葛反　成人本或作郕音承　蠶士南反　而蟹戶買反　有緌耳佳反
蚩昌之反　蜂也孚逢反　蜩也音條　彖呼惠反又丁角反　勉強
其丈反　吾惡音烏注同　歲旱音汗　縣子音懸　作繆音穆　不雨
于付反注及下同　欲暴步卜反下同　尪烏光反　面鄉許亮反　庶覬音冀
本又作幾音同　暴人之疾子一讀以子字向下　可與音餘　錮疾音固
曰覡胡狄反　旱暵呼旦反　舞雩音于　徙市上音死下音是　爲之
于僞反　不亦可乎可或作善　祔也音附下同　合葬音閤下同　以閒
閒廁之閒　善夫音扶

王制第五如字徐于況反盧云漢文帝令博士諸生作此篇　卷之四

王者如字徐于況反　十日人一反　取晷音軌日景　朝會直遙反卷內皆同

譏求衣反　尙狹音洽後文同　大平音泰　斥昌石反　黜陟上丑律反

下竹力反　主爲于僞反下爲有亦爲有同　之分扶問反　食九八音嗣下同徐音

自　爲差初佳反徐初宜反下注同　肥墝本又作墽苦交反　官長丁丈反下文注同

皆同　爲糞方運反　覘聘吐弔反　三分如字　爲介音界　閒田

音閑下同　章管之尙反又如字本亦作障音同　以盼音班賦也　不與音預注及下注

不與同　塗山音徒　要服一遥反下要服皆同　相弁必政反又如字　地滅

古斬反　闕盛衰並讀如字　以共音恭　有帥色類反注及下同　爲卒

子忽反下及注同　曰牧音木　自陜失冉反一音古洽反　召公時照反　曰

句大薦反　曰采蒼改反　以當丁浪反又如字　里蠻莫還反　選用

宣戀反　欲見賢遍反　二卿與音餘　三監古蹔反　監於古銜反卷末同

冠禮古亂反　命卷依注音袞古本反　復加扶又反　冕而音勉

德行下孟反　任事而鴆反　與之如字又音預　不畜許六反　之

涂音徒本又作塗　屏之必政反　放去羌呂反　無賙音周　餼許既反

有宅王肅注尚書如字鄭音知嫁反懲艾也下同　劓者魚氣反　刖者五刮反又音月

守圄音又　髡五忽反本又作完音同徐戶官反　守積子智反　一朝直遥

反　數來色角反又所具反　巡守手又反本或作狩後巡守皆同　省之色景反

岱宗音代　柴仕佳反依字作柴　覲見如字舊賢遍反　大師音泰後大學大

祖大子大樂正大大史皆同　納賈音嫁注同　所好呼報反下及注同　惡烏路反　好

辟匹亦反徐芳亦反　則侈昌氏反又式氏反　淫邪似嗟反　君削息約反

君絀丑律反退也　昭穆常遥反凡言昭穆放此　易樂音岳　南嶽音岳

下同　歸假音格至也　祖禰乃禮反父廟也　禷音類　造乎七報反下及注同

與諸侯如字　曰朝直遥反　以祝昌六反　男樂音岳　以釁

音桃　鈇方于反又音斧　鉞音越　賜圭字又作珪案說文珪古字圭今字　瓚才旦反

爲卺勑亮反　秬酒音巨黑黍也　曰辟音璧明也注同　頒宮音判班也

禡於馬怕反師祭也又音百注同　爲兵于僞反下爲畫物同　禱丁老反　以訐本又

作譯音信注同　馘古獲反截耳　斷耳音短下斷殺同　乾豆音干　之庖步交反

曰蒐所求反　曰獮息淺反　腊音昔　不合如字徐音閤、不揜

音掩本又作掩　大緌依注音緌耳佳反下注同　田獵力輒反　驅逆丘于反又丘遇

反　獺徐他達反又他瞎反　豺仕皆反　設罻音尉一音鬱小網也　零落本又

作苓音同說文云草曰苓木曰落　昆蟲直隆反下同　未蟄直立反　不麛本又作麑

音迷同　不卵力管反　殺胎吐來反　殀夭上於表反殺也下烏老反少長　斷

殺丁亂反又音段　少長上詩召反下丁丈反　不覆芳服反注同　之杪亡小反末

也　度支大各反下音之　豐秏呼報反　所殺色戒反又色列反　量入

音亮　之萃音律又音類本又作綷　之畜勑六反後皆同　之仂音勒又音力
什音十　越紼音弗　蹶也力輒反　輴車勑倫反　索悉各反　曰浩
胡老反　食日人一反下同　降期居宜反　縣封上音玄下音窆彼驗反　無辟音避
不爲于僞反注又爲同　引紼音弗　以上時掌反下大夫以上同　曰礿余若反　夏曰
之祧他彫反　契及息列反　適寢丁歷反
戶嫁反注夏曰礿夏祭曰礿下云夏薦同　禘大計反　曰烝之承反　礿祠音詞　中
霤力救反　郊鮌古本反　黃能乃登反本又作熊音雄　犆礿音特　祫禘
音洽合也　歲朝直遙反　互音戶又戶故反　下天子戶嫁反　大牢如字
又音泰　少牢詩照反　四之日人一反　稻音盜　卵力管反　繭
栗字又作蠒公典反　握厄角反　長不丁丈反　出膚方于反　燕伊見反
藉在亦反　稅式銳反　借子亦反　帀廛直連反　邸舍丁禮反

關譏 居宜反 不征 本又作正音同注下皆同 凶札 側八反又音截 林麓 音鹿山足也 夫圭 音珪 不粥 音育賣也後皆同 埶度度地 上如字丈尺也下大洛反量也 沮澤 將慮反沮沮洳也 寒燰 乃管反又況袁反下文同 謂萊 音來何肩云草所生曰萊庾云草也 沛也 蒲貝反何肩云水所生曰沛何休注公羊傳云草棘曰沛 之處 昌慮反 任 而鴆反 築邑 音竹 食壯 音嗣又如字下側狀反 燥 素老反

同 好惡 上呼報反下烏路反 異齊 才細反 緩急 戶管反 異和 胡臥反下同 臭 尺救反 器械 戶戒反何休注公羊云攻守之器曰械鄭注大傳云禮樂之器及兵甲也郭璞三蒼解詁云械器之揔名 旃裘 上之然反下音求 與絺 勑宜反 綌 去逆反 被髲 彼義反下同 雕 本又作彫同彫刻鏤也 題 大兮反 交趾 音止 刻其 音克 肌 音飢 湼之 乃結反 相嚮 許亮反 僎 昌戀反 衣皮 於既反下同 不粒 音立 者欲 市志反 曰寄 京義反 狄鞮 丁兮反知也 曰譯

音亦　閒之如字又閒廁之閒　度大洛反　必參七南反　咸行緘反
樂事音岳又音洛　以防本又作坊音同　恤孤辛聿反　以逮音代又大計反
不肖音笑　以絀勑律反　帥音率　循音巡　謂敖本又作傲同五報反　很
胡墾反　孝弟大計反本又作悌　皆朝直遥反　于庠音祥　與執音須
國蜡仕詐反　覩其音異　亦復扶又反下又復移復與同　爲之于僞反下
又爲親爲爲其大亦爲皆同　選士宣戀反下皆同　德行下孟反　不給音急
傜役本又作繇音遥　樂正音岳　之長丁丈反下同　夔求龜反　命女音汝
冬夏戶嫁反注及下注夏官同　適子丁歷反下注同　皆造才早反徐七到反
小胥息餘反又息呂反下同　去食丘呂反　屏之必郢反　曰棘依注音僰
又作僰蒲北反偪也　言偏彼力反　大遠音泰舊他佐反　其論如字舊力困反
任官而金反下注同　衣中於既反　發卒子忽反　執技其綺反本或作伎後

同 羸本又作羸力果反 肱古弘反 擐衣舊音患今讀宜音宣依字作擐字林云擐

擐臂也先全反 臂脛胡定反 見勇賢遍反 明辟婢亦反注同 三刺

七智反殺也 斷其丁亂反下制斷斷計同 之中如字又丁仲反 夭論音倫理也

注同 郵罰音尤俗作郵過也 麗郎計反 當丁郎反 假他古雅反 之

量徐音亮後皆同 以別彼列反 汜與本又作汎孚劒反 比必利反注同例也

正平皮命反 棘木紀力反 要之於妙反謂要最舊一遙反 槐回懷二音

三又義作宥 遺忘音妄 爲人于僞反 易犯以豉反後易犯同 侀也

音刑 析言思歷反 亂名如字王肅作循名 巧賣起敎反又如字 巫蠱

音古 鷸冠尹必反徐音述 瓊弁皮戀反 般百開反 行僞下孟反 虛

華戶瓜反又如字 日卜人一反 金璋之羊反 不中丁仲反下皆同 幅

廣方服反 耒耜力對反下音似 仲夏戶嫁反下春夏同 蜃常忍反雉化爲之

竟上音境　苛察音何又呼河反本亦作呵　諱惡烏路反注同　札書側八反　齊戒側皆反本亦作齊下皆同　司會古外反注同司會冢宰之屬掌計要者　勞農力報反　食禮音嗣注及下注并下文食之並同　養於如字徐以尚反下同　瞽亦音古　異粻陟良反糧也　不離力智反　止觀古亂反　唯紋戶交反　紟其鴆反　衾冒亡報反　不爨乃管反溫也下同　珍從才用反又如字　不與音預下及注同　言糾居黝反徐居酉反　作綠音求又音糾　皇音皇本又作皇　尋況甫反　縞衣古老反又古報反　纁許云反　則牟亡侯反　追丁雷反　復除上音福下如字又直慮反　不養者如字又以尚反　期音基　少而詩照反下注少者同　之矜本又作鰥同古頑反　廩力品反　瘖於金反瘂也　聾力東反　跛彼我反　躄必亦反兩足不能行也　侏儒音朱　遠別彼列反下文并注同　隨行如字一音戶剛反下鴈行同　任幷必性反本又作併　提音啼　契本亦作挈

苦結反　十億於力反　雍州於用反　斷長音短　去一羌呂反

爲率音律又音類　閒田音閑下同　祿食音嗣又如字下皆同　爲朝于僞反

絜清如字徐才性反　用潘芳袁反米汁也　辟賢音避　冠古亂反　長

幼丁丈反　斛洪谷反　幅芳服反　狹戶甲反

月令第六此是呂氏春秋十二紀之首後人刪合爲此記蔡伯喈王肅云周公所作　卷之五

孟春　昏參所林反　中如字徐丁仲反後放此　長也丁丈反　於陬足俱反又足侯反本又作娵同　訾子斯反　爲人于僞反　軋也乙八反　解孚音敷

大皞上音泰後文及注大蔟大史大寢大室大微大廟大祝大尉大宰皆同皞亦作昊胡老反大皞宓戲也　句芒古侯反下音亡句芒木正也少昊之子曰重爲之後句芒皆放此　宓戲音密又音服戲又作虧亦作犧又作羲同許宜反　曰重直龍反　律中丁仲反猶應也後放此凡如此之例十二月文注皆可以類求之　大蔟七豆反奏也　猶應應對之應下皆放此　律長

直亮反又如字後皆放此 **律空** 徐音孔 **臭羶** 失然反 **先脾** 婢支反 **於**

**藏** 才浪反後放此 **直脾** 丈吏反又如字下宿直同後放此 **于奧** 烏報反 **及胥** 時忍

反 **解凍** 東送反 **蟄蟲** 直立反 **上冰** 時掌反下注以上同 **獺祭** 他達反又他瞎

反 **左个** 古賀反偏也後放此 **乘鸞** 力官反 **路** 本又作輅 **載青** 音戴後放此

**旂** 巨機反後放此 **衣青** 於既反後放此下注衣甲保猶衣同 **其器** 本又作器同 **冬夏**

此卷內可以意求之 **衡璜** 音黃 **火畜** 許又反 **貫土** 古亂反 **朝祀** 直遙

反下文注同 **龍卷** 本又作袞古本反 、**玄端** 音冕 **先立春** 悉薦反 **乃**

**齊** 側皆反本亦作齍卷內放此 **還乃** 音旋後放此 **命相** 息亮反注同下善相并注放此

**施惠** 如字又始豉反 **休其** 許收許虯二反美也 **毋有** 音無本亦作無下同 **不當**

丁浪反 **宿** 息六反徐音秀 **離** 依注音儷呂計反偶也 **不貸** 吐得反徐音二 **馮** 音憑 **相**

息亮反又如字 **候伺** 音司又息嗣反 **載耒** 力對反字林云耕曲木垂所作力隹反又力水反

**耜**音似 **措**七故反置也 **保介**音界注同 **帝藉**在亦反說文作耤云帝耤千畝 **三**

**推**出佳反又吐回反下同推謂伐也 **參乘**繩證反 **爲天**于僞反下爲仲春爲傷爲死氣

皆同 **勞酒**力報反注同 **氣上**時掌反注土上同 **萌動**莫耕反 **蒸達**

音證又之丞反 **冒**莫報反覆也 **橛**求月反 **封疆**居良反注皆同 **徑術**古定反注

同術依注音遂 **田畯**音俊 **之分**扶問反 **嵎夷**音愚 **阪險**上音反又蒲版

反下許檢反 **道民**音導 **既飭**音勑 **農率**所類反謂田正 **用牝**頻忍反

**妊**而林而鴆二反 **毋覆**芳服反 **孩蟲**戶哀反 **胎**吐來反 **夭**烏老反

**麛**音迷 **卵**力管反 **掩骼**江百反 **埋胔**才賜反蔡云露骨曰骼有肉曰胔胔亦作骴

**肉腐**扶矩反 **蚤落**音早 **有恐**上勇反 **大疫**音役 **猋風**必遙

反徐芳遙反本又作飄 **宿直**音秀 **好風**呼報反 **藜**力兮反 **莠**音酉 **水**

**潦**音老 **大摯**音至蔡云傷折 **首種**章勇反鄭云首種謂稷蔡云宿麥 **仲春**

日在奎苦圭反　昏弧音胡　降婁戶江反　夾鍾古洽反一音頰　四隙
去逆反　倉庚並如字本或加鳥非　驪黃力知反　搏穀音博　幼少詩召
反　省所景反注同減也徐所幸反　囹音零　圄魚呂反囹圄今之獄　去羌呂反　桎音質今之
械也　梏古毒反今之杻也木在足曰桎在手曰梏　掠音亮拷捶　械戶戒反　暴尸步卜
反　捶治之橤反　高禖音梅　施生始豉反　孚乳上如字一音芳付反
下而樹反季春同　娀簡夙中反簡狄有娀氏女　生契息列反　九嬪毗人反
謂從才用反　弓韣大木反弓衣　有娠音身一音震謂懷妊　始電大練
反　先雷悉薦反　奮鐸方問反下大各反　度量上音杜下音亮注同　斗
甬音勇斛也　權槩古代反　稱上尺證反下同　稱錘丈僞反又丈爲反
閭扇戶臘反　小閒音閑　毋漉音鹿竭也　陂池彼宜反畜水曰陂穿地通水曰池尚
書傳云澤障曰陂停水曰池　畜水敕六反　乃鮮依注音獻　朝覿大歷反

冱寒戶故反 朝之直遙反 秬黍音巨 皆與音預 祭寒而藏

之本或作祭司寒案左氏傳無司字 之長丁丈反 中丁音仲本亦作仲 爲季

于偽反下注同 好雨呼報反 大陰音泰 煖氣乃緩反又音暄 蟲螟亡丁

反爾雅云食苗心螟 季春 在胃音謂 季少詩召反 姑洗素典反

爲鴽音如母無也蔡云鶉鴿之屬 虹音紅又音絳蝃蝀也 始見賢遍反 蓱始步丁反水

上浮萍也 毋無音牟又如字 蝃本又作螮丁計反亦作蝃同 蝀本亦作東同丁孔反

蓱萍音平 曰蘋毗人反 鞠衣居六反如菊華也又去六反如麴塵 爲將于僞

反下文乃爲注爲鳥同 覆舟芳服反下及注同 薦鮪于軌反 發泄息列反

句者古侯反屈生也 倉廩力甚反 上騰時掌反下注以上同 循行下孟反

隄防丁兮反下音房 道達音導 有障之亮反又音章 便民婢面反 罝子斜

反罘音浮 畢翳於計反 餧於偽反 獸罟音古 爲弋羊職反 桑

柘之夜反　戴勝音帶注同本亦作載戴勝鳥名　織紝女今反　曲植直吏反曲薄也植蠶槌也　籧筐居呂反亦作筥下丘狂反方曰筐圓曰筥　槌也直追反又直類反又丈僞反　東鄉許亮反注同　毋觀古喚反注同　省婦所景反　去容起呂反　線息賤反　組音祖　紃音旬　分繭古典反　效功戶教反　以共音恭　敢惰徒臥反　之量音亮注同　筋角音斤　箭幹古旦反　凡輮如九反　監工古銜反注同　悖必內反　淫巧如字又苦孝反注同　春液音亦　累牛力追反注同　騰大登反　遊牝毗忍反徐扶死反　皆乘繩證反　在廄居又反　拔數所主反　國難乃多反後及注同驅疫鬼　磔竹栢反磔磔牲也　禳本又作攘如羊反　氣佚音逸後同　索室所白反　毆疫上于反　大恐上勇反　暵呼旱反又呼旦反　蚤降音早　孟夏　婺女音務　言炳音丙　長育丁丈反此月內除律長長大繼長皆同　著見賢遍反　炎帝于廉

反炎帝神農也　顓頊上音專下音勖　音徵張里反後放此　去一起呂反　中
呂音仲又如字　無射音亦　臭焦子遙反　先肺芳廢反　竈陘音刑
螻蟈音古獲反螻蟈蛙也蔡樓蟈云螻螻蛄蟈蛙也　丘蚓以忍反　蛙烏蝸反即蝦蟇
也　萆挈上皮八反下起八反　王萯房九反　赤騮音留本又作騮　菽本又
作叔音同　以粗七奴反大也　木畜許又反下水畜同　先立悉薦反　欣
說上許斤反下音悅　熛怒必遙反下奴故反　爲將于僞反下爲逆爲妨爲傷下文爲天
子皆同　飲酎直又反重醲之酒　長大如字下繼長同或丁丈反非也　必當丁浪反
蕃廡音煩下亡甫反下同　有壞音怪注同　隳許規反又作隳下注同　始絺勑其
反　出行下孟反下同　勞農力報反　聚畜丑六反又許六反　斷薄
丁亂反注同　薺才禮反　草艾魚廢反後皆同　言醇音純　謂重直龍反或
直用反　醲女亮反　於朝直遙反　飲蒸之承反後皆同　數來所角反

則蝗徐華孟反范音横字林音黄　仲夏　昬亢音剛又苦浪反　蕤賓人誰反　應鍾應對之應　交酢才各反　螳音堂　蜋音郎螳蜋螵蛸母也　鵙古闃反搏勞鳥字林工役反　反舌鄭云百舌鳥蔡伯喈云蝦蟇　螵匹遥反　蛸音消　搏勞音博又作伯　壯佼古卯反　助長丁丈反下長氣同　韜大刀反本亦作韔同　鞞步西反　竽音于　箎音池本又作篪同　簧音黄　飭鍾音勑　柷昌六反　敔魚呂反本又作圉　爲將于僞反下文爲民注爲傷爲其皆同　大雩音于　百辟必亦反注同　句龍古侯反　龍見賢遍反下御見同　以雛仕于反又仕俱反雛也爾雅云生啄雛　含桃本又作函湖南反含桃櫻桃也　櫻於耕反　艾藍力甘反　可別彼列反下文別羣同　暴布步卜反　大陽音泰　無索所白反　不難乃旦反又如字　挺重大頂反寛也　則執如字蔡本作縶　相蹢大計反蹋也本或作踶音同　庾人所留反　敎駣音兆又音道字林音桃　陽爭爭鬭之爭注同

從八能子用反　致和戶臥反　耆欲市志反　晏陰伊見反　角
解戶買反　蟬始市志反　半夏戶嫁反半夏藥草　木堇音謹木堇王蒸也一名舜
華　王蒸之承反　臺榭音謝　樓觀古喚反　闍者音都　雹步角
反　凍丁貢反　百螣音特食苗葉蟲　乃饑居疑反又音機　零落本又作苓音同
民殃於良反　疫音役　季夏　去一起呂反後放此　不任音王
又如字　純恪苦各反　蟋蟀上音悉下音率　腐草扶矩反　爲熒本又作螢
戶扃反螢火蟲也或作腐草化爲螢者非也　攫俱縛反一音九碧反　搏音博　始鷙音至本亦
作摯同　蛟音交　鼉大多反又徒丹反　黿音元　冒亡報反　榜人必孟
反　材葦于鬼反　柔刃而慎反　爲艾于僞反下文爲民注爲求福爲其同
以共音恭　黼音甫　黻音弗　差貸音二又他得反　以別彼列反　旗音其
章識申志反又如字　行木下孟反　徭役音遥　徑音逕　辱暑如字

本或作溽音同濕也　燒薙他計反芟草又直履反　芟草所銜反　萊地音來　土疆

畜於勑六反其丈反注同　不復扶又反　易行以豉反　夏日人一反　強其兩反　槩呼覽反　以糞方問反　鮮落音仙又仙典反

風欬苦代反　鷹隼息允反　蚤鷙上音早下音至亦作蟄鷙擊也　走竄七亂反

中央於相反　蟲倮力果反虎豹之屬淺毛者又乎瓦反　露見賢遍反

中霤力又反　複穴方服反　五藏才浪反　圜于權反　以閎音宏

之長丁丈反　土畜許又反下金畜同　孟秋　少皞詩召反注下放此少皞金天氏黃帝之子　蓐收音辱蓐收少皞之子曰該為之　應涼應對之應　狐貉戶各反依字作貊　生旃之然反　則陂彼義反　左樞昌朱反　行戮音六

寒蜩大彫反　蜺也五兮反寒蟬　總章子孔反　白駱音洛　黑鬣音獵本亦作髦音毛又一本作旄尾也　先立秋悉薦反　軍帥所類反下同本或作

師注放此　於朝直遙反　招拒音矩　諸將子匠反下同　詰誅去吉反

好惡並如字又上呼報反下烏路反　繕囹市戰反　罪邪似嗟反　搏執

音博　察創初良反注同　審斷決丁亂反下同蔡徒管反一讀絕句決字下屬　贏

音盈注同　猶解古賣反　完胡官反　隄本又作堤丁兮反　防本又作坊音房　謹壅

於勇反　畢好呼報反　坏步回反　牆垣音袁　大使色吏反　介蟲

音界注同　稻蟹胡買反　復還扶又反下音環又音旋　多瘧魚略反

仲秋　觜子斯反又子髓反　觿戶圭反又戶規反　盲風亡庚反疾風　謂閩

音文依字作蟁又作蚊　蚋人銳反又如悅反　其養餘亮反下同　麋亡皮反　粥之六

反字林羊六反　具飭丑力反後放此　有量音亮下度量同　朝宴直遙反　此

為于偽反下為民同　必當丁浪反下不當及注同　枉紆往反　橈女教反又乃絞反字

林作撓非　中重直用反　循行下孟反　芻初俱反草也　豢音患養也養牛羊曰

芻犬豕曰豢以所食得名　瞻音占　肥瘠在亦反　皆中丁仲反　乃難乃多反注
同　竇音豆　窖古孝反　脩囷上倫反　隋曰他果反謂狹而長　趣民七住
反本又作趨又七緑反　務畜丑六反　坏戶音陪　浸盛子鴆反　始涸
戶各反竭也　角見賢遍反下同　易關以豉反注同　便婢面反　匱其位
反注同　賈客音古又古雅反　應陽應對之應　有恐丘勇反　復生扶又
反　數所角反　季秋　無射音亦　喆貞列反　來賓高誘注呂
氏春秋則云賓雀與鄭異　爲蛤古荅反　鞠本又作菊九六反　豺音柴　僇禽音六
本或作戮　申重直用反　之簿步古反徐步各反　之收如字又守又反　之
委紆僞反　猥卒温罪反下七忽反　習吹昌睡反注同　爲將于僞反下文縣
爲注主爲又爲同　徧祭音遍　合諸侯制絕句　而縣音玄　殳音殊　矛
已侯反　度大各反　同乘繩證反　校人戶教反　而頒音班　騶

側求反　載丁代反又如字注同　旐音兆　以級九立反　趣馬七注反又七走反

反　駕說始銳反　之陳直覲反　大常音泰　載旟音餘　搢如字

又音箭　扑普卜反　挾矢子協反又音協　祀祊鄭注周禮音方　爲炭吐旦反

皆墐其靳反　辟殺音避　乃趣音促又七住反　不當丁浪反注同　供

養九用反下餘亮反注同　以去起呂反　貪耆市志反　熊于弓反　蹯音煩

鼽音求說文云病寒鼻窒　嚏丁計反　邊竟音境注及後同　隆六中反　坼丑白反

煖風乃管反又許元反　氣解古買反　惰徒臥反　孟冬　析木

息歷反　顓音專　項許玉反顓頊高陽氏　玄冥亡丁反少昊之二子脩及熙爲玄冥玄冥水官

黿鼉必滅反　財匱其位反　應應對之應注同　臭朽許九反本亦作死字

林云死腐也說文云死或爲朽字　辟除必亦反又婢亦反　爲軷步曷反　壤如丈反

厚二戶豆反　廣五古曠反　爲蜃常忍反大蛤　不見賢遍反下注錄見同

鐵驪力知反　與羨直吏反　爲袗之忍反又之刃反　先立冬悉薦
反　叶光本又作汁音協　禹八音遇　椓聚丁角反又作涿同　豐龜許靳
反　策初格反　著音尸　繇文直又反　相爲于僞反下爲仲冬爲天子皆同
上騰時掌反又如字下上泄同　蓋藏才浪又又如字　循行下孟反　積聚子賜反下
才柱反又並如字仲冬同　鍵閉其輦反又其偃反　管籥羊灼反　封疆居良反注
及下注同　要塞先代反注同　塞徯上先則反下音奚　徑古定反　鍵牡亡古
反又茂后反　搏鍵音博一本作傳直專反　害處尺慮反　爲壐音徙　塋
音營　巨壟力勇反　襲音習　斂力驗反又力檢反　效功戶教反　淫巧如字
又苦孝反注同　功致直吏反下注同　之長丁丈反　不當丁浪反注同　別
之彼列反　國索所百反　屬民之玉反下同　滌大歷反　場直良反
躋彼子兮反　兕徐履反　觵古宏反　臘先祖力合反　謂蜡仕迓反字

林作禮　勞農力報反　將帥上子匠反下色類反　大閱音悅　唯狩手又

反　上泄息列反下同　復出扶又反　參伐所林反下同　仲冬

東辟必亦反又必狄反　益壯莊亮反　曷旦本亦作鶡同苦割反曷旦鳥名

暢月勑亮反充也　猶女音汝　大陰音泰　必重直龍反注同　省婦

所景反注同　大酋子由反又在由反大酋酒官之長　秫稻音述　麴上六反　蘖魚列

反　湛子廉反漬也　熾尺志反炊也　火齊才計反注火齊同　監古銜反

差貸音二又他得反注同　之長丁丈反　穫稻戶郭反　畜獸許六反

不詰起吉反　藪澤素口反　敎道音導　陽爭爭鬭之爭注同　去聲

起呂反注及下同　禁者巿志反　從八子用反　芸音云香草　荔力計反馬

鬣　挺出大頂反　麋亡悲反　角解音蟹　馬鬣戶介反　上行時丈反

氛霧芳云反　雨汁于付反下音執注同謂雨雪雜下也　瓜瓠戶故反　好雨

呼報反　多疥音介　季冬　婺女無付反　昬婁力侯反　旦氏丁兮反一音丁計反　玄枵許驕反　北鄉音向　雉雊古豆反雉鳴　雞始乳如住反　大難乃多反下注同　磔出竹百反　爲厲于僞反　題肩大兮反　神祇音祁　腹堅本又作複又方服反厚也　五種章勇反注同　鎡錤音兹音其　合古荅反　吹昌睡反　而罷如字又音皮　乃復扶又反　君子　說音悅　小人樂音洛　以共音恭下文以共皆同　薪燎力召反　可析思歷反下同　炊爨七亂反　幾終音祈又音機　故處昌慮反　猶女音汝　令之力呈反　而縣音玄　辟寒毗異反　胎吐來反　夭烏老反注同　少長上詩召反下丁丈反　乃句古侯反　消釋如字一本作液音亦

經典釋文卷第十一

經五千四百一十四字
注一万六千六百九十六字

# 經典釋文卷第十二

## 禮記音義之二

唐國子博士兼太子中允贈齊州刺史吳縣開國男陸德明撰

曾子問第七 曾子孔子弟子曾參也以其所問多明於禮故著姓名以顯之 卷之六

大祝 音泰下文注大祝大宰大宗大廟大史皆同此音下之六反說文云祝祭主贊詞者 裨冕 婢支反

命毋 音無本亦作無 絺冕 知里反本亦作希徐張履反 祝聲 之六反下同徐之又反

三 息暫反又如字下聲三三及三者三皆放此 噫 於其反 歆 許金反 警神 居領反

少師 升召反下喪幷注同 少奉 芳勇反下注奉者同 以衰 七雷反下同 子從 才用反下同

敢見 賢遍反下而見伯父廟見旅見同 徧告 音遍下同 於禰 本又作祢乃禮反

視朝 直遙反注及下同 爲將 于僞反下爲事同 公袞 古本反

驚 必列反 毳 昌銳反 釋軷 步末反 牲幣 依注牲音制制幣一丈八尺

禮記音義之二

於殯音賓出注　將冠古亂反下及注皆同　徹饌仕戀反　埽悉報反　冠

醮子妙反酌而無獻酬曰醮　以與音預下至脱衰與奠皆同　相爲于僞反注爲人其所爲服

爲君爲其皆同　辟正音避下同　士則朋友一本作士則朋友奠　脱湯活反

擯相息亮反　取七住反本亦作娶下文取婦取女同　累力弭反　親迎魚敬反下

同　縞古老反　總音摠　服期居宜反下同　儐音尚　過古臥反　相

飲於鴆反　食音寺　相離力智反　有供九用反　養羊尚反　盥饋音管

下其位反　不菲一本作屝扶畏反草屨　朝廟直遙反　猶爲于僞反下爲庶母爲

其下文君爲皆同　禮與音餘下禮與同　亟舉徐起吏反　西鄉許亮反　先

桓子悉薦反　夏卒戶嫁反　巡守手又反本亦作狩　齊車側皆反本亦作

齋注及下同齊車祭祀所乘金輅也　祫祭音洽　老聃他甘反老聃即老子也　祔之

音附　以從才用反下從而從同　必蹕音畢止行　少喪如字下及注皆同讀者亦

息浪反　以遺如字猶垂反又于季反　者幾居豈反下同　雨霑竹廉反

衣青於既反又如字下同　嘗禘大計反　簠音甫徐方于反又音蒲　簋音軌　陳

饌仕戀反又仕轉反下同　三飯扶晚反下同　不侑音又絕句下皆放此　酳音胤又仕覲反

不酢才各反　比至必利反　賓長知丈反下文誄長同　爲其于僞反下爲彼

爲親妻爲婦爲爲己病皆同　之治直吏反　義斷丁亂反　服除如字徐直慮反

民中如字又丁仲反　適妻丁歷反　不誄力水反累也謂謚也　時行下孟反

作謚音示徐又以二反　出疆居良反　以椑薄歷反櫬身棺謂杝棺也　共

殯音恭注同下必刃反　苴絰七餘反下大結反　散帶息但反　弁皮彥反　柩

其又反　如爵如或作加誤也　爲巳音以　子免音問　既引以刃反下皆同

既封依注音窆彼驗反　及涂音徒　扱初洽反　上袵而審反又而鴆反

祝曰之六反舊之又反下同　爲介子于僞反下注爲有異居爲無日同介音界副也下同

庶子爲大夫其祭也本或此下有如之何三字非也　不厭本或作壓於豔反注下皆
同　不綏注作墮同許垂反徐又況垂反注同　皆辟音避下同　厭飫於去反
尸謖色六反起也　俎敦音對又東論反　爲報古雅反　奠觶之豉反字林音
支　不歸如字徐其位反　諸與音預　其詞如字告也下及注同　昭穆常遙
反下音木後放此　爲壇大丹反下注同注或作墠音善　遠辟徐于万反　之稱尺證
反　不附祭附依注音備本或作祔亦同　於奥烏報反　無所音其又忌依反
敬也　之適丁歷反下同　如有昆弟一本作加有昆弟　共其音恭　于
垣古鄧反道也　且不如字徐子餘反　吾從才用反又如字　既明反絕句
遲數音速出注　朝天子直遙反　大夫使色吏反下君使所使同　不蚤
音早　不莫音暮　則近附近之近　慝作他得反惡也　痁患始占反病也
而恐丘勇反　爲君于僞反又如字　塗邇音迩近也　即周本又作堲子栗

反下同　繩縆本又作緪古鄧反一音古恆反　鉤之本又作拘古侯反　斂葬力驗
反下同　史佚音逸　長殤丁丈反下同　則棺古患反下文棺斂衣棺注棺謂皆同
召公本又作邵同上照反下同　爲史于僞反下爲辟下文有爲並同　周公曰豈絕句
言是豈絕句　於禮不可絕句　同處昌慮反　辟道婢亦反　無
辟音避下同　禮與音餘下皆同　作難乃旦反　柴音祕
文王世子第八文王周文王昌也鄭云以其善爲世子之禮故著謚号標篇言可法也
朝於直遥反　日三如字又息暫反　衣服徐於既反又如字　內豎上主反小
臣　又復扶又反　及莫音暮注及篇末皆同　蹈徒報反　憂解胡買反
食上時掌反　寒煖乃管反徐況煩反　末有亡曷反勿也　應曰應對
之應　爲其于僞反　飪而審反生孰之節　不稅本亦作脫又作說同音他活反
而養羊尚反　壹本亦作一　飯扶晚反下及篇末皆同　箴藥本亦作鍼之林反　所

勝音升　瘳丑由反差也　女何音汝後同　九聆音零本或作齡　人壽音受
後同　安樂音洛　予爾羊汝反　傳直專反　莅阼音吏又音類下同
莅視本或作涖臨也　周公相息亮反　而治徐直吏反下注治定同一音如字
抗苦浪反舉也　長幼丁丈反後皆同　則撻他達反擊也　凡學世子戶孝
反教也下小樂正學干籥師學戈學舞干戚同　俊選息戀反後同　春夏戶嫁反下放此
羽籥羊灼反　干楯食準反又音尹　句子古侯反　秉翟大歷反　大
胥如字又音泰胥息余反又息呂反注皆放此　之版音板本亦作板　舍采音釋後舍采同
秋頒音班　旄人音毛　不僭七尋反又子念反　大師音泰下文注大樂正
大學大傳大祖大寢皆同　瞽宗音古瞽宗殷學名　上庠音詳上庠虞學名　播詩
波我反　功易以豉反　合語如字徐音閤注同下大合樂放此　語說如字徐始
銳反注語說同　論說力門反徐力頓反注同　三行下孟反下文德行同　侍坐才臥

反又如字 遠近閒並如字閒猶容也注同徐古莧反同 指畫乎麥反 分別彼列
反 廣三尺古曠反又如字 三寸一本作廣三尺三寸三分 函丈胡南反 相
辟音避下辟君同 億可本又作噫音抑 有蔓求龜反 小技其彼反 後
復扶又反 遠之于万反注同 近是附近之近 既興依注爲釁音虛覲反
儐于必刃反本亦作擯注同 無介如字下注同副也 米廩力甚反 懌音亦
悅懌 少傳詩照反下音賦後同 積浸子鴆反 爲之于僞反下爲說其爲君皆同
國治直吏反下而治國治並同 況于依注作迂音同又音紆大也 欲令力呈反
學之音效下及注同 孝弟大計反又作悌下孝弟皆同 之倅七對反副也
其朝直遥反後不出者並同 登餕音俊 之適丁歷反 奠盥音管 行
列戶剛反 者稠直由反密也 出疆居良反 守於如字又手又反下同
諸父守貴室本或作守貴宮貴室 冠取古亂反下七喻反後放此 相爲于僞反下

注爲君同　**宜免**音問下及注同　**于賵**芳鳳反下同　**賻**音附　**承**音贈出注　**含**胡暗反本又作唅賵賻唅襚皆贈喪之物也車馬曰賵布帛曰賻珠玉曰唅衣服曰襚揔謂之贈賵猶送也　**甸人**大遍反　**縣**音玄　**縊**一智反　**則纖**依注音鍼之林反刺也徐子廉反注本或作纖讀爲殲者是依徐音而改也　**剸**之免反割也　**亦告**依注作鞠久六反　**鍼刺**七亦反又七智反下同　**臏**頻忍反徐扶忍反　**劓**魚器反　**刀鋸**徐音據　**讞**徐魚列反言也　**大辟**婢亦反後不音者放此　**宥之**音又寬也　**又復**扶又反下不復復自行皆同　**爲之**于僞反下不爲服爲忝祖注非爲又爲之舞同　**之比**必利反　**之殺**色戒反徐所例反　**差也**初佳反徐初宜反　**弔臨**如字徐力鴆反　**官治**直吏反　**衆鄉**許亮反注同　**百姓**本或作異姓非　**遠之**于万反　**大昕**音欣說文云旦明日將出也讀若希　**警衆**音景起也　**養也**如字徐羊尚反後皆依徐音　**之處**昌慮反下同　**五更**工衡反注同蔡作叟音素口反　**咏焉**音詠　**以樂闋**苦穴反終也　**以**

樂音洛　里𩤕皇音冀冀及也本又作愷又作駿亦作驥　兇命注作説同音悅　朝夕

至于直遙反旦曰朝暮曰夕舊如字　朝朝上如字下文朝夕之朝食上同下直遙反　食上

時掌反　親齊側皆反注同　齊才細反　和胡臥反

禮運第九鄭云禮運者以其記五帝三王相變易及陰陽轉旋之道　卷之七

與於音預　蜡仕嫁反索也祭名夏曰清祀殷曰嘉平周曰蜡秦曰臘字林作褙　索所百反

於觀古亂反注同闕也　喟然去媿反又苦怪反説文云大息　之處昌慮反下同處同

逮音代及也一音大計反　俊選宣面反下文皆同　爲其于僞反下文爲己皆同

禪位善面反　所長丁丈反　矜寡古頑反　無匱其媿反　有分

扶問反注同　良與烏報反　惡其棄上烏故反下同　不憚大旦反　施無

始豉反　吝心力刃反又力覲反　禦風魚呂反　傳位丈專反　俗狹音洽

嗇音色　勇知音智　敦朴普角反　之稠直由反　成治直吏反

在埶音世本亦作勢 者去羌呂反注同 爲殃於良反 復問扶又反下復問同 冠

相鼠息亮反注同 遄死市專反疾皃也 殽於戸教反法也徐戸交反 聞與

音餘 昏古亂反 朝聘直遥反 則易以豉反 之極言如字徐紀力反 其燔音煩

有小正音征本或作有夏小正 坤苦門反 乾其連反 蕡

依注音凷苦對反又苦怪反土塊也 押豚卜麥反注作擗又作擘皆同 汚尊烏華反注同一音作烏 抔步侯反手掬 甑即孕

反 桴音浮鼓槌 齊敬側皆反 釜本又作鬴音父 墇

普逼反 燒石如字又舒照反 鑿地在洛反 掬九六反本亦作曰音蒲侯反 阜某音羔

飯扶晚反注同 搏土徒端反 築徐音竹 屋而號戸毛反 知氣音智

北首手又反注同 腥音星 而苴子餘反苞也徐爭初反 遣奠弃戰反 居檜本又作增

又作曽同則登反 南鄉許亮反注同 營窟苦忽反 鑄作之樹

樔本又作巢助交反 茹其音汝 衣其於既反

反 合土如字徐音閤 令音零 甓步歷反 及甒音武 大也音泰甒大皆樽名
臺榭音謝本亦作謝 牖戶音酉 以炮薄交反徐扶交反 裹燒音果
以燔音煩加於火土 亨普伻反煑也下合亨同 鑊戶郭反 以炙之石反
貫之古亂反 醴音禮 酪音洛 烝之承反 釀女亮反 酢七故反 截才再
反徐祖巽反 醴醆側眼反 粢依注爲齊才細反注五齊皆同 醍音體 祝嘏本或
作假古雅反 之祜音戶福也 粢讀音咨 泛齊芳劒反徐音汎 盎齊烏浪
反 爲主人于僞反下同 其祝之六反徐之又反注同 其殽本或作肴戶交
反 越席音活注同字書作趏越席翦蒲席也杜元凱云結草 以冪本又作鼏同莫歷反 衣
其於既反 澣帛戶管反 示號音祇本又作祇 齍號音咨皇云黍稷 大古
音泰下大史同 爓似廉反 染如豔反又如琰反 樂也音洛 鈃本又作鉶音刑
盛和羹器形如小鼎 羹音庚舊音衡 分別彼列反下文同 於音烏 乎好奴反 吾

舍音捨下舍禮皆同　郊禘大計反　鼷鼠音兮　契息列反　醆斝古雅反又音嫁爵名也夏曰醆殷曰斝周曰爵　僭君子念反注同　脅君許劫反　儗於音擬　焉於虔反　期不居其反　入朝直遙反注同　或與僕相息亮反一讀如字則連下爲句　等輩卜內反　弟鍼其廉反又祇廉反　千乘時證反　壞法音怪　諱惡烏路反　自拱徐居勇反後拱持同　爲謔許約反　孔甯本又作寧案左傳作寧公羊作甯各依字讀　行父音甫　數如色角反　取殺申志反或如字　大柄兵命反　儐鬼必刃反　以治政皇如字徐直吏反下文注以治事同　爲言于僞反下又爲遂爲皆同　所操七刀反　臣倍步內反　俗敝音弊本亦作弊　疵國才斯反病也　肅峻恤俊反　煇光音暉　不見賢遍反　殽以戶教反注及下同　土會古外反　而上時掌反下上配上生皆同　共國音恭　所樂音岳又音洛又五孝反好也注同　治也直吏反注同下以自治注身治

成治皆放此　並併步頂反　過差初佳反一音初買反　何以守位曰仁

本亦作人　所養羊尚反又如字下同　百姓則君則音明出注　分定扶問反後

文注除三分去一三分益一皆同　舍義音捨　之知音智注同　去其羌呂反後皆同

之斷丁亂反　之施始豉反下施生同　謂之變音辯出注　耐以音能

辟於婢亦反開也徐芳益反　傳書丈專反　愛惡烏路反下皆同　弟弟上如

字下音悌　長惠丁丈反　爭奪爭鬬之爭　測度大洛反　不見賢遍反

竅於徐苦弔反孔也　播於波左反舒也　五行四時絕句本亦作播五行於四時

屈伸音申　迭相大計反又田結反　竭也義作揭其列反負擔也　還相音旋

下同　六和戶臥反注同　更相古衡反下同　角徵張里反　南事律名

京房律始於執始終於南事凡六十　畫繢戶對反　以圜音環又音圓　別聲彼列

反　被色皮義反徐扶義反　爲柄本又作枋兵命反　爲量音亮下同　爲畜

許又反，下同　政治直吏反　於麟良人反　相近附近之近　操七刀反

所捊蒲侯反，徐音普溝反　介儐上音界，下音遵　可睹丁古反　爲倪五計

反視也　魚鮪于軌反，魚名　淰音審，徐舒冉反　矞字又作獝，況必反　狘況越

反　閃失冉反　秉蓍音尸　瘞於例反，一音於器反　繒本又作增，同似仍反，又則登反

又似登反　儐鬼皇音賓，敬也，舊必信反　在朝直遙反，下同　卜筮市制反　謷

音古　侑音又　皆應應對之應　列宿音秀　之藏如字，徐才浪反　大一音泰

下注同　合於月之分本或作日月之分，分日衍字　曰養音義出注　冠昏古亂

反　摯幣本又作贄，音至　罷也音皮　大竇音豆，孔穴也　壞國音怪，又乎

怪反　喪家息浪反　有蘖魚列反　醇耳市春反　養菁子丁反　耨

之奴豆反，鉏也　所盛市正反，又音成　乖剌力達反，本或作制　無耜音似

不種之用反，不亦作弗，何休注公羊云弗者不之深也，下皆放此　不穫戶郭反　知收

如字又手又反 **不見**賢遍反 **不苑**于粉反積也 **不繆**音謬 **有畜**丑六

反 **不殺**所戒反徐所例反注同 **渚者**之汝反 **漁人**音魚 **獻鼈**必列

反 **蜃**石忍反 **司爟**古亂反 **卝人**革猛反又瓜猛反徐古猛反 **仲夏**戶嫁

反下同 **謂食**音嗣 **齊**才細反下皆同 **須爵**音班 **必當**丁浪反 **媒氏**

音梅 **而取**音娶本又作娶 **稽士**古兮反 **之裁**音災 **妖孽**又作蠥魚列反

妖又作祅說文云衣服歌謠草木之怪謂之祅禽獸蟲蝗之怪謂之蠥 **螟**亡丁反 **螽**音終徐音

**灃**本又作醴音禮 **麒麟**音其下音栗人反 **郊棷**素口反徐愗會反澤也本或作藪

**宮沼**之紹反池名 **卵**力管反 **胎**土才反 **可俯**音府 **而窺**本又作闚去規反

**銀甕**本亦作罋烏弄反徐於弄反

**禮器第十**鄭云以其記禮使人成器孔子謂子貢瑚璉之器是也

**錯則**七路反本又作措又作厝音同 **猶去**起呂反 **回邪**似嗟反 **辟也**匹亦反

如竹箭〔節見反〕有筠〔于貧反鄭云竹之青皮也〕故貫〔古亂反〕改柯〔古何反〕篠〔西了反徐音小〕柔刃〔而慎反〕廣狹〔音洽又戶夾反〕常差〔初佳反徐初宜反〕上下〔時掌反〕大殺〔色戒反徐所例反注同〕恇懼〔音匡又丘往反〕猶恐〔丘勇反〕稱夾〔尺證反後皆同〕匪革〔紀力反注同急也〕堵者〔本又作闍音都又丁古反徐音常邪反〕七介〔音界副也後皆同俗讀古賀反非也〕五重〔直龍反下及注皆同〕八髮〔所甲反〕相食〔音嗣下同〕餼〔許既反〕西夾〔古洽反又古協反〕其使〔色吏反〕抗木〔苦浪反又音剛又戶剛反〕與茵〔音因〕縮二〔所六反〕以犢〔音獨本亦作特〕相朝〔直遙反下及注同〕灌用〔古亂反注同〕鬱邑〔丑亮反〕脯醢〔上音甫下音海〕繁纓〔步干反下及注同〕琥〔音虎又作虎〕璜〔音黃〕單席〔音丹〕翦繁〔子淺反一音版〕鵠纓〔胡毒反〕之量〔音亮〕器皿〔命景反字林音猛〕以散〔悉旦反注同〕舉觶〔支豉反〕外缶〔方有反〕瓦甒〔音武〕曰

觚音孤　不壇大丹反　㯉禁於據反　猶去起呂反　斯禁如字劉昌
宗音賜　隋長他果反　足高如字又古報反　龍卷本又作袞同古本反　黼
音甫　韍音弗　熏字又作纁許云反　裳　緑繰本又作璪亦作藻同子老反注同
不琢字又作瑑丈轉反徐又依字丁角反　大羹音泰　不和胡臥反　越席音活　犧尊
鄭素何反王如字　幎本又作冪又作鼏莫歷反　樿章善反又市戰反白理木　杓市灼反　長
三直亮反　杼上直呂反　作幕音莫　不殺所戒反又所例反下而殺注芟殺皆
同　詡萬況矩反普也徧也　徧也音遍　樂五孝反注同　猶見賢遍反下
外見告見皆同　之致直置反注皆同　誠㱿字又作慤苦角反下文同　爲樂音洛
匹士本或作正士　之攘如羊反盜竊　以上時掌反　鏤簋力豆反下音軌
朱紘音宏　藻棁章悅反依字當作棳梁上侏儒柱　栭謂音而　達棱力登
反　斲陟角反　而礱力工反　澣衣又作浣戶管反　濯冠直角反　以朝直遙

反　隘矣本又作阢於賣反狹也　不爲于僞反下爲母爲父母皆同　不摩本又
作䴱毀皮反齊人謂快爲摩　蚤音早　葆大音保又保毛反本又作保　夏父音甫　不綦
音忌不亦作弗　燔柴音煩又芳云反　於奧依注作爨七亂反下同　子彄苦侯反
大廟音泰下注大平下文大廟並同　躋僖子西反升也本又作隮　饎爨昌志反下七亂反
盛於音成　於餅步丁反　不當丁浪反　期也音基　猶去起呂
反下去實同　有撕所監反又所覽反芟也　芟也所咸反　有放方往反下有放
必放同　不致本或作不至　而摭之石反　詔侑音又本或作宥　武方音無
出注　就養羊讓反　詔圜音圓下圜丘同本亦作詔圓　猶醵其庶反又其約反合
錢飲酒曰醵　與音餘　近人附近之近注同　而遠于万反　獻燗似廉反
下彼戶嫁反　已蹙本又作慼子六反又音促　愿貌音願　大愿音泰　不
見賢遍反下龍見同　頖宮本或作泮依注音判　惡依注音呼又作虖好胡反　池大河反注

同　嘔夷烏侯反　泰山本或作大音同下注放此　順之至也順亦作慎
散齊悉旦反下側皆反後放此　相步息亮反注同　溫之紆運反注同　溫藉徐子
夜反　告道音導　朝事直遙反下朝夕注視朝同　以樂樂之上音岳下音洛
鸞刀力端反　莞音官一音丸　簞徒點反　而橐字又作櫜古老反　鞂江八反徐
古八反　穗音遂　而烝之承反　亹亹亡匪反徐音尾勉勉皃　樂之音洛
升上時掌反　巡守手又反　燔燎力妙反又力弔反　禪於善戰反
粱父音甫本亦作甫　龍假音格至也　爲暘音陽　爲燠於六反　大治
直吏反下及注同　罍音雷　犧尊素河反注及下同　縣鼓音玄　應鼓應對
之應　作獻本又作戲同素何反下同　之分扶問反　夏禴戶嫁反下音藥　祼
用古亂反　雞彝徐音夷　作護戶故反本亦作濩　以道音導　蘧伯玉
其居反　名瑗于卷反　之知音智　而從才用反下同　蔿盎烏浪反

血膋了彫反　洞洞音働　屬屬之六反　羹定徐丁馨反一音如字

祊百彭反　繹祭音亦　一處昌慮反　王事與音餘　魚腊音昔

內金音納　見情賢遍反下注世一見同　焫物音照本亦作照　絲纊音曠緜也劉昌宗古曠反

篠簜大黨反　蕃服本又作藩方煩反下同　近之附近之近

肆夏依注作陔古來反注又作祴音同　袒襲音但下音習　受和戶臥反

強言其丈反　跛彼義反偏任曰跛注同　倚於綺反依物曰倚注同　子路與音預

晏朝直遙反又張遙反

郊特牲第十一鄭云以其記祭天用騂犢之義也郊者祭天之名用一牛故曰特牲　卷

之八

膳市戰反　用犢音獨　牲孕餘證反　誠慤苦角反　繁纓步干反

三獻爓本亦作燗夕廉反　灌用本又作祼古喚反　腶脩丁喚反鍛脯加薑桂曰腶

脩　三重直龍反下注同　而酢才各反　之介音界注同　猶單音丹下文
注同　饗禘音藥出注下春禘同　而食音嗣　夏禘戶嫁反　俎奇居宜反下
鼎俎奇同　用褻息列反　旦明旦音神出注　篆字直轉反　一示易以豉
反注同　朝聘直遙反下文注朝覲朝服皆同　樂闋苦穴反止也　婁嘆力住反本
又作屨　匏竹步郊反匏笙也竹篪笛也　別土彼列反下注無別同　爲作于僞反下
文爲君同　往德皇如字徐于況反　庭燎力妙反徐力弔反　僭天子子念反後
並同　私覿大歷反下同　而使色吏反　私見賢遍反下同　慶父音甫
鳩牙直蔭反　殺二君音試　升自阼才路反本又作升自阼階　宮縣音玄
注及下同　設錫音陽注同　干盾本亦作楯純尹反又音尹　傅其音附　背補佩
反　反坫丁念反　繡黼依注作宵音消注或作綃亦同黼音甫　以簾音廉　於反
爵焉本或作賓反爵焉非　領緣移絹反　縉似陵反　朱襮音博　過古臥

反寓公音遇寄也南鄉許亮反下君南鄉同以辟音避注同鄉人禓
音傷強鬼名也強鬼其丈反時難乃多反下同本又作儺索室色百反下文注皆同
毆疫字又作驅同起居反縣弧音胡設帨始銳反三日齊本又作齋同側
皆反後放此何居音姬·繹之音亦祊百彭反商賈音古販夫
甫万反北庸本亦作墉音容牆也大社音泰下文注大社大陽大廟大古大王皆同
王爲于僞反下文爲社爲焚皆同喪國息浪反薄社本又作亳步各反北牖
音酉匕乘時證反注同又徒徧反共音恭粢音資曰甸徒練反又繩證反卒
伍祖忽反算具思管反爲省思淺反而鹽依注音豔行行田
上如字下及下行田皆下孟反使歆許金反燔柴音煩巡守手又反岱
宗音代夏正音征下同猶徧音遍以稱尺證反用騂息營反徐呼營
反圜丘本又作圓音員凡爲如字或于僞反非也擇可與如字一音預

而還音旋下同　重相直用反　爲廄九又反　省鑊戶郭反　氾芳劒反本亦作汎　埽素報反　剗初產反徐又初展反　令力呈反　王被皮義反　卷本又作袞同古本反注卷冕同　冕亡展反字林亡辨反　載丁代反本亦作戴　璪音早　不過古和反　在滌范音迪徐徒嘯反　以別彼列反　所搜本又作廋所流反　除處昌慮反下之處同處皆同　大蜡八仕詐反蜡祭有八神先嗇一司嗇二農三郵表畷四貓虎五坊六水庸七昆蟲八　伊耆巨夷反伊耆古天子號也或云即帝堯是也　百種之勇反下之種也同　郵本亦作尤有周反字或作卸　表畷丁劣反田畯所以督約井閒處也又丁衛反　田畯音俊　督約因妙反　敎擾而沼反馴也　迎貓字又作猫音苗　爲其于僞反下同　祭坊音房後注同　其壑火各反　祝辭之六反又之又反　猶坑苦衡反　螟莫輕反　螽音終又作蜍　榛杖側巾反以榛木爲杖也　喪殺所界反徐所例反注及下德之殺並同　臘先祖力合反　勞農力報反　草笠

音立　使使上音史下及下使者皆色吏反　緇撮七活反又七括反　其餉始尚反

伊糾居黝反　好田呼報反下好女可好皆同　果蓏力果反　以蓄丑六

反又許六反　蘊財於粉反　以移以豉反注同羨也　羨也才箭反又辭見反

烝之承反　畀必利反　祖妣必履反　之與音餘　既蜡而收絕句

積聚並如字徐上音茲賜反下才樹反　之菹爭居反　其醢音海　麋音眉　臡

字又作䕫乃兮反字林作腝人兮反　茆音卯又力首反　麕丸倫反　蠃力戈反　豚拍

音博　藨即見反又作薦同或作廌非　可耆市志反　路車本亦作輅音同　可

樂音洛下同皇徐五孝反　可便婢面反徐扶緜反　莞音官徐音丸　簟大點反

越音活注同　槀又作稾古老反　鞂簡八反徐古八反　不和胡臥反　不琢依注爲丈

轉反　彫多調反又作雕　幾巨依反注同　之秉時證反　樸也普角反　司

烜音毀　陰鑑古暫反　藉神字夜反　沂魚斤反　鄂五各反　俎奇

居宜反　醯醢上呼兮反本又作醢同　斷也丁亂反　冠義古亂反下文注始冠而冠而敝之而冠冠於阼冠而字之冠禮士禮冠皆同　齊則側皆反　其緌耳隹反　以上時掌反後以上皆同　敝本亦作弊婢世反徐又房列反弁也　不復扶又反　適子丁歷反　近主附近之近　醮子妙反　毋追上音牟下多雷反　般冔況甫反字林作綒火于反　見纂初患反　殺音試　賢行下孟反下德行同　取於音娶本又作娶　附遠皇于万反　厚別兵列反下及注皆同　不腆天典反　信事側吏反又如字立也注同　親迎魚敬反　男先悉見反下及注同　倡昌亮反　道音導　執贄音至本亦作摯　聚麀音憂　出乎大門而先如字絕句又悉遍反　以知音智　婦盥音管　饋其位反一本無婦盥饋三字　婦餕音俊　爲䐑直輒反　滌蕩音狄徐又同弔反　樂三如字徐息暫反　灌用鬯臭絕句庾以鬯字絕句　鬱字又作鬱同　合鬯絕句　焫蕭如悅反燒也下音蕭香蒿也　合如字徐音閤　羶依注

音馨許經反　薌音香　圭瓚在旦反　鈃南音刑　蒿也呼毛反　染以如琰
反　饘當失然反　詔祝之六反下及注並同又之又反　膟音律　膋力彫反　燎
于力妙反又力弔反下文同　爐音盧　以隨許恚反或許垂反　之奧烏報反　北
墉音容　室與堂與並音餘下遠者與同本作室與堂也與則如字讀　遠人徐于万反
倞也音亮　肵音祈　爲尸于僞反　蝦辭古雅反　爲犆徒得反
相息亮反注及下之相幷注同　侑音又　妥尸他果反　蝦長直良反徐知兩
反　或詁音古　祭齊才細反注及下說齊幷注同　謂綏許恚反　說齊
始銳反清也字又作涚　泲之子禮反下同　㡛氏莫剛反　漚絲烏豆反
爲汎本又作泛同　齊絜側皆反篇末文注同　腥肆勑歷反注同　爓腍而審
反　䐑直輒反　舉斝古雅反　之坐才臥反　縮酌所六反注同　醴
齊才細反下皆同　去滓起呂反　醳酒音亦　不共音恭　斟也章金反

尊彝音夷　注于之樹反　醆側產反　盎齊烏浪反　差清初賣反又初佳反　汁之十反　獻依注為莎素何反下注同　舊澤依注讀為醳音亦徐詩石反　為其于僞反　腊毒上音昔隱義云腊久也久酒有毒　辟依注作弭亡妣反　遠罪于万反

內則第十二　鄭云以其記男女居室事父母舅姑之法

后王鄭云后君也謂諸侯也王天子也盧云后王天子也孫炎王肅云后王君王也　并六卿必政反　或兼如字一音古念反　咸盥音管洗手　漱所救反徐素遘反漱漱口也下同　櫛側乙反梳也　縰所買反徐所綺反黑繒韜髮　笄古兮反　總子孔反束髮也　拂髦音毛　冠緌耳隹反緌纓飾也　韠音必　紳音申大帶　搢徐音箭又如字音晉晉插也　笏音忽　韜髮吐刀反　振去起呂反　著之丁略反下文及注同　鬌多果反　扱本又作捷又作插初洽反徐采協反　使令力呈反　紛芳云反拭物巾或作帉同　帨始鋭反佩巾也

小觿許規反本或作鑴音同解結錐　金燧音遂火鏡　拭物音式　礲力工反

捍戸旦反拾也謂射捍　管遰時世反徐作滯刀鞞也　筆彄苦侯反　刀鞞必頂反

鑽火子官反　偪本又作幅彼力反行縢也　行縢徒登反　屨九具反　著

綦其記反注及下同屨繫也　如父母一本作如事父母　衣紳如字又於既反注同

令簪徐側林反又作南反　箴之林反　線本又作綫息賤反　纊音曠　縏字又作槃同步干反

袠陳乙反又作帙　小囊奴郎反又作橐徐音託　明爲于僞反　衿纓本又作紟其鴆反結也注同嬰又作纓

衣燠本又作奧同於六反暖也　苛音何疥也　養本又作癢以想反

搔之素刀反摩也　怡說音悅　苛疥音界說文云搔瘍也　時

便婢面反　少者詩召反後皆同　奉槃芳勇反本或作捧下同　長者丁丈反後皆同

以帨始銳反拭手也本又作挩同　以溫本又作蘊又作慍同於運反注同　藉也字夜

反　饘之然反厚粥也　酏羊皮反薄粥也　芼毛報反　蕡字又作蕡扶云反徐扶畏反大

麻子注同　粱音良　秫音述　粥之六反又羊六反　熬五羔反　枲實思里反

飴羊之反餳也　堇音謹菜也　苴音丸似堇而葉大也　枌扶云反白榆也　免音問注同新生

曰免　薨字又作槀苦老反乾也　滫思酒反溲也　瀡音髓滑也　以滑胡八反又于八反諸卷皆

同　以膏之古報反　調如字又徒弔反　和如字又胡臥反　夏用戶嫁反

溲所九反　末冠古亂反　爲迫于僞反　而朝直遙反下而朝同　後

成人如字徐胡豆反下同　衣服如字又於既反　枕簟徒黠反　灑本又作洒所買反又

所賣反　埽素報反　孺子如樹反　蚤寢音早　以上以或作已上時掌反後放此

奉席芳勇反下同　何鄉許亮反　將衽而鴆反又而甚反臥席也　何止本又

作趾足也　臥處昌慮反　縣衾音玄　篋枕口協反　而燭音獨韜也　不

傳丈專反注同移也　敢近附近之近　敦音對又丁雷反　牟木侯反齊人呼土釜爲牟　卮

音支酒器也　匜羊支反一音以氏反杜預注左傳云沃盥器也　非餕音俊　如螯字又作蝥木侯

反 應唯于癸反徐伊水反 愼齊側皆反 噦於月反 噫於界反 嚏音帝

咳苦愛反 欠丘劒反 伸音申 跛彼義反 倚於義反又其寄反 睇大計反傾視也 視如字

徐市志反 唾吐臥反 涕本又作洟同吐細反 重衣直龍反 袒音但 裼思歷反

撅居衛反揭衣也 揭衣起例反又起列反一音起言反 不見賢遍反下同 爲

其于僞反 可穢紆廢反又烏會反 刷色劣反 去丘呂反 帶垢古口反

請漱素候反後皆同 請澣本又作浣戶管反 和漬似賜反 綻字或作綻直莧

反徐治見反 裂本又作列 紉箴女陳反徐而陳反下之林反 補綴丁劣反又丁衞反

猶解胡賣反又佳買反 燂湯詳廉反溫也 潘芳煩反淅米汁 靧音悔洗面

瀾力旦反 衰遽其據反 以篚非鬼反 共湢彼力反本又作偪浴室也

不嘯依注音叱尺失反 障也音章 解也佳賣反下解倦同 若飲於鴆反

食音嗣 不耆市志反 而去起呂反本又作而食之 謂難乃旦反 姑

子以渚反下同　遠于万反　懟直類反本又作憝　姑縱本又作從足用反　寧

數色角反　譴責弃戰反　猶爲于僞反　說則音悅下同　而撻吐達

反擊也　思貽以之反遺也　遺也以季反　謂傳丈專反　介婦音界

注及下同　解勌本又作倦其卷反　掉磬徒弔反隱義云齊人以相

謂相激事爲掉磬也　下家戶嫁反　使令力呈反　私畜許六反又許又反又勑六

反　茝蘭本又作芷昌改反韋昭注漢書云香草也昌以反又說文云虈也虈火喬反齊人謂之茝昌在

反　必復扶又反　適子丁歷反　皆齊側皆反　稰思呂反熟穫曰稰

穛側角反生穫曰穛　膷音香牛膗也　臐許云反羊膗也　膮許堯反豕膗也字林云豕羹也火攸

反　牛炙章夜反下同　胾側吏反　牛膾古外反　芥醬徐姬邁反

鶉順倫反　鷃音晏　公食音嗣飤食糝食並同　爲鴽音如下文同　重醴直龍

反注同　清糟子曹反徐徂到反　醇也常倫反　清泲子禮反　酢七故

陪也

反 **截**才載反 **醷**本又作臆於紀反徐於力反 **濫**力暫反 **以諸**乾桃乾梅皆曰諸 **糗**起九反又昌紹反 **餌**音二下同 **酏**讀曰餈又作餰之然反又之善反 **擣**本又作搗丁老反下同 **與餈**本又作粢自私反下同 **糝**西感反 **狼臅**昌錄反徐又音燭 **食**音嗣飤也下苽食麥食食齊皆同徐如字 **蝸**力戈反 **醢而苽**音孤字又作菰同 **雉羹**絶句麥食 **脯羹雞羹**絶句 **折**之列反 **稌**音杜徐他古反稻也 **和糝**上胡臥反下三敢反注同 **不蓼**音了 **羹齊**才細反下文同 **析**星歷反下同 **濡豚**音而下同 **苞苦**伯交反 **濡雞醢**音海一本作醢呼兮反炙下句同 **卵醬**依注音鯤古門反魚子也 **亨**普彭反煑也 **荼**音徒 **作擱**音闕本又作捫音門 **腶脩**丁亂反 **蚳**直其反蟻子也 **捶脯**徐之橤反 **蜱**本又作蚍音毗 **蜉**本又作蚹音浮 **卵鹽**力管反 **爲胖**音判 **視夏**戶嫁反下放此 **膏薌**奇香牛膏 **腒**其居反乾雉也盧云雉腊也說文云北方謂鳥腊曰腒 **鱐**本又作驌所求反乾魚也 **膏臊**素刀反犬膏也 **麛**

音迷鹿子也　膏腥音星雞膏也說文作胜云犬膏臭也　膏羶升然反羊膏也　爲其于僞反　大盛音泰　麕九倫反本又作麇又作麐下田豕麕同　有軒音憲出注後放此切肉如藿葉也　蜩范上音條蜩蟬也下音犯范蠭也　蠭本又作蜂芳凶反　芝音之栭音而本又作檽　蔆音陵芰也　椇音矩枳椇　榛側巾反　柹音俟　柤側加反　芰其寄反　枳椇上居氏反　用鐖戶界反俗本多作薤薤非也　藙魚氣反茱萸也　會古外反　稽古兮反　之樧色八反似茱萸而實赤小　和戶臥反注皆同又如字　用醯呼兮反酢也　畜與許又反又許六反　鶉雞羹本又作鶉羹雞羹　魴鱮上音房下音敘　烝之皇絕句之丞反　雛字又作鶵仕俱反又匠俱反賀讀魴鱮烝雛爲句　燒如字一音焦皇絕句　雉皇此一句一讀雉薌爲句　蘇荏而甚反　言調徒弔反　狼去起呂反下並同　尻苦刀反　腦奴老反　皆爲于僞反下皆爲同　伏扶又反　乳而樹反　鰫魚音容　如篆直轉反　鯁人本又作哽古猛反字林云鯁魚骨也又工孟反　竅

也苦叫反 膽丁敢反 攢之再官反本又作鑽 庮音由惡臭也 泠音零

泠結毛如氈也 毳昌銳反 而躁早報反 麃本又作穮劉昌宗音普保反徐芳表反又

普表反 而沙如字一音所嫁反注同 交睫音接 腥依注作星皇云肉中如米者說文云

腥星見食豕令肉中生小息肉也字林音先定反 而般音班 臂本又作擘必避反徐方避反 漏

依注音螻力侯反、 鶻胡篤反 鴞于驕反 胖音判 鴇音保 奧於六反 鹿胃音謂

字又作⿰月胃同 一薰許云反或作君又作葷 不解胡買反 嘶也音西字又作斯

音同、 腐臭扶甫反 前脛胡定反 螻蛄音姑 鵝五何反 鶩音木

一 脾扶移反 朼昌私反 肉腥音星字林作胜云不熟也先丁反 聶而本又作攝

又作牒皆之涉反下同 麕九倫反 辟雞必益反徐芳益反注同 爲宛于晚反

脾婢支反 諸醢徐呼兮反本或作醓 鹿⿰歹委於僞反益州人取鹿殺而埋之地中令臭乃出

食之名鹿⿰歹委是也 近由附近之近 羹食音嗣注羹食弁下文食禮同 庋食字又

作庋九委反或居彼反本亦作處 **於坫**丁念反 **夾室**古洽反又古協反 **同處**
昌慮反 **異粻**知良反糧也字林丈量反 **絞**戶交反 **紟**其鴆反本又作衿同 **衾冒**亡報
反 **不煖**乃管反 **於朝**直遙反下同 **珍從**才用反又如字 **不與**音預
下同 **齊衰**側皆反 **衰麻**七回反 **東膠**音交 **辱而**泥甫反 **縞**
古老反又古報反 **樂其心**音洛下同 **忠養**羊亮反 **爲法**于僞反 **德**
**行**下孟反 **三王有**音又出注 **爲惇**音敦敦厚也 **淳熬**之純反下五羔反下
及注同 **淳毋**依注音模莫胡反下同 **黍食**音嗣 **炮**步交反 **若將**依注
音牂子郎反牝羊也 **刲**苦圭反 **刳之**口孤反又口侯反 **編**必緜反又步典反 **萑**音丸
蘆也 **以苴**子餘反苞裹也 **以謹**依注作墐音斤徐如字 **炮之**絕句 **涂皆乾**絕句
涂本亦作塗 **擘之**必麥反絕句 **濯手**直角反 **去其**起呂反注同 **皽**章善反魄莫也
**搔**息酒反又相流反又息了反 **溲**所九反 **以付**音賦 **鉅**音巨其據反 **鑊**

戶郭反 使湯 一本作使其湯 穰 如羊反草也 魄莫 上普伯反或普博反下亦作膜
武博反 解析 星歷反 必脥 音每徐亡代反夾脊肉 其餌 音二筋腱也本或作
敼下句作餌 筋 音斤 腱 徐其偃反皇紀偃反一音其言反隱義云筋之大者王逸注楚詞云筋頭也
醢與 音餘 湛諸 子潛反又直蔭反又將鴆反一音陟鴆反注同漬也 期朝 音朞
以酒 所買反徐西見反 而鹽 音豔又如字 乾而食之 一本無而食之三字
濡肉 音儒下同 肝膋 音遼徐音勞 糁食 音嗣下酏食同 幪之 音蒙 舉
焦 字又作燋子消反 爲酏 讀爲餰之然反又之善反注餰同 臆 音憶 饘矣 本又
作餰又作饘並同之然反又音贊 闍寺 音昏 同杝 本又作椸以支反 枷 音嫁 縣
音玄 之楎 音輝 篋笥 息吏反 竿謂 音干 楎杙 音弋 無間 徐閒
廁之間皇如字讀 年未五十 本又作年未滿五十 必與 音預 不復 扶又反下文夫
復同 姪 大結反 娣 大計反 兩縢 羊證反又繩證反 齊漱 側皆反下皆同 澣

音浣　如朝直遙反下文朝服注朝於君皆同　爲繆居虯反　必後胡豆反
辟女音避下辟人雖辟皆同　敢見賢遍反下及注同　使姆音茂字林亡又反女師也一音母又音亡久反　鄉前休亮反下文西鄉皆同　接以依注音捷字妾反勝也下接子同
謂食音嗣下注食子食乳皆同　射天地食亦反　言承如字徐音拯救之拯　大古音泰　嫡妾本亦作適同丁歷反　一處尺御反　耆市志反　爲兒于僞反下爲改爲大溫皆同
爲鬌丁果反徐大果反　夾囟音信又思忍反　當楣音眉
相息亮反　孩而字又作咳戶才反　左還音旋轉也　辯音遍下同　如
養羊尚反　褖衣通亂反　適子丁歷反注及下同　易諱以豉反　三
月之末一本作子生三月之末　申繻音須　食子音嗣注及下文食母同　勞
賜力報反　旬音均出注　尊別彼列反下其別同　食食上如字下音嗣　男
唯于癸反徐以水反　女俞以朱反然也　鞶革步干反　盛帨音成　縁之

于絹反　裂音列或音厲　與音預　如厲音列　必後胡豆反　數日所主

反　襦字又作襦音儒　袴苦故反　請肆本又作肆同以二反習也　爲大音泰

舞勺章略反注同　而冠古亂反　以衣於既反　悖行如字又下孟反　孝

弟音悌　孫友音遜注同　所好呼報反　則去如字　婉紆晚反徐紆願反

反　娩音晚徐音万　麻枲思里反　絲繭古典反　織紝女金反又如林反　組

音祖　紃音巡　以共音恭　絛也他刀反　禮相息亮反　謂應應對之應

接見賢遍反　爲衒古縣反字本又作御字魚據反

玉藻第十三鄭云以其記服冕之事也冕之旒以藻紃貫玉爲飾因以名之　卷之九

玉藻本又作璪音早　二旒力求反　邃雖醉反深也注同　延如字徐餘戰反冕上覆也

字林作綖弋善反　龍卷音衮古本反注同　玄端音冕出注下諸侯玄端同　而朝直遥反篇

內除下注朝之餘皆同　則闔胡臘反　左扉音非一本作則闔門左扉　而餕音俊

酏以支反　御瞽音古樂人也　上下時掌反　哀樂音洛　禈冕
婢支反　伯鷩必列反　男毳昌銳反　大廟音泰後大廟同　下天子
戸嫁反　辨色如字徐扶免反別也　別也彼列反　必復扶又反　相挾
戸頰反　四簋音甫本或作簠　腸也音胃　稷食音嗣　同庖步交反徐扶交
反下同　君子遠于万反　踐音翦子淺反出注　爲早于僞反下皆爲猶爲明爲
爲失皆同　春夏戸嫁反　衣布於既反注君衣布同　搢本徐音箭又如字　去上呂
反下刷去同　珽他頂反　荼音舒　笏也音忽　遮列支奢反　靈射音亦周禮
作繹爾雅作謝　坼也勑白反　羔幦音覓徐苦狄反　虎犆依注音直下同　芩也
本又作軨音零　緣也戸絹反後文注皆放此　齊車側皆反下文注皆同　鄉明許亮
反　東首手又反注同　迅雷音峻又音信　衣服於既反下衣布同又如字
五盥音管　而靧音悔　櫛側乙反　用禪章善反　機其既反　絺丑疑

反　給去逆反　刷色劣反　去垢古口反　出杅音雩浴器也　履蒯苦怪

反　連用力旦反釋也注同　澀所戢反　便於婢面反　乃屨九具反本又作

屨　煇如音暉　長三直亮反後放此　杅上直呂反　終葵如字終葵椎也　自炤音照

如椎直追反下同　相玉息亮反　珽他頂反本又作珵音呈

俟荼音舒出注　前詘丘勿反　後直如字徐胡豆反　懦者乃亂反又奴臥反怯懦也又作

儒人于反弱也皇云學士　圜音圓　殺其色戒反徐所例反篇內皆同　黨鄉之細也

退謂傍側也一本或作黨鄉之細者謂傍側也避君之親黨　爲于僞反又如字　躐力輒反

爲汙于僞反下爲大有同汙汙穢之汙又烏臥反　先飯扶晚反下至三飯及注皆同　辯

嘗音遍　辟貪音遍　先徧音遍本又作備　覆手芳服反注同　敢飧音孫

注及下同　循咡耳侍反　先君息薦反下同　從者才用反　凡侑音又

已偞虛涉反厭也　猶大音泰下同下氐大亦同　洒如先典反又西禮反肅敬貌

王肅作察云明皃也　**言言**魚斤反注同和敬皃　**油油**音由悅敬貌本亦作由王肅本亦作二爵
而言注云飲二爵可以語也又云言斯禮注云語必以禮也三爵而油注云悅敬貌無已及下油字也　**說**
**敬**音悅　**隱辟**匹亦反徐房亦反注同　**而屨**一本作而後屨　**俛**音免　**逡**七巡反　**遁**
音巡　**著屨**丁略反　**猶鄉**許亮反　**飲賤**於鴆反　**用棜**於據反注同
**斯禁**如字又音賜　**始冠**古亂反下冠而注始冠同　**而㡚**音弊本亦作弊　**續**
戸內反注繪同　**緌**本又作蕤耳佳反注及下皆同　**齊冠**側皆反下同　**綦組**音其徐其記反
雜色也　**以上**時掌反下而上同後皆放此　**縞冠**古老反又古報反下同　**子爲**
于僞反　**冠卷**起權反下同　**素紕**音埤又婢支反　**閒**古閑反　**傳**直專反　**去**
**惰游**徒臥反　**罷民**音皮　**屬武**章欲反　**著冠**皇直略反徐丁略反　**蓋僭**
**飾**上呂反下同　**散送**悉旦反注同　**始衰**所追反　**不旄**音毛　
子念反後同　**朝玄**直遙反　**深衣三袪**起魚反本或無衣字　**要中**一遙反下

文注同　**縫**音逢紩也　**齊**音咨本又作齋注同　**紩也**直乙反徐治栗反　**衽當**而審反又而鴆反　**屬衣**音燭下同　**袂可**面世反　**回肘**竹丑反　**今褎**音袖下文同　**袷二**音劫曲領也　**緣廣**徐公曠反後放此　**裏布**音里　**相稱**尺證反　**不衣**於既反注及下注同　**織**音志注織染同　**染繒**似綾反　**去位**如字　**閒色**閒廁之閒　**振絺**依注爲袗之忍反禪也　**禪也**音丹下文注同　**當裼**思歷反　**纊**音曠緜也　**爲繭**古典反　**縕**紆粉反又紆郡反　**爲袍**步羔反　**絮也**胥慮反　**爲絅**苦迥反徐又音迥　**爲褶**音牒袷也　**有黼**音甫　**誓省**依注作獮息典反秋獵名　**君衣**於既反下文不衣同　**復有**扶又反　**服與**音餘　**辟君**音避　**豹**包教反　**玄綃**音消綺屬　**麛**音迷　**青豻**音岸胡地野犬　**絞衣**戶交反蒼黃色　**大蜡**仕嫁反　**臘先祖**力合反　**見美**賢遍反注下注及下文同　**以球**音求美玉也　**魚須文竹**崔云用文竹及魚班也隱義云以魚須飾文竹之邊

須音班　無説本又作稅同他活反下及注同　事免音問注同　爲必于僞反

搢畫乎麥反　造受皇七報反舊七刀反　去起呂反下注去上則去去飾同　素帶

音戴　終辟依注爲裨婢支反下同徐又音甲下繼辟終辟皆放此　率下音律注及下同　幷

必政反　紐女久反　用組音祖　下天子戶嫁反　繂音律　幓頭七消

反又七曹反　韠音必　圜音圓　後挫作臥反　其頸吉井反又吉成反

再繚音了　無箴音針　下士崔如字或戶嫁反　縕音温赤黄閒色　韍音弗　幽

讀爲黝黝幼糾反黑也下同　韎莫拜反又音妹　褘衣音翬許韋反注及下同　揄狄音搖

羊消反翬揄皆雉名爾雅云伊洛而南素質五色皆備成章曰翬江淮而南青質五色皆備成章曰鷂鷂音遙謂刻

畫此雉形以爲后夫人服也　翟雉直歷反　著於直略反又丁略反　紳長音申

本亦作申下同　而重直龍反　屈狄音闕注同　再命褘衣依注音鞠居六反又曲六

反　襢衣張戰反　褖衣吐亂反注作稅音同　屨齊音咨本又作齋注同　頤以支

反　霤力救反　及袷居業反交領　聽鄉許亮反　磬折之列反又市列反篇末放

此　裳緝七入反　使使上音史下色吏反　鎮圭珍刃反徐音珍　徵守

手又反　漢使色吏反　事處昌慮反　士辟音避下亦辟辟先辟德皆同

祝嘏古雅反　爲或于僞反下爲幼爲起事同　右徵張里反注同　所中丁仲

反下文同　趨七須反本又作趣　采齊依注作薺疾私反采薺詩篇名　周還音旋本亦

作旋下同　宜圜音圓　折還之設反　玉鏘七羊反　見於賢遍反下同

非辟本又作僻匹亦反又婢亦反徐芳益反　齊則側皆反注同　縪側耕反結也屈也

有衡昌容反　與裁音災　眚色耿反　組綬音受　而純讀爲緇側其反

佩瑜羊朱反　而綦音其　佩瑞而兗反徐又作瓀同　玟武巾反字又作砇同　而

緼音溫　幷紐必正反下女丑反　未冠古亂反下並同　之稱尺證反　衣紒

音計　肆束音肆以四反餘也　屨絇其俱反　見先生賢遍反　幼少

詩照反下少儀同　猶免音問　先飯扶晚反　客飧音孫注及下同　于核
行隔反　所操七刀反　忖也本又作刌寸本反切也徐子本反　後君子胡豆
反　先君子悉薦反　火齊才細反　補脫音奪　重也直用反又直龍反
覆案芳服反　慎乎尊卑也慎一本作順　有焄許云反注焄同　桃茢
音列又音例　去茢起呂反下同　皆造七報反注同　辟凶必亦反　邪也
似嗟反　菼吐敢反郭璞云烏蓲也取其苗為帚　帚本或作箒之手反　為君于僞反下注爲
其同　復以扶又反下不復同　辟也音避下辟尊者同　敵者本又作適音狄
不聽天丁反　唯而于癸反徐以水反　親瘠才細反病也　杯圈起權反注
同　巵音支　匜以支反　介拂音界下及注同　闑魚列反門橛也　中棖直衡反門
楔也謂兩傍木　門楔徐古八反皇先結反　鴈行戶剛反　相訟悅宣反　屨
閾音域又況域反　蹈半徒報反　毋移上音無下如字　疏數色角反下同

靡迆羊爾反 圈舉遠反又去阮反注同 豚本又作豚同大本反徐徒困反注同 齊如流音咨本又作齊同 曳踵章勇反 尊處尺慮反 頤霤上音夷下力救反 弁行皮彥反急也 剡剡以漸反字林因冉反 爲霤音夷徐音追 宿宿色六反本或作踊同 惕惕音傷又音陽直而疾也 齊齊才兮反恭慤皃賀在啓反 濟濟徐子禮反有威儀也 翔翔本又作洋音詳 齊遬音咨又側皆反下音速 蹙蹙子六反 不睇大計反 噦於厥反 咳苦大反 立容德如字得也徐音置 如睹丁古反 纍纍良追反 羸力皮反 憊皮拜反 顛顛字又作巔音田又丁年反 憂思息嗣反 視容本又作目容 瞿瞿紀具反又紀力反 蘭蘭古典反 暨暨其記反 詻詻五格反 視容如字徐市志反 辨卑讀爲貶彼檢反字林貶音方犯反 毋讇音諂舊又音鹽注同 有下戶嫁反 顛實依注讀爲闐音田 自別彼列反又如字 分陝失冉反 守臣手又反 之適丁歷反

謂見賢遍反　臣蘖依注音枿五葛反徐五列反　傳陟戀反注同　遽其庶反

事使色吏反注同　爲賓必刃反介也注同

明堂位第十四鄭云以其記諸侯朝周公於明堂所陳列之位

朝諸侯直遥反注及下皆同　辟王音避一本作辟正王　負斧音甫　依本又作扆同於豈反注同　南鄉許亮反　偝也本又作背音倍　屏風並經反　戶牖音酉

九采七在反　四塞先代反注同又先則反　此周公明堂之位也本或無周公之字　上近附近之近　蕃服本又作蕃方元反下同　壹見壹又作一下賢遍反下同　要服一遥反　殷紂直九反　相武息亮反　須音班　度量徐音亮注同

豆區烏侯反　筐音匡　筥紀呂反　千乘繩證反注同　卑侯必爾反本又作俾下同　綠縢大登反　載音戴　弧音胡　韣音獨弓衣也　旂其衣反本又作旗音其

二旒本又作斿力求反　季夏戶嫁反注及下季夏夏初皆同　以

禘大計反　大廟音泰後大廟皆同　犧象素何反注下皆同　山罍音雷　灌

用古亂反　玉瓚才旦反圭瓚也　彫本亦作雕　毚息緩反又祖管反籩屬　玉琖側眼反夏爵名用玉飾之

璧散先旦反注同　梡苦管反虞俎名　嶡居衛反又作撅音同夏俎名

裼而星歷反　昧音妹　任而林反或而鴆反　以沙素何反　黃彝

音夷　其直如字柄也　大盾字又作楯常準反又音允　自卷本又作袞同音古本反下

文同　不僭七尋反又則念反　副禕音輝注同　肉袒音誕　步搖本又作繇同以昭反

六珈音加　追師丁回反　揄翟羊昭反　夏礿音藥　秋

省讀爲獮仙淺反　大蜡仕嫁反　巡守手又反　祀祊音方本又作方　索

鬼所白反　門與音餘　有侻苦浪反　將將七良反　木鐸大各反

警衆京領反　藻本又作繰音早　棁專悅反　復廟音福注同　重直龍反注同　檜

以占反　刮楹古八反　達鄉許亮反注同　反坫丁念反　康圭音抗苦浪反出注

樠音博又皮麥反一音旁各反徐又薄歷反字林平碧反　盧如字本又作爐音同　侏儒音朱
剸莫何反　爲好呼報反　桴思音浮　鉤車古侯反　·乘路徐食
證反注同　爲欒力丸反　之緌依注爲緌耳隹反　謂注之樹反　旄牛音毛
於杠音江　大麾毀皮反　左仗直亮反　黃鉞音越　駱音洛　黑
鬣力輒反　蕃鬣字又作番音煩郭璞云兩被髮　騂剛息營反又呼營反　順正
音征又如字　爲純于僞反　大音泰本又作泰　著直略反注同　以斝音嫁
又古雅反注同　其勺市灼反下同　夏禴音藥　祼用古亂反　蕢讀爲凷苦對反
桴音浮　葦于鬼反　籥音藥　蕢其位反又苦怪反　如笛本又作篴音狄　拊芳甫
反　搏音博　指擊居八反注同　大琴徐本作瑟　以穅音康　柷昌六反
敔魚呂反本又作圉　米廩力甚反　頖宮音判　之委于僞反又作積子賜反
瞽矇音蒙　貫鼎古喚反　大璜音黃　封父音甫注同　分魯扶問反

縣鼓音玄注及下注同 簨本又作筍恤尹反 虡音巨 植我市力反又音置徐音徒吏

反又徒力反 鼗鼓音桃 應應對之應 朄音胤 和鍾章凶反說文作鍾以此鍾爲酒器字

林之用反 女媧徐古蛙反又古華反 共工音恭 宓音密本又作虙音伏 戲音羲

無句其俱反字又作劬 璧翣所甲反又作萋 植市力反徐徒力反 蠃力果

重牙直龍反 以挂音卦 縣紘徐音宏 載以音戴 兩敦音對又都雷反

四連本又作𨔵同力展反 六瑚音胡 八簋音軌 椇俱甫反 斷木

丁亂反又丁管反 蹷俱衛反 橫古曠反又音光又華盲反 言枳吉氏反 曲

撓音擾 下跗方于反 楬徐苦瞎反注同又苦八反 周獻素何反 禿土木

反 黻音弗 韎莫拜反 緌耳隹反注並同 綢練吐刀反注同徐音籌 從

車才用反下同 遣車弃戰反 翣夾古洽反 柩路其久反 熏字又作纁香云

反 縿所銜反 傳之丈專反注同 相弑本又作殺音試注同 有誄力軌

入鬠側瓜反　於臺音駘大來胡反　近誣如字又附近之近

喪服小記第十五鄭云以其記喪服之小義　卷之十

斬衰七雷反下並同　括髮古活反　爲母于僞反注及下注同　免音汶篇內同

齊衰音咨又作齋　惡笄古兮反　卷俱免反下皆同　子冠古亂反下同　鬠側巴反

別男女彼列反下文有別注不服別卑別皆同　苴杖七余反　削杖思略反

爲父母于僞反下爲夫注爲無後並同　長子丁丈反篇內並同　稽音啓顙素黨反

恩殺所戒反徐所例反後文注同　爲出母于僞反下注爲其族人爲其昆弟同

所傳丈專反下傳重皆同　己上音紀　王者如字又于況反下同　禘其大計反

兄縶知急反　繼禰乃禮反　適士丁歷反篇內同　不爲于僞反下注爲君母

自爲己同　祭殤音傷　祔食徐音附　所食音嗣　共其音恭　爲墠

皇音善徐徒丹反　巳音以　則不爲于僞反注妾爲猶爲皆同　子期音基下文及注

不及期皆同 無施以豉反 其爲妻于僞反注爲妻猶爲皆同 伸音申 正
見賢遍反 以上時掌反凡以上皆同 養以尚反 爲父母于僞反下文不爲注
不相爲同 應歲應對之應 益衰衰則並色追反下益衰同 不禫大感反
則必爲于僞反注爲之下注父爲之下爲君皆同 幼少詩照反 說喪皇他活反徐他
外反注及下同 補脫音奪 朝覲直遙反 闇寺音昏 羣介音界 不
爲君母于僞反下妾爲君注大夫爲庶子同 去一起呂反下去杖并注同 絰大結反
如要一遙反下文要絰注上至要皆同 不辟婢亦反徐扶亦反 如不知姓
一本無知姓二字 報葬依注音赴芳付反下同 喪偕音皆 假令力呈反
不厭一妾反徐於豔反下文注皆同 爲慈母于僞反下其妻爲爲母之爲妻禫爲庶母爲祖庶母
皆同 不貳降一本作隆 見同賢遍反 亡則如字又音無 昭穆常遙
反後昭穆皆放此 猶閒閒廁之閒 爲父母妻于僞反注目所爲下文則爲其母子爲妻

下注恩爲己爲之變爲今死者皆同　冠而古亂反　視濯大角反　溉祭古代反

縞麻古老反　下適戶嫁反下丁歷反　得伸音申　養羊尚反　惡

其烏路反　適祖丁歷反　下女戶嫁反　而省所領反下及注同　不

爲衆子于僞反下注猶來爲下文爲出母爲夫杖同　澡麻本又作藻音早一本無麻字　不

絕本或作不絕本非也　詘而丘勿反　澡率上音早下所律反又音律　而上時掌

反　而糾居黝反徐居虯反　散帶先但反下文注並同　廟從才用反　母

爲長子于僞反注母爲子爲己下文爲父母並同　報虞音赴下同　皆冠如字又古亂反

下及注皆同　爲兄弟于僞反下注爲人君爲母下文爲之小功皆同　比反必利反

絞垂古卯反　不縟音辱　不朝直遥反下文同

大傳第十六鄭云以其記祖宗人親之大義故以大傳爲篇

不王如字又于況反下同　不禘徒細反下同　大微音泰下文注大祖大王皆同　熛

怒必遙反　含樞紐中昌朱反下女九反　招拒俱甫反　叶本又作汁戶牒反

氾配芳劒反　省於舊仙善反善也案爾雅云省即訓善息靖反無煩改字　干祫徐音洽

大難乃旦反　壇大丹反　墠音善　逡奔息俊反疾也注同　追

王于況反　亶丁但反　父音甫　著焉知慮反　祖禰本或作祢年禮反

昭繆音木　別之彼列反下至其庶姓別文注並同　繆讀莫侯反又音謬　而聽體寧反

與焉音預　不贍本又作儋食豔反　紕匹爾反徐孚夷反又方齊反錯也　繆音謬本或作謬

度量音亮注同　正朔音征　殊徽諱韋反　器械戶戒反

別衣彼列反　權稱尺證反　作褘許韋反　長長並丁丈反後除注逮者長並同

有別彼列反　際會音祭　名著知慮反　爲子于僞反下相爲同

屬乎音燭　是嫂本又作嫂悉早反　名遠于万反下同　復謂扶又反

則令力呈反　八治之直吏反注同　袒免音問　殺同色界反徐所例反

而戚千歷反　單於音丹　婚姻如字　繫之音計又戶計反　弗別皇如字舊彼列反注及下同　綴之丁衛反連合也　以食音嗣　定繫戶計反一音計　夫爲妻于僞反下至其義然也注皆同　而上時掌反　別嫌彼列反　不得爲于僞反下爲其上注死爲之爲其妻爲之大功不相爲皆同　辟宗音避　世適丁歷反下文及注皆同　唯己音紀　無移本或作施同以豉反移猶傍也　罰中丁仲反　無斁音亦　厭也於豔反下同

少儀第十七詩照反少猶小也鄭云以其記相見及薦羞之小威儀

始見賢遍反下文注除注二相見並同　問名如字徐音問注皆同　嗛音謙本又作謙　遠之于万反　重則直用反　傳辭丈專反下傳辭同　階上時掌反　罕見賢遍反注雖爲並同　亟見去冀反注及下同　數也色角反　皆爲于僞反下文爲君喪　適它音他本亦作他　從者才用反　朝會直遙反　致禭

音遂 賈人音嫁徐音估注同 以斂力豔反 文織音志鄭注周禮云畫繡之屬

納甸大見反 賵馬芳仲反 賻馬音附 尸柩音舊 由便婢面

反 有跪其委反 長臨直良反 排薄皆反 闔胡臘反又音合 說屨吐活

反本亦作脫下注同 尊長丁丈反下文注尊長皆同 某音母 三行下孟反 不

度大洛反計也注同 民械戶戒反 不訾子斯反 氾埽上芳劍反下悉報反

曰拚弗運反又作攢 以鬣力輒反帚也 膺於陵反胷前也 擸以涉反舌也徐音葉

絜清徐才性反又如字 將去起呂反下擢去同 自鄉許亮反 於著音尸

義與音餘下同 大卜音泰 恭孫音遜本亦作遜同 燕見賢遍反下請見

同 畢褻息列反 不特本又作犆音特 不畫胡麥反 不䰉本又作萎

所甲反盧云扇也 端慤苦角反 侍射食夜反下注客射同 拾取其劫反

直飲音蔭 不勝詩證反 觥古橫反 不擢直角反去也 乘車繩證

反　轡冰媚反　拕徒可反引也又他佐反　諸髆徐音覓　苓也力丁反
右腋音亦　以散悉但反　請見賢遍反　朝廷直遙反後朝廷皆同　近
君附近之近　曰罷音皮注同　師還音旋下文注皆同　欠起劒反　伸音申　運
笏音忽　還屨音旋　蚤音早　莫音暮　解倦古賣反　頻伸本又作嚬音頻　乞假如
字　玩弄五亂反　易以以豉反　汗澤戶旦反一音烏　量音亮
又音氣　爲人于僞反　遠罪于万反　不窺苦規反　伺人音司
曲處昌慮反　或爭爭鬬之爭　不偷他侯反　不長丁丈反絕句　無
訕所諫反徐所姦反　疾惡烏路反　無謟勑檢反　而相息亮反注同
怠惰徒臥反　而更音庚　毋拔蒲末反注同急疾也王本作校古孝反　毋報
音赴　可卒才忽反　謂數色角反　循枉上音旬下紆往反邪曲也　可復
扶又反　意度如字本又作億音抑下大各反　於說如字注同又始銳反　鴻字又作洪

殺色界反　侈昌氏反　弇於檢反　毋訾子斯反　傳疑丈專反　之

美音儀出注下同　濟濟子禮反　齊齊皇皇齊如字皇音往出注徐于況反　匪

匪讀爲騑芳非反　牡音母　長幼丁丈反下及注同　樂人音岳　興如字又許

證反　道音導　諷誦福鳳反　大卷音權　大濩戶故反　龜筴音策　近

尊附近之近　迫狹音洽　介者音界　下人戶嫁反　低頭丁兮反

爲夫于僞反　柄尺兵命反　毋跣悉典反　爲懽于僞反　稅屨

本或作脫又作說吐活反　還立音旋注同　朝祀直遙反　公喪息浪反　傳

乘上丈專反又陟戀反下繩證反下文除乘車同　弗賈音嫁　便也婢面反下同　糟

也早勞反　已解上如字又音異下庚買反　執緤息列反　守犬手又反又如字注同

執紖丈引反　執靮丁歷反　畜養許六反　宋鵲七略反犬也

因俘音孚　稅綏本又作脫又作說同吐活反　袒音但　橐音羔甲衣也　拳芳勇反

胄直又反　鎧苦代反　弢吐刀反　兜丁侯反　鍪亡侯反　韣音獨弓衣

也　執拊芳武反　幷於必政反　啓櫝音獨劒函　夫襓上音扶注同下如遙

反劒衣也　劒函音咸　襲卻去略反下文同　苞苴子余反　茵席音因

穎京領反注同警枕也又坰迥反　編束必緜反　菅音姦　葦于鬼反　以褁音果　著

葶上音宁下音辱　授穎役頂反　削授音笑　辟用音避　謂把音霸　刺

刃七智反又七亦反　則辟匹亦反注同　正鄉許亮反下鄉國同　卒尚子忽

反注同　行伍戶剛反下音五　主訓況矩反　險阻側呂反　覆芳富反謂

伏兵也徐音赴　諼況煩反諼詐也或云諼譁　之處昌慮反　虞度大各反下同　先飯

煩晚反下小飯同　流歠昌悅反　而亟紀力反注同　噦噫上於月反下伊結反

數色角反　噍字又作嚼子笑反又在笑反　介爵音界注同　僎爵音遵　爲

騶責留反本又作馴音巡　羞濡音儒　擗之補麥反下同　鯁肉格猛反　易

離以豉反下同　析也星歷反　右腴以朱反腹下也　右髻音祁脊也　脊子昔反　祭膴舊火吳反依注音冔況甫反徐況紆反　大臠力轉反　謂刲口胡反又苦侯反　凡齊才細反注及下以齊并注同　謂食音嗣　齊和戶臥反下齊和同　兩軹音旨　由便婢面反　謂爲于僞反下爲君同　軌媿美反　范音犯　轄頭音衛　軾前音式　圂腴圂與豢同音患　濊本又作穢紆廢反一音烏外反　必盥音管又古亂反　不提心丁禮反注同絕句　㨒苦圭反　犁之本又作離同力分反又力知反　有涪起及反　爲君子于僞反注同　葱薤戶戒反　萎乾上於危反又於僞反下音竿　進喙許穢反　出見賢遍反　樽者本又作尊注下皆同　鄉尊許亮反下鄉人同　禨者其記反　醮者子笑反　折俎之設反下及注皆同　始冠古亂反　聶而之涉反注及下皆同　爲膾古外反　言䐑直輒反　復報扶又反　麋鹿音眉　爲軒音獻注同　麕俱倫反

爲辟音辟，又補麥反，徐扶益反，注同。免爲他故反。宛脾上於阮反，下毗支反。切葱
若薤實之絕句。皆菹莊居反。與焄許云反。淹之於廉反，又於劫反。
燔亦音煩。柄尺兵命反。齊之才細反。帨手本又作挩，始銳反。
饋食音嗣。擩于本又作抧，而專反，又而悅反，徐耳誰反。爲罔本又作冈，又作調，亡兩反。
道瞽音導。爲其于僞反，下爲宵下、文爲人爲亡同。冕見賢遍反。抱燋
側角反，又子約反，或音在遙反。未藝人悅反。禮殺色戒反。辟匹亦反，徐孚益反。
咡而志反。不歆許金反。臭之許又反。使者色吏反。臂本亦作辟，必豉
反，注同。臑奴報反，又奴到反，説文云臂羊矢，讀若襦，字林人於反。九个古賀反，下同。犆
冢大得反。折斷丁管反，又大喚反。分之方云反，又扶問反，本又作个，古賀反。靡敝
亡皮反，注同。彫幾其衣反，注同。不組音祖。滕大登反。不常如字，恒也，本亦
作嘗。秫音末。穀馬。稅亟本又作極，紀力反，急也，一音其力反。沂魚巾反。鄂五各反。

及紟其蔭反結也　朱綅息廉反又音侵　饐飾苦代反

經典釋文卷第十二

經四千七百二十二字
注一万四千二百五十六字

# 經典釋文卷第十三

## 禮記音義之三 起第十一盡第十五

唐國子博士兼太子中允贈齊州刺史吳縣開國男陸德明撰

### 學記第十八 鄭云學記者以其記人學教之義 卷之十一

慮憲 音獻法也　以謏 思了反徐所穆反小也　聞 音問聲問　擬度 大各反　躬下 戶嫁反　方策 初革反　不琢 丁角反治玉曰琢　大學 音泰後大學皆同　兌命 依注作說音悅下兌命放此　不舍 音捨　兌當 徒外反　嘉肴 戶交反　則睹 丁古反　己行 下孟反下注德行同　自強 其丈反又其良反下注同　相長 丁兩反下注長穉長者皆同　學學 上胡孝反下如字　言學人 胡孝反又音教　有塾 音熟一音育　術有 音遂出注　中年 徐丁仲反注同　猶閒 閒廁之閒下同　大比 毗志反　樂羣 五孝反又音岳下不能樂學同　斷句 丁亂反　謂別

彼列反　所趣七住反　鄉也許亮反　之比必履反一音必利反　說服音悅
蛾子魚起反注同本或作蟻　蚍音毗　蜉音浮爾雅云蚍蜉大蟻　乃復扶又反
大垤大結反毛詩傳云蟻冢也　之朝朝服並直遙反　芹音勤　藻音早　宵
雅音消小也　肄三本又作肆同以二反注同習也　宴樂音洛　相勞力告反又如字　爲
始于僞反　鼓篋苦協反　孫其音遜注及下皆同　警衆京領反　夏楚
古雅反注同　稻也吐刀反爾雅云稻山榎　扑普卜反尚書云扑作教刑　撻他達反
卜禘大計反　斿其音由本亦作游　斿假戶嫁反舊古雅反　弗語魚庶反
悱悱芳鬼反　憤憤扶粉反一本作悱悱憤　學不獵等學胡孝反注同獵音里輒
反　長穉直吏反　操七刀反注同　縵末旦反　雜弄徂合反　博依
於豈反注皆同　不興虛應反　歆也許金反　謂閒音閑　樂其音岳又音
洛又五孝反　雖離力智反　呻其音申一音新吟也　佔勑沾反視也　其訊

字又作誶音信問也　呻吟魚金反又作訡同　其難乃旦反　爲訾才斯反又音紫
于數色住反　其施始移反下同　也悖布内反　也佛本又作拂扶弗
反　其去如字又起吕反　心解胡買反　則忘亡亮反　之易以豉反下文注皆同
禁於居鴆反又音金下同　情慾音欲一音喻下注同　頓者徒困反　謂摩
本又作靡莫波反徐亡髮反　思專息吏反下思放同　切磋七多反　扞胡半反注
同　格胡客反又戶隔反扞格不入也注同　不勝音升又升證反　涑洛胡客反下同此二字
並從冫或水旁作非一音戶各反　時過姑臥反　則壞音怪徐胡拜反　燕朋音鷰
猶褻息列反下同　燕辟音譬注及下罕辟同　道而音導注道示及下同　強
而沈其良反徐其兩反下同　爲發于僞反下爲學者同　好問呼報反下好思好述同
長善丁丈反下文及注同　善教如字一本作學胡孝反　樂放方往反　傚也胡教
反　而臧子郎反　而解胡買反下文注同　美惡烏路反又如字　緬頊

上音專下許玉反　見與音餘　則齊側皆反下同　奉書芳勇反　折而之設反　相說音悅　如撞丈江反　叩之音口　從容從依注讀爲舂式容反　富父音甫　重撞直用反　而復扶又反　雜難乃旦反　語之魚據反下同　雖舍音捨又如字注下同　良冶音也　錮音固　穿字又作穿音川　鑿在洛反　爲箕音基注同　撓而小反下同曲屈也一音女孝反　角幹古旦反　相勝音升任也一本作稱尺證反　始駕者一本作始駕馬者　則貫古患反習也　無當丁浪反主也下及注皆同　不治直吏反　不約徐於妙反沈於略反注同　不齊如字　或原本又作源　或委於僞反注同　一勺時酌反

樂記第十九　鄭云名樂記者以其記樂之義

角徵張里反後放此　雜比毗志反下文同　猶見賢遍反　相應應對之應篇內同　彈其徒丹反　足樂音岳又音洛　羽旄音毛　干盾本又作楯楯述

允反又音允　翟羽音狄　執籥羊灼反　噍子遙反徐在堯反沈子堯反蹴也謂急也

以殺色界反徐所例反　其樂音洛　嘽以昌善反寬緩也　以散思旦反

粗以采都反又才古反　蹵也子六反　寬綽處約反　以道音導　其行下孟反

出治直吏反下同　治世之音絕句　安以樂音洛絕句雷讀上至安絕句樂音岳以樂二字爲句　其政和崔讀上句依雷下以樂其政和總爲一句下亂世亡國各放此　以

思息吏反又音笥　和否音不　玉藻音早　御瞽音古　幾聲居希反又音祈

上下時掌反　怗徐昌廉反弊也　懘昌制反又昌紙反敗也　㪋敗音弊　則陂彼義反注同傾也

其財匱其媿反乏也　迭相田節反　猶散蘇旦反

旄荒莫報反注同　比於毗志反猶同也注同又如字　濮上音卜水名　誣上音無

師涓古玄反　爲晉于僞反下爲作法度同　分也扶問反　克諧戶皆反

而治直吏反下民治行同　則幾音譏一音巨依反注同　食饗音嗣下食

饗同　疏越音疏下同　壹倡昌諒反注同　腥魚音星　不和胡臥反　瑟
底都禮反　晝疏音獲　祫祭音洽　不臑音而　內湇去及反　好
惡上呼報反下烏路反又並如字後好惡二字相連者皆放此　猶見賢遍反　知誘音酉
猶道音導　有悖布內反下同　淫佚音逸　強者其良反　脅弱許劫
反　知者音智　苦怯起劫反　以遏於葛反本亦作節　衰麻七雷反
安樂音洛　冠古亂反注同　筓音雞　以別彼列反下文注皆同　樂勝始證
反　析居思歷反　飭貌音勑本又作飾音式　斌斌彼貧反本又作彬　好
惡著張慮反　不肖音笑　必易以豉反注同　不爭爭鬭之爭　明長
丁丈反　若敖五羔反　賢知音智　相沿悅專反因也述也　功偕古諧
反俱也　作大濩戶故反下同　屈伸音申　綴兆丁劣反徐丁衛反下綴遠綴短
皆同　簠簋上音甫下居洧反並祭器名　上下時掌反　周還音旋　裼思歷反　襄

音習　**謂鄭**作管反後同　**無邪**字又作耶同似嗟反　**王者**如字徐于況反　**治**

**定**直吏反注治定治主下治辯同　**治辨**本又作辯舊音遍案廣雅辨偏也薄莧反　**辨偏**音遍

**埶亨**沈普衡反徐許兩反　**獻爓**在廉反　**禮粗**倉都反後皆同　**則偏**音篇下同

**所好**呼報反　**淫侉**苦瓜反　**及夫**音扶下皆放此　**夏長**戶嫁反下丁丈反　**地甲**如字

反下注長養皆同　**仁近**附近之近又其靳反下同　**惇和**音純本又作敦

又音婢下同　**上齊**上時掌反齊依注讀爲躋又作隮子兮反升也　**相摩**本又作磨末河反迫

也　**相蕩**本或作盪同大儻反動也　**雷霆**音廷又音挺　**奮之**甫問反奮迅也易作

潤之　**煖之**徐許袁反沈況遠反　**猶追**音伯　**奮訊**本又作迅音信　**而蟠**步丹

反委也或蒲河反注同　**樂著**直略反處也注著之言同　**大始**音泰注同　**言處**昌呂反

**夔**求龜反舜臣　**命女**音汝　**舞行**戶剛反下同　**知其行**下孟反注同

**大咸**如字一本作大卷卷音權　**韶**上遙反注同　**大濩**音護　**則饑**居祈反

法治直吏反注同　夫豢音患養也　穀食音嗣　善酗許具反　綴知劣反　以樂之音洛下所樂哀樂康樂皆同　之分扶問反　著其知慮反　心知音智　應感於甑反篇內同　猶見賢遍反　噍子遙反　殺色界反又色例反　思憂息吏反又音斯　嘽昌善反　諧戶皆反　慢本又作僈莫諫反　易以豉反注同　粗七奴反　廣賁依注讀爲憤扶粉反　勁正吉政反　寬裕羊樹反　肉而救反肥也注同　好呼報反　流辟匹亦反　邪散似嗟反後皆同　狄成他歷反注同　滌大歷反注同　濫力暫反　子札側八反　賁讀音奔又補義反　狡憤本又作交古卯反又音郊　僭差子念反　之傚戶教反　稽之古奚反　道五音導　之行下孟反　不懾之涉反　四暢勑亮反　恐懼曲勇反　省西頂反　猶度大各反　興道上許膺反下音導　諷誦芳鳳反　大卷音權　之稱尺證反　比終毗志反　大蔟音泰下七豆反　長幼丁丈反下

同　形見賢遍反　士儆音弊　禮慝吐得反注及下同　慢易以豉反

流湎緜鮮反　狹則音洽注同　平和胡臥反　慝穢字又作濊紆廢反徐烏會反　倡昌尚反又音唱下同　其分扶問反　其行下孟反　惰徒臥反

邪辟匹亦反　心知音智　以著張慮反　假祖古伯反　周還音旋注同　迭相大結反　中呂音仲　鄉方許亮反　詩言其志一本無言字

歌咏音詠　以警音景　見方賢遍反下及注皆同　以著張慮反注同　往復音伏　以飭音勑注同　不拔步葛反又皮八反　獨樂皇音洛庾音岳

不厭於豔反　以好呼報反　以聽過本或作以聖過如字　嗚鐃女交反　施也始豉反　九流本又作旒音流　黑緣悅絹反　來朝直遙反

去僞起呂反　偩天音負猶依象也　精粗七奴反　理治直吏反　訢合依注音僖許其反猶蒸也一讀依字音欣　煦許具反徐況甫反　嫗於具反徐於甫反下

及注同 區依注音句古侯反徐巨于反一音烏侯反 萌莫耕反 翼奮方問反 角
觡古伯反無䚡曰觡 蟄蟲直立反 嫗伏扶又反 孕以證反 鬻音育生也
徐又扶表反 胎生他才反 不殰音獨鄭云內敗曰殰案謂懷任不成也字林云胎敗
卵生力管反 不殈呼闃反范音溢徐況逼反一音況狘反卵坼不成曰殈猶裂也 猶蒸
之膺反 無䚡息才反 內敗乃對反或作骨肉之字者誤 鋪筵普胡反又音敷
去僞起呂反 而上如字或時掌反 行成下孟反注同 才技其綺反
爲治直吏反 今夫音扶下同 以廣如字舊古曠反 弦匏白交反 笙音生
簀音黃 拊鼓音撫注同 復音伏 以相息亮反注同即拊也以韋爲之實之以糠王云 以
輔相也徐思章反 訊疾音信 大師音泰 播樂彼佐反 [illegible]音肩 以
糠音康 漆音七 甬音勇 有椎直追反 進俯本又作府 以濫力暫反
溺乃狄反 及優音憂 侏音朱 儒音儒 獶雜乃刀反獮猴也依字亦作猱 獮

音彌武移反本亦作彌　猴音侯本亦作侯　所好呼報反注同　相近附近之近徐如字

鏗苦耕反　鎗七羊反又七衡反　時當丁浪反下及注同　疾疢勑覲反

莫其己伯反　克長丁丈反注同　王此于況反　克俾依注音比必履反注

同徐扶志反　帝祉勑紀反　施于以豉反注施延同　應和如字又胡臥反　炤

臨上音照本亦作照下如字　勤施始豉反　徧服音遍　玩習又作翫音五換反

燕女於見反安也　趨音促　數音速　傲字又作敖同五報反　辟匹亦反徐芳益反

喬志徐音驕本亦作驕　敗名必邁反　孔易以豉反　鞉鼓音桃　椌苦江

反柷也　楬苦瞎反敔也　壎許袁反　篪直支反　柷昌六反　圉本又作敔魚呂反

簨恤尹反　虡音巨　竽瑟音于　以和如字徐胡臥反　獻酬市由反　酳音胤又仕

覲反　酢音昨　長幼丁丈反　聲鏗苦耕反徐苦庚反　立號胡到反　立

横古曠反充也下及注同　石聲磬依注音罄口挺反一音口定反　聽磬口定反

封彊居良反下是彊同　聲濫力敢反下及注皆同　立會戶外反又古外反下同

畜聚勑六反　掔力敢反　鼓鼙步西反　聲讙呼端反又音喧　思將子亮反下注大將下將帥同

帥本又作率所類反下將帥同　讙囂許驕反又五羔反　鎗七羊反又七衡反徐勑庚反

牟賈亡侯反　侍坐才臥反又如字　咏嘆上音詠下音歎

淫液音亦　不逮音代又大計反　歌遲直冀反　蹈厲音悼　已蚤音早

憲左依注音軒　其傳直專反下文注同傳猶說也　老旄莫報反下同

萇弘直良反　遲之遲並直詩反徐直尼反　吾語魚據反　女音汝下且女同

大公音泰　周召音邵注及下同　之治直吏反下注及下同　持盾述尹反又音允

失行戶剛反下同　且夫音扶　復綴丁劣反又丁衛反注及下同　孟津本亦作盟音孟

夾振古洽反注及下同　鐸大各反　一刺本亦作壹刺七亦反　分夾扶問反注同分部曲

牧野音也徐又以汝反　欲語魚據反　反商依注音及

封黃帝之後於薊音計今涿郡薊縣是也即燕國之都也孔安國司馬遷及鄭皆云燕國祖邵公與周同姓案黃帝姓姬君奭蓋其後也或黃帝之後封薊者滅絕而更封燕郡乎疑不能明也而皇甫謐以邵公爲文王之庶子記傳更無所出又左傳富辰之言亦無燕也　於祝之六反　於杞音起

使之行下孟反注同視也　商容如字孔安國云殷之賢人也鄭云商禮樂之官也　而復音伏　弛政始氏反注同廢也　華山如字又戶化反　而弗復扶又反下同

衅而字又作釁同許靳反　倒載丁老反　建依注讀爲鍵其展反徐其偃反　櫜音羔注同

殷虛音墟　皆令力呈反　去其起呂反　苛政音何本又作荷役也

甲鎧苦代反又開改反　爲鑄止樹反　左射食亦反下右射同沈皆食夜反　貍首力之反　騶虞側由反　貫革古亂反後同　裨婢支反　搢音進　笏音忽

虎賁音奔注同憤怒也孔安國云虎賁若虎賁獸言其猛也　說劍吐活反　朝覲直遙反　射穿食亦反　衣裨衣上於既反下如字　而冠古亂反　猶

捷本亦作插初洽反徐采協反　憤怒扶粉反　食三老音嗣　五更古衡反注同
大學音泰注大學同　而饋其媿反　而酳音胤又仕覲反　弟也大計反
東膠音交　則夫音扶　爲重于僞反　則易以豉反下及注皆同　子
如字徐將吏反　諒音亮　油然音由好貌　行成下孟反　與爭爭鬭之爭　德
煇音輝　而錯本亦作措同七路反　其減胡斬反又古斬反注及下同　勉強其丈
反又其兩反　則銷音消　有報依注讀曰褒音保毛反下同　則樂樂上音洛下
音岳　不耐古能字下及注同　三台吐才反　以道音導　繁瘠在亦
廉肉如又反注同　邪氣似嗟反　曲折之設反　鴻本亦作洪　殺色界反徐
所例反　闋作苦穴反　族長丁丈反　閨門音圭　比物毗志反注同雜
也　以飾音式又音勅　詘伸丘勿反　要其一遙反注要猶會同　行列戶剛
反注同　荷戈本又作何胡可反一音河　與綴詩作畷同都外反　鈇方夫反又音甫　鉞

音越　其儕仕皆反輩也　猶輩布内反　子贛音貢　請誦七領反徐音情
能斷丁亂反下及注同　好禮呼報反　文換戶亂反　下行戶剛反
字處昌慮反　而屢力住反　數也色角反下同　上如時掌反　抗
苦浪反　如隊直媿反　如折之設反　槀苦老反　倨音据　中矩丁仲
反　句中紀具反　鉤古侯反　纍纍本又作累力追反　說之音悅　和續胡卧
反

雜記第二十鄭云雜記者以其雜記諸侯及士之喪事　卷之十二

乘車繩證反下及注同　左轂工木反　其綏依注作緌耳隹反下及注同　復音伏
下同　予使羊汝反　裒衣本又作褒保毛反後皆同　去其起呂反下去輤同
其輤千見反注與蒨同　有裧昌占反　緇裳帷本或作緇布裳帷　將殯必刃反本
或作賓音同　取名於櫬初靳反又楚陣反　與蒨絕句一本作輤讀以與字絕句與則音餘

蒨旆上千見反下步貝反 邊緣悅絹反 爲説吐奪反本亦作脱下并注皆同

亦俠音夷隱義云俠之言移也庾依韻集大兮反息也 遠之于万反 輪車依注作輇

及摶同市專反又布轉反注及下同 所別彼列反 蜃車慎忍反 相近附近之近

以楯勑倫反下同一本作輴同 葦席于鬼反 凡計音赴注及下同 長子

丁丈反後長子皆同 大子音泰後大子同 適子丁歷反下文注適子其適宗適適妻並同

適者依注音敵大歷反下適者同 使某實依注音至下同 朝廷直遙反下注同

大夫爲其于僞反下士爲其同注除爲士卿爲爲正皆放此 齊晏於諫反 晏嬰

一盈反 麤衰七雷反 苴七餘反 絰大結反 杖菅古顏反 屨九具反 食

粥之六反 倚廬於綺反 寑苫始占反 枕草之鴆反下同 其縷刀柱反

齊斬音咨下齊衰皆同 不緝七入反 以上時掌反卷內以上皆放此 高

行下孟反 賢著知慮反 則爲其于僞反下則爲之注爲之造字皆同 而著

丁略反 朝服直遥反注及下文皆同 之純音準又之潤反 虆音薦本亦作薦
讀賵芳鳳反 宗人相息亮反注同 以鞠九六反又曲六反注同 以禮
張戰反 復音伏 狄稅他喚反下文放此 爛力旦反 脫音奪下同 叔隗
五罪反 趨衰初危反 下之戶嫁反 作展張戰反下同 有禕音輝
自揄音遥下文并注同 紗縠戶木反 皆袍步羔反 不禪音丹
今袿音圭 襈仕眷反 重直龍反 繒矣茨陵反 陽長丁丈反 揄絞
戶交反注同 屬於音燭注及下條屬并注同 翟也音狄 去振起呂反下同 大
夫附依注作祔音同下並同 昭穆常遥反卷內皆同 別於彼列反 并祭
必政反 敢援音袁 要絰一遥反 麻重直龍反 功衰七雷反
冠而古亂反下而冠同 之稱尺證反 惻怛旦末反 散帶悉但反後散帶
皆同 妾爲于僞反下不爲妻注爲舊君同 以殺色界反徐所例反 與殯音預

錫衰思歷反 辟尊音避 稽徐音啓 顙桑黨反 以別徐彼列反注同

右縫音逢注同又扶用反 大古音泰下大古同 異材才再反又如字 右辟必亦

反下同 繆纓依注爲繰音早 繆當所銜反又音早 而絞古卯反 朝服

直遙反後朝服放此注同 去其起呂反注同 相襚音遂 遺車弃戰反注同下遺車

遺貢皆放此 者與音餘 九个古賀反下同 有章本或作鄣音同注亦同

隱翳於計反 載粻陟良反米糧也 脯醢音海 義稱昌升反又尺證反

衣衰上於既反下七雷反下同 玄縞古老反又古報反注同 冠卷苦圓反 而

迎魚敬反注同 鬯勑亮反本亦作暢 臼其究反 以椈弓六反柏木也 杵昌呂反 以

梧音吾桐木也 以搗本亦作擣丁老反 枇音匕本亦作朼音同注同 長三尺

直亮反下同 刊苦干反削也 其柄兵命反 率帶上音律下音帶本亦作帶 繂

述音律 加箴之金反 甕於貢反盛醯醢之器 甒音武瓦器 筲所交反竹器 衡依注

作析戶剛反徐戶庚反庋也 實見音間廁之閒棺衣也注同 閒如字注同徐古莧反一解云鄭合見閒二
字共爲䦨字音古辯反 折入之設反注同承席也形如牀無足也 以庋九委反又九僞反徐
居綺反字亦作庋同 重直龍反 埋之亡皆反 所倚於綺反 處昌慮反
皆辯音遍 不帷位悲反下同 殯肂以二反埋棺之坎 其屋字林戶臘反閒
也纂文云古闔字玉篇羌據公荅二反云閉也 遂去起呂反 繭古典反 與稅他喚
反注同 纁許云反 袡字又作袡而占反裳下襈也王肅云婦人蔽膝也 大槅音燭
絖字又作纊音曠 縕于粉反 爲袍薄勞反 一稱尺證反下放此 之緣悅絹
反 爲君于僞反又如字 使色吏反 公館本亦作觀音同 復音伏 必拾其劫
反下同 卷衣音袞古本反 申重直龍反又直用反下同 佩韍音弗 稱
尺證反下同 與音餘 一股音古 纚經直連反 鋪席普胡反又音敷徐芳烏反
後放此 絞戶交反下文同 紟其鴆反 爲之于僞反 廣尺古曠反 長直亮

反　終幅方服反　其介音界後皆同　相者息亮反下皆同　知適丁歷反

含者本又作唅說文作琀同胡闇反下同　襚音遂　執要一遥反　內霤力救

反　買人音嫁　介賵芳鳳反　孤須矣從此盡篇末皆無某字有者非　陳

乘繩證反注同　北輈竹由反車轅也　鄉許亮反注同　不見賢遍反　上

客臨如字覘也徐力鴆反注及下同　一介音界舊古賀反　相息亮反　執紼音弗

實爲于僞反　寡君命絕句下放此　毋敢音無下同　使臣色吏反注同

爲恭如字舊于僞反下同　與客拾其劫反　辟其音避下辟之同　士盥

音管　于斂力劒反下同　馮之皮冰反本或作憑下同　脫字音奪　重著直用

反　夜燎力召反又力弔反　乘繩證反注同　執引以刃反一音餘刃反

雜記下第二十一

猶爲于僞反下乃爲同　期大功音基　殤長丁丈反下長子同　既潁口迴

反徐孔穎反沈苦項反草也注同　又喪如字又息浪反下又喪同　去麻起呂反　附
於義作祔出注　未祫音洽　將與音預下同　覗濯大角反　其它音他
丁歷反　同處昌慮反下之處同　使者色吏反　差緩初賣反又初佳反　適子
反徐倉快反入口也　爲新于僞反下爲人說同　之酢音昨　嚌之才細反　皆啐七內
瘠爲徐在益反　稱其尺證反下同　少連詩召反　不
解佳賣反注同　期悲哀音基　怠惰徒臥反　解倦其眷反　堊室烏各
反字亦作惡同　時見賢遍反注同　長中丁丈反　已殺巳或作以下色界反徐所
例反　醲美女龍反　目瞿九遇反下同　朝服直遙反注及下武叔朝皆同
繹禫大感反　縿冠息廉反黑經白緯曰縿　當袒音但　植牲音特　同
與音餘　祝之六反徐之又反注同　稱昌升反徐尺證反注祝稱同　相爲于僞反下賓爲
飯爲其同　闕轂工木反　輠胡罪反又胡瓦反又胡管反迴也　州仇音求　鑿

巾在各反　以飯扶晚反注同　冒者莫報反下及注同　揜形於檢反　將
惡烏路反　旣遺棄戰反注同　而裹音果　餘與音餘注何異與同　不
見如字　夫大音扶　卷三紀轉反又厥挽反　歸于如字徐音匱注同　非
爲于僞反注及下注爲母爲姑姊妹皆同　問與賜與並音餘注皆同　滅脫音奪下同
問遺于季反下文皆同　必三如字又息暫反　施惠始豉反　縣子音玄
期之音基下同　如剡徐以漸反　惻怛旦末反　而禫大感反　執
紼音弗　功衰弔本又作大功衰弔庾云有大字非　不與音預下文注不與同　旣
封彼驗反又如字　執贄音至　盈坎口敢反下同　長少丁丈反下詩詔反
爲壙苦晃反又音曠　視不如字徐市志反　皆爲于僞反注爲食父爲王父母所爲亦爲不
爲並同　入食之音嗣注見食同　鹽酪音洛　食食上如字下音嗣　酢七故
反　戴才代反　有瘍音羊　有創初良反　無免音問注同　於堩古鄧反道

路也　不辟音避注同　期之音基　給繇音遙本又作傜　鷖於奚反　彌徐五

兮反一音迷　啼徒兮反本又作諦同　號徐本作虓胡刀反　不偯於豈反下文同說文作悠

重則直龍反　喪冠古亂反下及注皆同　三者息暫反　取婦七住反又

如字　侈昌氏反　袂彌世反　不與音預注同　聲聞音問又如字　辟琴

音避一音婢亦反　不紳音申　要絰一遙反下大結反　衣采者於既反又如字

玄纁許云反　不屝本又作菲扶味反　世柳良九反　相者息亮反下

及注皆同　飯九扶晚反注同　飯含本又作哈胡闇反下文同　賵臨如字徐力鴆反

無筭悉亂反　比葬必利反下同　爲士于僞反　銜枚音梅　執

鐸大洛反　羽葆音保　執引以愼反注同　以茅亡交反　朝于直遙

反　道正音導　鏤音陋　簋音軌　朱紘音宏　反坫丁念反　藻音早

棁章悅反　有筓音雞　上屬音燭　薄音博又皮麥反又步博反徐又薄歷反　櫨

音盧　侏儒音朱　不弇於檢反本亦作揜　言併步頂反　偪下音逼本又
作損　越疆紀良反　自闈音韋宮中之門劉昌宗音暉　髽麻側瓜反　嫂
不悉早反　遠別彼列反　無其行下孟反　鶩馬音奴　自貶必檢
反　易共上以豉反下音恭　六種章勇反　瑀悲而樹反本亦作獳　乃
復扶又反　於蜡仕嫁反　樂乎音洛下及注同　索也色百反下同　屬
民音燭　先嗇音色　飲烝之承反　勞農力報反　非女音汝　不弛
尸是反下及注同　弓弩乃古反　大廟音泰　外宗爲于僞反注同下爲火爲之　不與
服下注爲其亦同　廏焚九又反　上以時掌反　辟也匹亦反　不與
焉音預注同　弗辟音避注同　同僚本又作寮力彫反　内難乃旦反下同　奚
厚半戶豆反　剡上以冉反　畫之胡卦反徐胡麥反　再行戶剛反　奚
當如字注同舊丁浪反　則釁許靳反　純衣側其反　拭羊音式　于碑

彼皮反　拭靚本亦作靜同才性反　刲羊苦圭反　夾室古洽反　其衈
如志反　刉古代反又古對反一音其既反　珥如至反　皆鄉許亮反下同　朝服
直遙反注同　以豭音加　尊彝以之反　比至必利反　使者色吏反下
使臣使者同　儐者必刃反本又作擯　傳焉丈專反　器皿武景反字林又音猛　所
齊子兮反下同　畀所必利反與也又婢支反儐也　而共音恭　粢盛上音咨下音成
不肖音笑　不敢辟音避　少施失召反下及注同　食我音嗣　而爲
于偽反下來爲亦爲同　倨音據　僈武諫反本亦作慢　施父音甫　吾飧音孫
十个古賀反　其卷音眷徐紀勉反下同　云與音餘　婦見賢遍反下注同
供恭用反　養羊尚反　不復扶又反　則鬈音權又居阮反　去之起呂反
鬌丁果反　紒音計字又作紛　韠音必　長三直諒反　下廣古曠反下同
會古外反注同　紕以婢支反又方移反注同　純以之閏反又支允反注同徐力移反

紃以音巡徐辭均反　領縫扶用反下同　之絛本又作條同吐刀反　卷

喪大記第二十二鄭云以其記人君以下始死小斂大斂殯葬之大事故以大記爲名

之十三

皆埽悉報反　爲賓于僞反下爲其爲賓爲主人皆同　徹縣音玄注同　士去起呂反注及下同　東首手又反下注南首同　北牖依注音酉舊音容下注牖下放此　爲墉音容　廢牀仕良反本或作床字　褻衣息列反　新朝直遙反後朝朝服皆同　屬音燭纊音曠新緜也一音古曠反　易動以豉反　適寢丁歷反注同　正處昌慮反下同　林麓音鹿　階梯他兮反　簨恤尹反　虡音巨　以卷本又作衮同古本反注同　屈狄音闕注同　玄赬勑貞反　襢衣知彥反　稅衣他亂反　東榮如字屋翼也劉昌宗音營　三號戶高反注同　捲衣俱勉反徐紀阮反　東霤力又反　褘衣音輝　以鷩必列反　揄狄音遙　以毳昌銳反

反　以篋苦牒反　乘車繩證反　左轂工木反　之惡烏路反　以袡而廉反婦人嫁時上服

衣尸於既反注衣尸同　以斂力驗反後不出者皆同　而去起呂反

人諦大兮反本又作啼　扳本又作攀普班反一音班　援音袁徐于願反

爲寄于僞反下皆同下注爲母爲其罷倦皆同　徒跣悉典反　扱初洽反　袵而審反又而鴆反裳際也

拊心音撫　使者色吏反　鄉其許諒反　馮之皮冰反本或作憑後皆同

人袒大旱反　說髦本作稅同他活反徐他外反注同髦音毛　人髽側瓜反

奉尸芳勇反注同　夷于堂如字夷尸也陳也本或作侇同音移一本作奉尸于堂

從而才用反又如字　氾拜芳劒反　而免音問後放此　拾踊其劫反

裼裘思歷反　之卷起權反　出壺音胡　縣之音玄及下注同　代更古行反下同

罷音皮倦其卷反　爲漏音陋　給爨七亂反又七官反下爨鼎同

爲斞音俱水斗也隱義云容四升也　挈壺苦結反又音結　下君戶嫁反下成君不相

下大夫同 照饌仕眷反 滅燎力召反又力弔反 南鄉許諒反 事
處昌慮反 以衰七雷反 人爲于僞反下人爲注主爲下注爲君皆同 竟內
音境下同 輯之側立反下同斂也 則去起呂反後去杖皆同 以見賢遍反
斂也力檢反下同 以柱知主反 近尸附近之近 爲夫人于僞反下及注
妾爲君爲人得並同 棄杖本亦作古弃字 斷而丁管反下注斷足爪同 大盤本又
作槃步干反 造冰七報反下及注皆同造猶內也 士併步頂反注同 襌之善反單也注
同 第側里反簣也 含一胡暗反 濡奴亂反下文同 濯直孝反下文同 于坎
口感反 札側八反 爛力旦反 袒簀音責 盛水音成 廣八古曠反
長丈直亮反 深三尸鴆反 幠用荒胡反 去死起呂反注同
楔齒桑結反 角柶音四 綴足丁劣反又丁衞反下注同 適室丁歷反 管
人如字掌管籥之人又古亂反掌館舍之人也下同 汲音急 不說吐活反 繘均必反汲水綆也

抗衾苦浪反舉也　用盆蒲奔反　沃水烏谷反　用枓音主又音斗　絺
巾勑其反一本作綌去逆反　挋音震拭也　如它音他下同　挋拭音式　差七何反浙
也注差浙同　沐音木　甸人田遍反　爲垼音役鄭注儀禮云塊竈也　陶人音桃　出
重直龍反　鬲音歷　煑諸許反　西北厞扶味反隱也舊作屝音非門屝也　爨
之七追反　差浙先歷反　其潘芳袁反米汁也　差初佳反　率音律又音類
而上時掌反　食粥之育反又音育下同　一溢音逸劉昌宗又音實下同　莫一
音暮　疏食音嗣下及下注疏食皆同　不盥古緩反　於簋本又作匴又作篹悉緩反
又蘇管反竹管也　以醯呼雞反　杯杅音于　竹筥居呂反　歠昌悦反
手飯扶晚反　作簨息尹反徐音撰　期之音基下同　爲母爲妻並于
僞反下注爲其同　不與音預下同　比葬必利反　君食之音嗣下父之友食之
皆同　不辟音避　粱肉音良粱米也　以簟徒點反　以葦于鬼反　有

莞音官又音完 布絞戶交反後同 縮者所六反 縞衾古老反 九稱

尺證反杜預云衣單複具曰稱後放此 絞紟其鴆反後皆同 縮從足容反 連數

色主反 見之賢遍反 絞一幅本又作畐方服反 爲三絕句 不辟絕句補麥

反又音壁徐扶移反 無紞丁覽反 廣終古曠反 析其思歷反下同 之

強其丈反 被識式志反又音志又音式下同 去之起呂反下注同 不倒丁老

反注及下同 散衣悉但反 無繸音遂 複衣音福 褶音牒袷也 袷

也古洽反 袍必步毛反 不襌音丹 繭古典反 與稅吐亂反

纁許云反 衻而廉反 袗絺之忍反 亦爲于僞反下文則爲之同 之篋

苦協反 不詘丘勿反 紟紵直呂反 便也婢面反 大胥依注作祝

之六反下同 胥樂官思餘反 不紐女九反舊而慎反 鄉左許亮反

士與音預注同 爲⿰亻執音執本亦作執 錦冒莫報反下及注同 黼音甫 殺色戒反徐

所例反下及注同　之裁才再反注同　韜尸本又作弢吐刀反下同　鋪席普吳反又音敷下皆同　巫止本或作巫止門外門外衍字耳　主辟必亦反　凶邪似嗟反　姪大結反　娣大計反　長子丁丈反下同　服膺於陵反　奉之芳勇反　拘之音俱一音古侯反　同處昌慮反　居倚於綺反　苫始占反　枕之鴆反　凷苦内反　襢章善反注同露也　障之音章下同　柱張主反楣音眉　見面賢遍反　適子丁歷反　屬目音燭　無辟音避下注猶辟同　黝於糾反　堊烏路反又烏各反注同　禫而大感反　作道音導　不復扶又反　期居音基下同　爲母爲妻並于僞反下爲之賜注爲之則爲並同　以上時掌反　直君如字又音值當也　先後君悉見反下胡豆反一音並如字　夾階古洽反　視相息亮反下相止並同　下正君戶嫁反　屬六音燭後皆同　椑步歷反　四重直龍反下同　水兕詞履反　被之皮義反下同　其厚

戸豆反　杝棺以支反　是差初佳反徐初宜反　時僭子念反　金鐕子南反釘也　椓陟角反本又作琢　著直略反　小要一遙反下同　鬊爪音舜亂髮下側巧反　實于綠音角出注　小囊乃剛反徐音託　盛之音成　爲簍魯口反　用輴勑倫反　欑才完反下同　以幬音道注同覆也　不暨其器反注同　見衽賢遍反注同　猶菆才工反本亦作叢　記參初金反　差初宜反　題音啼　湊七豆反　四注徐之樹反下同　差寬初賣反又初佳反　掘地其越反又其勿反　作錞徒對反又徒臥反又徒猥反　作墫依字支允反又支閏反徐都臥反沈都雷反　熬五羔反　四種章勇反下及注同　八筐音匡　魚腊音昔　蚍音毗　蜉音浮　黻三音弗　錦褚張呂反下同　加僞依注讀爲帷位悲反　齊五如字徐才細反　黼翣所甲反　皆戴丁代反下及注同　纁披彼義反徐甫髮反下同　戴綏依注爲緌音蕤耳佳反下同　揄絞音遙注同　紐女九反　緇側其

及壙苦晃反　惡其烏路反　以衣於既反下衣以皆同　以上時掌反下魚上同　車笭音零　縣池音玄下皆同　動搖音遙一音以照反　則去起呂反　齊象車蓋蕤絕句一讀以蕤向下　瓜古華反　分扶問反又皮莧反又夫云反　廣三古曠反　高二古報反又如字　柄長直諒反又如字後放此　而　從才用反　用輴依注音輇市專反下同王勑倫反　四綍音弗　二碑彼皮反　御棺一本作御柩　羽葆音保　用國依注亦作輇市專反王如字云一國所用　比出必利反注同　作團徒丸反　曰引音胤　爲率音律　凡封依注作窆彼驗反下及注機封同　以咸依注讀爲緘古緘反　母音無下同　譁音華　說載吐活反　輓棺音晚　繞而沼反　要一遙反　舒縱子用反下同　縱舍音捨　有　隧音遂延道也　爲椷古咸反一本作緘　而上時掌反　抗木苦浪反徐戶剛反　五重直龍反下同　容柷昌六反　容甒音武

祭法第二十三 鄭云以其記有虞氏至周天子以下所祭祀羣神之數也 卷之十四



禘黄帝 大計反 嚳 口毒反 顓 音專 頊 許玉反 鯀 本又作骸古本反篇末皆同 冥 莫經反 祖契 息列反下同 圜丘 音圓 大昊 音泰下大廟大祖大昊同昊亦作皞胡老反下放此 句 古侯反 芒 音亡 夏曰 戶嫁反後夏曰皆同 少昊 詩召反下放此 蓐收 音辱本亦作辱 以上 時掌反下上去以上同 之殺 色界反徐所例反 燔柴 音煩爾雅云祭天曰燔柴 泰壇 大丹反下同 瘗 於滯反 埋 武皆反爾雅云祭地曰瘗埋 泰折 之設反注同舊音逝又音制 用騂 私營反字林云火營反 祭處 昌慮反 言坦 吐但反 炤 本又作昭同章遙反又之召反 晢 之設反一音制 用黝 於糾反 相近 依注讀爲禳如羊反下音巨依反王肅作祖迎也 於坎 苦感反 幽宗雩宗 宗依注並讀爲禜榮敬反王如字 見怪 賢遍反注同 亡其 如字無也一音無 呼嗟 許于反 癘疫 音役 大凡 如字徐音泰 腐爲 音輔一

更立古衡反 通數色主反下同 設廟本亦作廟古字 墠音善 有禱丁老反一音丁報反 適士丁歷反篇內同 顯考無廟顯音皇出注 大夫采七代反 昭穆上遙反 不腆他典反 祫乃音洽 魯煬餘讓反徐音傷 王爲于僞反下皆同注爲社事亦同 霤力又反 作譴棄戰反 此與音餘 脾婢支反 肺芳廢反 肝音干 腎上忍反 使者色吏反 惡言烏路反 繆乎音謬 祭殤音傷 之與烏報反 陰厭於豔反下同 能禦魚呂反 菑音哉下同下文或作災注作裁並同 能扞胡旦反 厲山力世反左傳作列山 共工音恭下及注同 鄣鴻音章 而殛紀力反注同尚書云殛鯀于羽山又云鯀則殛死 顓項能脩之本或作顓頊脩黃帝之功 以文治直吏反 去民起呂反 及夫音扶 丠陵此古丘字 而王于況反 蒼梧音吾

祭義第二十四 鄭云名祭義者以其記齊戒薦羞之義

欲數 色角反下同 則怠 大改反 曰祠 嗣思反 悽 音妻 愴 初亮反

既濡 本亦作濡音儒 怵 勑律反 惕 他歷反 皆爲 于僞反下文見所爲幷注同

放其 方往反 致齊 側皆反後不出者同 散齊 息但反注同 所樂 音岳又五

孝反 所者 市志反注及下並同 屈到 居勿反屈到楚莫敖 耆芰 其寄反楚人謂菱爲芰

僾然 音愛微見見 周還 音旋本亦作旋注同 愾然 開代反 闔戶 戶臘

反 致愨 苦角反 敬養 羊尚反 鄉也 許諒反下文鄉也鄉之注鄉之同

言夫日 音扶本或作言夫忌日 爲相 息亮反下文同 不怍 才各反 奠盎

烏浪反 齊齊乎 如字舊子禮反 愉愉乎 羊朱反 盎齊 才細反 繹

日 音亦 儐尸 音賓 之忠 如字謂盡中心 文王與 音餘 樂與 音洛下同

尸侑 音又 仲尼嘗 絶句嘗秋祭 奉薦而進 絶句 其親也愨 絶句

趨音促注及下注皆同　以數色角反速也徐音速注同　子贛音貢　濟濟子禮下同

漆漆依注音切下同　濟濟者容也口白反賔客也下容以遠同　漆漆者容

也羊凶反儀容也下若容以自反同　樂成音岳又五教反　慌況往反注及下同一音荒　惚

音忽注及下同本又作忽　所當丁浪反　一槩古代反　比時必利反徐甫至反注

同　先時悉薦反又如字　洞洞音動下同　屬屬音燭下同　如弗本亦作不

何休云弗者不之深也　勝音升　也與音餘　黝於糾反　堊烏路反　祝祝上之

六反下之又反又並之六反　仿孚往反　佛孚味反　以詘求勿反注及下幷篇末同徐丘

勿反　敬齊如字注及下同王徐側皆反　婉順憂阮反　敖也五報反　如

奉芳勇反　儼魚檢反　恪苦各反　旣冠古亂反　瑀子而樹反　敬

長丁丈反下及下注皆同　爲其于僞反下爲其同　近於附近之近　乎王于況反

至弟音悌下同　五更古衡反下更相同　措諸七路反　序從才用反注同

于碑彼皮反　袒而徒旦反　鸞刀力端反　以封苦圭反　膟音律
膋力彫反　爓祭音燖　泄息列反　腸直輒反　神見賢遍反一本作神可見則
如字　曰暘音陽　以別彼列反下同　相巡依注音沿悦專反　汜說芳劒
反　不悖布内反　以去起呂反　爭爭鬭之爭　有奇紀宜反　邪似嗟
反　不治直吏反　魄也普白反　噓音虛　吸許及反　斃于本亦作弊婢世
反　陰爲依注音蔭於鴆反　土壤如丈反　焄許云反香臭之氣耳　蒿許羔反氣
烝出貌　烝出之膺反　爲蕉表驕反又皮表反　以爲黚首則其廉反徐
又其嚴反黑也黚首謂民也秦謂民爲黚首則法也　復加扶又反　爲民于僞反　遠
邇音爾　燔音煩　燎力召反又力弔反　羶依注音馨許經反後羶薌同　薌音香　見以依注
見作覵音閒廁之閒徐古辯反　見閒依注合爲覸字音閒廁之閒　以俠古洽反　甒音武
爲藉在亦反藉田說文作耤　朱紘音宏　秉耒力内反　醴酪音洛　齊音咨

本又作盞 朝之直遥反注躬朝同 犧牷音全 近川附近之近 仍有音刃七尺
日仍 大昕許斤反日欲出 使蠶才南反 奉芳勇反下及注同 種章勇反
風戾力計反燥也 以食音嗣 蚤音早本亦作早 胞七歲反 氣燥悉早反
惡濕烏路反 旣單音丹 奉繭古典反 服與音餘注同 副褘
音暉 其率音類又音律又所律反 夫人繅悉刀反下同說文作繅云抽繭出絲也以此爲
旒繅字音所咸反 三盆蒲奔反掩也 三掩本亦作淹徐於驗反又於斂反 則易以豉
反下同 子如字徐將吏反下及注同 諒音亮下同 油然音由 則樂樂則安
並音洛下不樂同 與爭爭鬭之爭 德煇音輝 言行下孟反下理行而行皆同
而措本亦作錯七故反 其減胡斬反又古斬反下同倦也 則銷音消 有報
依注音褒保毛反下皆同 能養羊尚反後皆同 言與音餘 先意悉薦反 參
直徐所林反 莅官音利又音類本又作涖 戰陳直覲反 栽及音災 於親

本亦作栽及於身　亨孰普彭反　而薦將見反　不遺如字又于季反　樂
自音岳皇五孝反　溥之本亦作敷同芳于反　而放甫往反下同至也　而準諸尹
反平也　無輟張劣反　斷一丁管反　不匱其媿反下同　博施始豉
反　惡之烏路反　數月色主反下同　瘳矣丑留反差也　頃步讀爲
跬缺婢反又巳弭反一舉足爲跬再舉足爲步　不徑古定反邪也　邪似嗟反　趨七俱反
於朝直遙反後皆同　而弟音悌下及下注同　爲之于僞反　不併步項
反徐扶項反　車徒辟音避注同　鴈行戶剛反下同　所擔都甘反　少
者詩照反下同　不遺如字棄忘也一本作匱其媿反　而長丁丈反下文皆同　爲
旬田見反　須禽音班　於廋本又作㮴音蒐所求反　狩音獸　士卒子忽反下
同　放乎方往反　食三音嗣下同　五更古衡反下同　大學音泰下大
學注大卜皆同　而酳音胤又仕覲反　巡守手又反本或作狩　于竟居領反

不復扶又反下文注將復入同　畢觶之豉反　見爵賢遍反　之施始豉反

卷冕古本反　明知音智　斷其丁亂反　必恐曲勇反　所以

語魚預反　陶陶音遥　遂遂本又作燧音遂　思慮息嗣反　而術義作述出

注

## 祭統第二十五鄭云統猶本也以其記祭祀之本故名祭統

五經吉凶軍賓嘉之五禮　神祇祁之反　心怵勑律反　祐助音又　君

長丁丈反下所長同　道之音導　其爲于僞反注爲謂同一音如字　追養羊尚

反下同　者畜許六反下同　盡此徐子忍反下同　之行下孟反　取夫

人七住反　所共音恭下文以共皆同　芹其斤反　茆音卯　蚳丈之反　蝝悦專

反　蜩音條　蔆本亦作菱音陵　芡音儉　榛側巾反　齊盛本亦作齍與粢同音咨下

及注同　純服側其反注及下純冕同　以見賢遍反　少陽詩召反　乃

齊側皆反本又作齋下不出者同　言齊也齊不齊並如字下以齊之同　耆欲市志
反　其邪似嗟反　訖其居乙反止也　先期悉薦反又如字　大廟音泰
後大廟皆同　副褘音輝　圭瓚才但反　祼尸古亂反　執紖直忍反注同徐
以忍反　大夫從才用反下皆同　執芻初俱反　宗婦執盎烏浪反注同
從夫人絕句一讀從字絕句　以薦涚水舒銳反徐音歲　羞齊本亦作嚌才細反注同
爲柄兵命反　作紖直忍反　槀也古老反下同　共其音恭　盎
齊才細反下盎齊同　以樂音洛下同　竟內音境篇內皆同　近主附近之近
獻之屬莫重於祼一本無之屬二字　道之以禮音導　有餕音俊
施惠始豉反下文注並同　能知音智　尸謖所六反起也　百官進依注作餕
自卑如字隱義音必利反　以別彼列反下同　見其賢遍反下同　脩於廟
中也一本脩作偏　偏及音遍下同　積重直龍反下同　凍餧乃罪反

夫人音扶　見之如字舊賢遍反　畜積勑六反　本與音餘下是與同　君

長丁丈反下長幼皆同　所惡烏路反　見事賢遍反下皆同　之殺色界反徐所例

反下同　鋪普胡反又芳夫反　筵羊然反　爲依于僞反下注爲其皆同　于祊

伯更反　言詞徒貢反　索祭所伯反　則伸音申　子行戶剛反注同徐

胡孟反　之適丁歷反　以瑤音遙　以散悉但反　之差本又作之等

謂酳音肴又仕覲反　有昭上遙反後放此　南鄉許亮反　而舍依注音釋

卷冕古本反　執校戶教反又戶交反又下卯反下同柄也　執鐙音登又丁鄧反

豆踧也　躨處昌慮反　下踧芳符反　貴髀必氏反又必履反　不重

直龍反　臂臑乃報反肱骨也　有畀必利反下注同與也　及煇依注作輝同況萬反又音

運下同甲吏也　胞步交反下同肉吏也　翟音狄樂吏也　閽音昏守門者也　以見賢遍反注皆同

見此畀如字舊必利反下同　韗磔知宅反　曰礿羊灼反字又作禴　夏

祭戶嫁反下注夏者孟夏同　草艾音刈　可芟所銜反　給爨七亂反　享普彭

反徐普孟反　自名如字徐武政反下及注自名同　論譔音撰　身比毗志反謂次比

也下及注皆同　斟酌之林反　傳音附徐音賦一音直專反謂傳述　著直略反徐張慮反

之行下孟反　以見賢遍反注同　知足音智注同　孔悝口回反　左音佐

公假加百反至也注同　蒯苦怪反　聵五怪反　褎之保毛反　右

音又下啓右弁注同一讀此左右並如字　難乃旦反　奔走本亦作犇　無射音亦注同

爲簇初革反　猶女音汝後皆同　從焉才用反　坐殺才臥反　寘

之之豉反　厭也於豔反下同　鎬京胡老反　纂乃子管反　侯衎

苦旦反　烝之承反下文注同　鉏仕居反　耆欲市志反　不解古賣反

休哉許虯反　子圉魚呂反　予女羊許反注同　以辟必亦反又婢尺反注

同明也　施于如字著也　彝鼎以支反　猶著張慮反又直略反下同　約

如字徐於妙反　剸子隨反　是誣音無　不傳直專反不本亦作弗　八佾音逸
赤盾食準反又音允　羽籥羊灼反
經解第二十六鄭云經解者以其記六藝政教得失解音佳買反徐胡賣反一音蟹　卷之
十五
易良以豉反下易良同　屬辭音燭注及下同　比事毗志反下同　朝聘直遙反篇
內同　近愚附近之近下除遠近一字並同　愛惡烏路反　戰爭爭鬬之爭下文同
淑人常六反　不忒吐得反　玉鏘七羊反本又作鏘　皆鈴音零
在軾音式　和應應對之應　民說音悅　除去羌呂反下而去之同　霸王
徐于況反　所操七刀反　方圜音圓　誠縣音玄注同　衡稱尺證反
謂鍾直爲反　彈徒丹反　畫胡麥反　朝覲其靳反　長幼丁丈反下皆同
昏姻音因　之別彼列反　猶坊音房本又作防下同　而壞音怪　春

見賢遍反　嫁取七住反本亦作娶　淫辟匹亦反　而倍音佩下同　之

行下孟反　止邪似嗟反　遠罪于萬反　差若初佳反徐初宜反　豪戶刀

反依字作毫　氂李其反徐音來本又作氂　繆以音謬

哀公問第二十七魯哀公也鄭云善其問禮著謚以顯之

長幼丁丈反　以別彼列反　疏數色角反　雕本亦作彫　鏤力豆反

黼音甫　黻音弗　喪筭悉亂反　備其鼎俎本亦無此句　豕腊音昔　卑

其如字又音婢　雕幾音祈注同幾附纏之也　語以魚據反　好實呼報反　當

無厭於豔反　敖慢五報反　午其五故反一音如字注同王肅作迕迕違也

欲丁浪反注同　猶稱尺證反　侍坐才臥反　愀然七小反舊慈糾反又在由

反又音秋又千了反下同　夫婦別彼列反　不肖音笑　親迎魚敬反下及注同

舍敬音捨　不親不正一本不皆作弗　本與音餘下本與敬與並同　巳

猶大音泰　之好呼報反　焉得於虔反　爲言于僞反　之分扶問反　外治直吏反下同　之行下孟反下君之行同　妃以芳非反　則愾許乞反又許氣反至也　大王音泰注同　居幽彼貧反　樂天音洛下及注同　怨天於元反又於願反　朝會直遙反　熠察音照本亦作照　惷愚始容反徐昌容反又湯邦反一音丁絳反字林丑凶反又丑絳反愚也　冥煩莫亭反徐亡定反　子志依注音識徐音試　使易以豉反　蹴然子六反又在育反敬貌　辟音避

仲尼燕居第二十八鄭云善其不倦燕燕居猶使三子侍言及於禮著其字言可法也退朝而處曰燕居

燕居於見反　汎說芳劒反　女三人音汝後同本亦作汝　吾語魚據反下及注語女皆同　不徧音遍　不中丁仲反下同　之給音急徐渠急反又其劫反下同

足恭將注反又如字　鮮仁仙淺反　近於附近之近　能食音嗣　敬

頓徒遜反　乘車繩證反又如字　者與音餘下無相與同　昭穆上遥反穆亦作
繆音同　食饗音嗣注同　句龍古侯反　長幼丁丈反後皆同　朝廷直遥
反下及注皆同　量鼎音諒注及下同　而錯七故反本又作措後同　易知以豉反
別也彼列反下其別同　豆區烏侯反　之治直吏反下其治治國並同　瞽
之音古　無相息亮反　倀倀勑良反無見貌　其策初革反　爲衆于僞反又
如字　倡始尺亮反　畎畝古犬反　而縣音玄注同　樂闋苦穴反　夏
籥音藥　行中丁仲反下同　還中音旋　采齊本又作薺在細反又在私二反注同
序更音庚下同　振鷺音路　禮繆音謬注同　禮行下孟反又如字　冬夏
戶嫁反　大子音泰下大子下文大平同　適子丁歷反　俊選宣面反　皆造
才早反徐七到反　夔求龜反　窮與音餘　傳於丈專反注同　子曰師
乎絕句　復問扶又反　必鋪普胡反徐音孚　行而樂之音洛又音岳

所治直吏反注同　奧字又作㮇烏報反　阼才故反　符長丁丈反隱義云符謂甘露醴泉之屬長謂麟鳳五靈之屬　瑞應應對之應徐於甑反　之處昌慮反　昭然章遙反徐之紹反明也　發矇音蒙　矣本亦無矣字

孔子閒居第二十九閒音閑鄭云名孔子閒居者善其倦而不褻猶使一子侍爲之說詩著其氏言可法也退燕避人曰閒居

閒居音閑　凱本又作愷又作豈丘在反注同　弟本又作悌徒禮反注同　樂音洛　易以豉反　禍裁音災　哀樂相生音洛舊音岳　頃耳音傾　好惡並如字一音上呼報反下烏路反　近之附近之近　長八丁丈反　其命依注音基　宥密音又　逮逮大計反注同安和皃　選宣面反　匍音扶又音蒲　匐音服又蒲北反　傚之胡孝反　賙恤音周　衰七雷反　絰大結反　施及以豉反注同　畜許六反　日聞音問下令聞幷注同　施易也並以豉反　以勞力報反注及下

同　勞來力代反　私炤音照本亦作照　湯齊依注音躋亦作隮子兮反詩如字

日人實反　齊側皆反注齊莊同詩作躋子兮反　昭假音格至也注同　遲遲直私反

是祗諸夷反敬也　使王于況反下王天下王功皆同　神氣風霆音廷絕句　風

霆流形絕句　耆欲市志反注同　嵩高息忠反　惟嶽音岳　峻極私俊反

之翰胡旦反徐音寒　于蕃方袁反　爲之于僞反下川爲嶽爲皆同　賢知

音智　弛其徐式氏反一音式支反注同皇作施　大王音泰注同　弛施也如字皇本

作施布也　蹶然居衛反徐音厥　隊直媿反　辟後音避

坊記第三十　坊音防徐扶訪反經文皆同鄭云名坊記者以其記六藝之義所以坊人之失也

辟則匹亦反注同舊芳益反徐又音譬　坊與音餘　邪似嗟反　侈昌氏反又尺氏反

斯喬音驕本亦作驕下同　不慊口簟反恨不滿之貌　之級音給　而好呼報反下

同　樂音洛又音岳　其幾居豈反又音譏　荼毒音徒　之行下孟反　惡之

烏路反下猶惡皆同　千乘繩證反下注同　高一古報反　長三直亮反下同

別微彼列反下同　朝廷直遙反下皆同　僭號子念反下同　辟其音避下同

皆爲于僞反　相彼息亮反　盍旦音渴徐苦蓋反注同　以殺音試本又作弒

子云自此以下本或作子曰　則近附近之近　觴酒音傷　衽席而審反又

而鳩反　以上時掌反　好得呼報反　不借音佩下及注同　不偷音偷

本亦作偷　以畜許六反注同毛詩作勗　定姜之詩此是魯詩毛詩爲莊姜　子

衎苦旦反　而號戶羔反注同　稱冤於袁反　尚技其綺反注同　不

吝力刃反又力鎮反　往行下孟反　以畜勑六反　上施始豉反注同　以

莅音利又音類　其難乃旦反　詢于音荀　芻初俱反　蕘如遙反　不爭

爭鬬之爭　履無如字毛詩作體　爾女音汝下及下文皆同　嚮卜許亮反本亦作鄉

度是徒洛反注同毛詩作宅　鎬京胡老反　於乎音烏下火吳反注同　大誓

禮記音義之三

音泰本亦作泰注同　弛其式氏反注同弃也　駮親邦角反　乃謹音歡火官反　不匱

喜樂音洛　鄂鄂五各反本又作諤　說則音悅　復諫扶又反

其媿反　綽綽昌灼反　有裕羊樹反　爲瘉羊主反病也　猶更古衡反

以衣於既反　差遠初賣反　能養羊尚反　爲其于僞反下專爲同

相褻息列反　厥辟不辟並必亦反君也注同　孺子而注反　長民丁丈反

反注及下事長同　簋音軌　鉶音刑　饗食音嗣下文食禮同　盤步干反　盂音于

以菲芳鬼反薄也　去禮起呂反　親饋其位反　禴祭音藥　寔受

時力反易作實　豕與音餘　酒肴戶交反　三日齊側皆反注同　散齊

悉但反　醍酒音體　皐昭常遙反　卒度如字法度也徐徒洛反　中霤

力救反　飯於扶晚反　牖下音酉　於壙苦晃反　不爭爭鬭之爭下民爭同

殺其音試注及下同一音如字　君卓敕角反注同　弟以音悌　鄭段徒亂反本

亦云鄭叔段也　遅直志反　而爲于僞反　貳圉魚呂反晉惠公太子懷公名
饋獻本又作餽音同　之贄音至　以見賢遍反　脩好呼報反　饋遺于季
反下遺民同　不內音納又如字　耕穫戶郭反　不菑側其反田一歲也　畬凶
音餘田二歲也　賤行下孟反注同　斂穧子賜反又才計反　捃君運反　拾音十
采葑芳容反　采菲芳尾反　蔓音萬徐音蠻　菁音精又子丁反　葍音富又音
福　則弁必政反又如字下同　不離力智反　與女音汝　無媒音梅注同
伐柯古何反斧柄　取妻七樹反後皆同　橫從子容反注同　橫行治
其田也本亦作遊行治其田　易治以豉反　不取同姓如字又七樹反　猶
去起呂反注同　大伯音泰　猶殺音試注同一音如字　繆傒音穆　來朝直遙
反　有見賢遍反注及下同　以辟音避　遠于萬反下遠色同　好德呼報反下
及注同　猶捕蒲布反　中綱丁仲反　以篚音匪　淫泆音逸本又作佚

同

妃匹音配一音如字　親迎魚敬反　行父音甫

經典釋文卷第十三

經四千二百八十三字
注一万一千四百九十八字

旁加・者鈔本無此字

舊鈔殘本無此行

鈔本民字缺筆 下同

# 經典釋文卷第十四　陸氏

禮記音義之四　起第十六 盡第二十

唐國子博士兼太子中允贈齊州刺史吳縣開國男陸德明撰

中庸第三十一　鄭云以其記中和之爲用也庸用也孔子之孫子思作之以昭明聖祖之德也

卷之十六

率性　所律反　則知　音智下知者大知皆同　人放　方往反　傚之　胡教反　離也　力智反下及注同　惡乎　音烏　不睹　丁古反　恐懼　匡勇反注同　閒居　音閑下同　莫見　賢遍反注顯見同一音如字　有佔　勑廉反　哀樂　音洛注同　中節　丁仲反下注爲之中同　長也　丁丈反　小人之中庸也　王肅本作小人之反中庸也　忌憚　徒旦反忌畏也憚難也　畏難　乃旦反　常行　下孟反　中庸其至矣乎　一本作中庸之爲德其至矣乎　民鮮　息淺反下及注同罕也

罕也 呼坦反希也少也 知者 音智下文大知也予知注有知皆同 不肖 音笑下同

矣夫 音扶 也與 音餘下強與皆同 舜好 呼報反下同 易以 以豉反 罟 音古罔之總名 擭 胡化反尚書傳云捕獸機檻也 陷 陷沒之陷 阱 才性反本或作穽同阱穿地陷獸也說文云穽或爲阱字也

知辟 音避注知辟辟害皆同 期月 音基 拳拳 音權又起阮反徐羌權反奉持之貌 服膺 徐音應又於陵反 奉持 芳勇反 可蹈 音悼又徒報反

問強 其良反下同 所好 呼報反 言女 音汝下抑女同 不校 交孝反報也

衽金 而審反又而鴆反 不厭 於豔反 哉矯 居表反下同 不倚 依彼反徐其蟻反

所傃 音素 猶鄉 本又作嚮許亮反下皆同 行俛 久委反下同 譎 音決

汲汲 音急 隱行 下孟反 遯世 本又作遁同徒頓反 費而 本又作拂同扶弗反猶佹也徐音弗注同

以與 音預注皆與之與以其與同 舜好 呼報反 故

與 音餘 所憾 本又作感胡暗反恨也注同 鳶飛 悅專反字又作鳶 戾 力計呂結二反

魚躍羊灼反　猶著張慮反下同　道造在老反　伐柯古何反
睍而徐音詣睍睍也　言顧行行顧言皆下孟反注聖人之行同或一讀皆如字　慥
慥七到反守實貌　言行下孟反　相應於陵反舊音應對之應　患難乃旦反下同
不援音園注同牽持也　徼幸古堯反　己音紀　無怨於願反又於元反下及注並同　居易
以豉反注同平安也　正音征注同　鵠古毒反注同正鵠皆鳥名也一曰正正也
鵠直也大射則張皮侯而棲鵠賓射張布侯而設正也　棲皮細兮反　辟如音譬下同
自邇音爾近也　自卑音婢又如字注同　好合呼報反　旣翕許急反合也
和樂音洛下及注同　且耽丁南反　妻帑音奴子孫也本又作孥同尚書傳毛詩箋並云
子也杜預注左傳云妻子也　相應應對之應　和胡臥反　齊明側皆反本亦作齋
洋洋音羊　其傍皇薄剛反謂左右也徐方岡反　僾徐於愷反又音愛　之格古百反來
也　不可度待洛反注同　思矧詩忍反況也注同　可射音亦厭也　厭也於豔

反字又作猒下同 盡敬子忍反 不可揜音掩於檢反 此夫音扶 而

著張慮反 也與音餘 令聞音問下令聞同 故裁依注音災將才反注同植也 嘉樂

培之蒲回反益也 覆芳伏反 初載之載並音災本或作哉同 保佑音祐

戶嫁反詩本作假音同假嘉也皇音加善也 憲憲音顯注同興盛貌一音如字

助也下注同 纘徐音纂哉管反繼也 大王音泰下及注大王皆同 壹戎衣依注衣作

殷於巾反戎兵也謂一用兵伐殷也尚書依字讀謂一著戎衣而天下大定 冑與直救反下音餘

武王末亡遏反老也 追王于況反注追王同 以上時掌反 期之音基注同 組紺音祖

古闇反組紺大王之父也亦曰諸盩盩音置留反 不爲服于僞反 埽

悉報反 糞弗運反本亦作攈亦作拚同 昭穆常遙反穆又作繆音同 以還本又作逮

同音代 燕毛於見反注並同 別所彼列反 共雞音恭 饋食其位反

舉觶音至 於其長丁丈反下謂長同 省文色領反 示諸依注音寘之豉

反置也　**易爲**以豉反　**知力**音智本亦無力字　**治之要也**治音直吏反一本作

治國之要治則如字　**方筴**初革反方版也筴簡也　**方版**音板本亦作板　**蒲盧**並如

字爾雅云蜾蠃蒲盧即今之細腰蜂也一名蠮螉　**蜾**音果　**螺**力果反本亦作蠃音同　**土蜂**

芳封反字亦作蠭同　**螟**莫瓶反　**蛉**音零螟蛉桑蟲也　**爲己**音紀　**之殺**色界反徐

所例反　**而治**直吏反一音如字　**脫誤**音奪　**重在**直用反　**知仁**音智下近

乎知注言有知皆同　**長**丁丈反　**己臨之**音紀　**勉強**其兩反注同　**好學**

呼報反　**近乎**附近之近下同　**力行**皇如字徐下孟反　**子庶民**如字徐將吏反愛也

下句放此　**蕃國**方元反　**不眩**玄遍反　**齊明**側皆反　**去讒**起呂反

**遠色**于萬反　**好惡**呼報反下烏路反又並如字注同　**薄斂**力驗反　**既**依注

音餼許氣反　**稟**彼錦反一本又力錦反既稟謂稍食也　**稱事**尺證反　**朝聘**直遙反

**稾人**苦報反一音古老反　**以下上**時掌反　**不跲**其劫反皇音給躓也　**行前**

下孟反　不疢音救病也　躓也徐音致　而中丁仲反又如字下中道同　從容上七容反　弗措七路反下及注皆同置也　必強其良反　大平音泰　禎祥音貞　妖於驕反左傳云地反物為妖說文作䄏云衣服歌謠草木之怪謂之䄏　孽魚列反說文作蠥云禽獸蟲蝗之怪謂之蠥　見乎賢遍反下不見注著見同一本乎作於　蓍龜音尸注同　皆為于偽反　自道音導注自道同　知也音智注同　無疆居良反　不貳本亦作貳音二　今夫音扶下同　昭昭章遙反注同本亦作炤同猶耿耿小明也　一撮七活反　華嶽戶化戶瓜二反本亦作山嶽　不泄息列反　一卷李音權又羌權反范羌阮反猶區也注同　寶藏才浪反　一勺徐市若反　黿音元　鼉徒河反一音直丹反　鮫龍音交本又作蛟　鼈必列反　耿耿公迥反又公頂反舊音孔頂反　猶區羌俱反　於穆上音烏下於乎亦同　於乎好奴反　愼德如字一本又作順　是與音餘　洋洋音羊　峻極思閏反高大也　優優於求反倡優也　不凝

本又作疑魚澄反戚也　如㷊音尋　不驕本亦作喬音嬌　不倍音佩　其默

己北反　且哲陟列反徐本作知音智　謂與音餘　而好呼報反下同　烖

及音災　行同倫下孟反　杞不音起　王天下于況反又如字　不繆

音謬　不悖布內反後同　遠之如字又于萬反　近之如字又附近之近　不

厭於豔反後皆同　無射音亦注同　而蚤音早　行在下孟反　而斷丁亂

反　曷爲于僞反又如字　撥亂半末反　莫近附近之近又如字　道與

音餘　編年必緜反又甫連反　辟如音譬下同　覆幬徒報反　之錯七各

反　當焉丁浪反又丁郎反　浸潤子鴆反　作燾徒報反　明叡音銳

知音智下聖知同　齊莊側皆反　有別彼列反　溥博音普　普徧音遍

思慮息嗣反又如字　見而賢遍反　不說音悅　施及以豉反　蠻貊本又

作貊武伯反說文云北方人也　所隊直類反　能經論本又作綸同音倫也　夫焉

於虔反 所倚依綺於寄二反注同 肫肫依注音之淳反懇誠貌 浩浩胡老反

被德皮義反 偏頗破河反 懇誠口很反 純純音淳又之淳反

尚絅本又作顈詩作褧同口迥反徐口定反一音口穎反 惡其烏路反 之著張慮反

闇然於感反又如字 而日而一反下同 的然丁歷反 易知以豉反下易舉同

禪爲音丹 爲其于僞反 露見賢遍反 淡而徒暫反又大敢反下注同

不厭於豔反 其睹音覩 探端音貪 之昭本又作炤同之召反又章遙反

不疚九又反 隱遯大困反本又作遁字亦同 無愆起虔反 相在息亮反注

同 不愧本又作媿同九位反 視女音汝 奏如字詩作鬷子公反 假古雅反大也

有爭爭鬬之爭注同 大平音泰 鈇方于反又音斧 鉞音越 百辟音璧君也

注同 末也亡曷反 德輶音酉一音由注同 易以豉反 之載依注讀曰

栽音災生也詩音再 猶比必履反下同或音毗志反又必利反皆非也 有重直勇反又直容

反

表記第三十二鄭云以其記君子之德見於儀表者也　卷之十七

不矜居陵反自尊大也　應聘應對之應　用己音紀　心厭於豔反　足憚大旦反　裼襲思歷反下音習　毋相音無下同　瀆也大木反　以樂音洛注同又音岳　朝極直遙反下注朝聘同　以倦本又作勸其眷反　分別彼列反　已至音以　以辟音避　不揜於檢反　遠恥于萬反　日強上人實反下同下其良反　安肆音四　日偷他侯反注同苟且也　放恣咨嗣反　儳焉徐在鑑反又仕鑒反輕賤貌　齊戒側皆反　以見賢遍反注同　邑竟音境　狎下甲反習也　侮亡甫反　忕於時世反又時設反　褻息列反　謂摯音至本亦作贄又　初筮市制反　再三息暫反又如字　所懲直陵反　創初亮反又初良反　乂本又作艾魚廢反皇魚蓋反　不讎音酬　大甲音泰注同　無能胥以寧

尚書作罔克胥匡以生 以辟音壁君也 之仁音民出注 刑戮音六本或作僇音同

而好呼報反 而惡烏路反 強仁其兩反下文同 知者音智 所

辟音避 謂斷丁亂反 道有至義依注讀爲道有至有義 以王于況反

字脫音奪 有數所住反 憯七感反 怛丹葛反 豐水芳弓反 有

芑音起 詒厥以之反遺也 烝哉之承反君也 數世色主反 枸本亦

作苟機音計 遺于季反下同 我今毛詩作我躬 不閱音悅容也 能勝音升

取數色住反 度人待洛反注同 儗度魚起反 難中丁仲反

德輶音酉一音由輕也 民鮮息淺反注及下並同 仰止本或作仰之 景行下孟

反注明行同 行止詩作行之 好仁呼報反下同 鄉道許亮反 年數色住

反 強焉其兩反一本作俛音勉本或作僶非也 孳孳音茲 斃而音弊什也本又作弊

后巳音以 罷音皮 頓如字又徒困反 能復扶又反 什也蒲北反又音赴

易辭以豉反下同　猶解古買反徐又音蟹　恭近附近之近下同　罪咎其九反　制行下孟反　以己音紀　以移昌氏反注沲移之移移猶大也同徐又怡者反　一音以示反　氾移芳劒反　慙怖普故反　其行下孟反注無其行同　衺七雷反　經田節反　甲胄直又反　色稱尺證反下文弁注同　惟鵜音啼徒兮反鵜鵜胡汙澤之鳥一名淘河音烏本又作洿一音火故反　不濡而朱反　彼記本又作己音同徐紀吏反　汙澤　濡汙汙辱之汙　粢盛音咨杜預云黍稷曰粢在器曰盛　秬音巨黑黍　鬯勑亮反香酒也　庛民必利反徐方至反又音祕覆也　易道音亦　徼禄古堯反　葛藟音誄力水反　施于以豉反　條枚己回反毛詩傳云枝曰條幹曰枚　凱本亦作愷又作豈同開待反樂也後放此　弟如字本又作悌音同易也注及下皆同　樂也音洛下同　易也以豉反下同　回邪似嗟反曲也　之行下孟反下至下文行之浮於名也文注皆同　以要一遙反　延蔓音萬　之謂與音餘　聿懷尹必反述也　謂王

于況反　諡以音示　下賢戶嫁反　不復扶又反　欲行下孟反　以

便人婢面反又婢緜反注同謂便習也　辟仁音避　以強其良反徐其兩反

說音悅　毋荒音無　憐之力田反　而遠于萬反注及下同　近人附近

之近注及下同　朝廷直遙反下同　惷而傷容反徐昌容反范湯江反又丁絳反字林音丑降

反又丑凶反　喬而音驕　朴而普角反　詐諼況袁反詐也忘也　以贄

音至　相施始豉反下文同　勝而始證反　以本怢音誓與上怢於同　令

其力呈反　淫巧苦教反又如字　而蔽畢世反又音弊　本數色角反　未

厭於豔反　強民其兩反注同　貢稅申銳反　不勝其敝音升任也注同

敝音弊　猶任如金反　難復音伏　易之音亦　不勝世證反又音升

憯七感反　怛旦達反　恥費芳貴反注同　不傳丈專反　辯別彼列反下

不別同　刑曰音越　惟威如字威畏也讀者亦依尚書音畏也　不誣音無　爲

君于偽反　大畜勑六反下同　豕吐亂反　靖共音恭本亦作恭同　以女
音汝注同　則謟本亦作諂勑檢反　藏之如字鄭解詩作臧云善也　易退以豉反下
及下注易絕同　以遠于萬反　爲主人于偽反下同　出竟音境　不要
於遙反注同　言爲于偽反　其強其良反舊其兩反　不辟音避　難乃旦反
朝廷直遙反　則慎本亦作古昚字　不復扶又反　唯天子唯音雖出
注　不易以豉反　鵲之字林作鵲說文作舄音七略反　姜姜居良反　鶉之士倫
反　賁賁音奔注同　餘行下孟反下文并注同　能賻音附　所費芳貴反
饋焉其位反　皆辟音避　如醴徐音禮　淡以大敢反又大暫反徐徒闞反注
同　酸悉官反　酢七故反　餤音談徐本作鹽以占反　口礜音餘注同　繩
也市升反左傳以繩爲譽　則衣於既反　則食音嗣　皆爲于偽反　歸
說音帨又始鋭反注同　怨菑音災　所惡烏路反　有巳音以　晏晏於諫

反　信誓本亦作矢誓　旦旦如字字林作悬　亦已音以　和說音悅下同　反覆

反覆並芳服反　穿音川　窬范羊朱反徐音豆　也與音餘　順而說音悅

夏至戶嫁反　別乎彼列反　牲牷音全純色也本亦作全注同　齊盛音咨

本亦作盇　易富以豉反注同　傳世丈專反下同　共儉音恭　以迄許訖

反至也　祭處昌慮反下建國之處同　巡守手又反　大廟音泰　朝聘

直遙反　君長丁丈反　下應應對之應　慢也字又作僈武諫反

緇衣第三十三鄭云善其好賢者之厚故述其所稱之詩以爲其名也緇衣鄭詩美武公也劉瓛云

公孫尼子所作也

子言之曰此篇二十四章唯此一子言之後皆作子曰　上易以豉反下同　不苛

音何　以錯七故反本亦作措同　好賢呼報反注同　如緇側其反　惡惡上烏

路反下如字注同　巷伯戶降反巷伯小雅篇名　作愿音願　還予音旋　粲

兮七旦反　衣緇衣上於既反下如字　取彼讒人本又依詩作譖人　投畀必利反下同　豺虎仕皆反　有昊胡老反本或作皓同　有格古伯反來也　有遯徒遜反亦作遁逃也　不倍音佩下注同　泣之音利又音類　孫心音遜注同　蚩尤尺之反　倍畔本或作叛俗字非也　不任而鴆反　所行下孟反注同又如字　不拘音俱　上好呼報反下皆同　好惡烏路反　如景如字一音英領反　傚禹胡孝反　赫赫許百反　成王如字徐于況反　故長丁丈反　以説音悅　有梏音角詩作覺大也直也　德行下孟反　如綸音倫又古頑反綬也　如紼音弗大索　嗇夫音色　棺索悉洛反　不倡昌尚反　危行而行皆下孟反注及下皆同　相應應對之應　不詟起虔反過也　慎女音汝　道人音導　必稽古兮反　出話胡快反善言也　於音烏注同　緝七入反　熙許其反毛詩傳云緝熙光明也　長民丁丈反下君長同　不貳本或作貣同音

二下同　從容七凶反　黃黃徐本作橫音黃　大蜡仕嫁反　而說音悅

尹吉依注爲告音誥羔報反　不忒他得反本或作貳音二　章義如字尚書作善皇云

義善也　癉惡丁但反病也　靖共音恭本亦作恭　好是呼報反　章好如字

又呼報反注同　慎惡如字又烏路反注同　貪侈昌氏反又式氏反　臣儀音義出注

行如字　不援音袁注同　知慮音智　版版布綰反注同　卒亶丁但反病

也本亦作癉　辟也匹亦反字亦作僻同　止共音恭皇本作躬云躬恭也　之邛其恭反

反勞也　以蓺息列反　播刑徐補餓反　不迪音狄道也　衍字延善反

不治音值　臣比毗志反注同親也　見遠賢遍反下同　君毋音無下同

柄權音秉兵永反　交爭爭鬬之爭　不蔽必世反　葉公舒涉反注同葉

公楚大夫沈諸梁也字子高爲葉縣尹僭稱公也　敗大補邁反　以嬖必惠反徐甫詣反又

補弟反字林方豉反賤而得幸曰嬖一云便嬖愛妾　莊后側良反齊莊也下及注同　適夫人

丁歷反　齊莊側皆反下同　仇仇音求爾雅云敖也　君陳本亦作古陳字　若己弗克見音紀尚書無己字　小人溺乃歷反　謂覆芳服反　水近附近之近注由近人同　德易以豉反下同　狎徐戶甲反　絜清如字又才性反　洪波本又作鴻　泳之音詠潛行爲泳　游之音由　則侮亡甫反　捍胡旦反　格戶白反　口費芳貴反注同　煩數色角反　所覆芳服反又芳又反　爲哼或爲悖並布內反　可慢本又作僈音武諫反　難卒寸忽反　大甲音泰

自覆芳服反注同　省括古活反　于厥度如字又大各反注同尚書無厥字

蹷其厥反又紀衞反一音厥　女之音汝　儗魚起反本亦作擬　射食亦反下同

兌命依注作說本亦作說　起兵尚書作戎　在笥司吏反　爲說音悅　傅說音悅　朝祭直遙反　天作孽可違也魚列反下同尚書作天作孽猶可違也

不可以逭本又作逭乎亂反逃也尚書作弗可逭無以字　猶辟音避　尹吉音誥

出注羔報反　天見天依注音先西田反　相亦息亮反　在毫步各反　好之呼報反下同　莊齊側皆反　詩云昔吾有先正從此至庶民以生總五句今詩皆無此語餘在小雅節南山篇或皆逸詩也　且清舊才性反一云此詩協韻宜如字上先正當音征　誰能秉國成毛詩無能字　卒勞力報反注勞來同詩依字讀　君長丁丈反　勞來力再反　者與音餘　君雅音牙注同尚書作牙　夏日戶嫁反注同尚書無日字　資冬資依注音至尚書作咨連上句云怨咨　祁寒巨伊反徐巨尸反是也字林上尸反　行無下孟反下行有格同　氾愛音泛反 芳劍　比式如字比方法式　是故一本作是以　精知如字一音智注同　虞度待洛反下同　能好呼報反下皆同　其正音匹下同出注同　有鄉許亮反又音香注同　輩類布內反　徼利古堯反下同　惡惡上烏路反下如字　不著張慮反　此近附近之近　問遺于季反　邪似嗟反徐以車反　辟匹亦反　周行戶剛反又如字　其軾音式　其轍

鄭婢世反敗也庾必世反隱蔽也　八荀或言之一本無八字　不見如字又賢遍反

葛蕈徒南反　毋射音亦注同　射厭於豔反後皆同　令君子力呈反

行從而下孟反下則行下注以行同　寡言寡音顧出注　之玷丁簟反又丁念反缺

也下及注同　可摩莫何反　君奭音釋　周田觀文依注讀爲割申勸寧

召公尚照反本亦作邵　近之附近之近　使王于況反　言與音餘　兊

命音悅　毋予音無　放方往反　傚戶教反　德偵音貞問也周易作貞　幹

事古半反

奔喪第三十四鄭云奔喪者居於他邦聞喪奔歸之禮實曲禮之正篇也　卷之十八

奔喪此正字也說文云從哭亾亾亦聲也　以哭空木反　荅使色吏反注同　驚怛

都達反　猶辟音避　之分扶問反又方云反　別於彼列反　冒昬亾北反又

亾報反　唯著張慮反　有爲于僞反一音如字　至竟音境下同　哭辟

反

音避　市朝直遙反　爲驚于僞反　斬衰七雷反後皆同　括髮古活反　袒徒旱反　去飾羌呂反　西鄉許亮反下西鄉同　絞帶古卯反下同徐戶交反　成踊音勇　不散悉但反　闔門戶臘反　相者息亮反下相者皆同　次倚於綺反　不以數也色主反本亦作不以爲數數色具反　爲之于僞反注變於爲父下注爲母皆同　自齊音咨下同　免麻音問下及注皆同　而免本或作而不免者非　東髽側瓜反　拾踊其劫反更也注同　闟門音達舊音暉　去起呂反　纚色買所綺二反　大紒音計　更也音庚下同　相者息亮反下同　爲父于僞反　遂冠音官　袒成音但　殺之色界反下哀殺同　不復扶又反同　旣期音基下同　爲母于僞反注下爲父同　有酇子短反　之處昌慮反下之處　不離力智反　明日之朝朝旦也下同　而數色主反　亦爲于僞反　待齋子西反資糧也一音咨　之差初佳反又初宜反下同　辟爲音避

使於色吏反 皆爲于僞反下注各爲同 拾踊其劫反 便也婢面反

祔則音附 長者丁丈反 如昆弟之喪如若也 不稅吐外反

唯嫂悉早反 凡爲于僞反下注同

問喪第三十五 鄭云問喪者善其問以知居喪之禮所由也

雞斯依注爲笄纚笄音古兮反纚音色買反徐所綺反 徒跣悉典反 扱初洽反 上衽而鴆反又而甚反注同 惻怛都達反 傷腎市軫反 乾肝並音干 焦肺方廢反

水漿本亦作浆子羊反 之糜武皮反本亦作糜同 粥之六反字林與六反云淖糜也 以飲音蔭 食之音嗣 去冠起呂反 耶巾似嗟反亦作邪 祏頭巳瞎反本或作貊

五藏才浪反 心髀婢支反 夫悲音扶 相應應對之應 而斂力豔反下同 曰柩其又反 志懣巳本反又音滿范音悶下同 殷殷並音隱

如壞音怪字林作㦤音同 辟踴婢尺反徐扶亦反注及下皆同 拊心芳甫反 汲

汲音急　上堂時掌反　不可復扶又反下復生皆同　心悵勑亮反
愴焉初亮反　惚焉音忽　愾焉徐音慨苦代反　微幸古堯反　成壙古晃反
倚廬於綺反　寢苫始占反草也　枕之蔭反　塊苦對反又苦怪反土也　匍音蒲又蒲北反　匐又音服　益衰色追反　爲之于僞反下注相爲爲褻同　斷決丁段反下古穴反　猶偵丁年反　歷求月反又九月反　冠者音官　之免音問注及下皆同　爲褻息列反　則著張慮反又張略反　而廣古曠反　禿者吐祿反無髮也　傴者於縷反一音紆矩反背曲也　跛者補禍反又彼我反足廢也
有錮音故　稽音啓注同　顙桑朗反下注同　何爲于僞反盡篇末文注皆同　不緦音思謂緦服也　冠也古亂反　苴杖七餘反　削杖悉若反　體羸力垂反劣也疲也　辟尊音避　之處昌慮反下同　不遽其慮反

服問第三十六　鄭云服問者善其問以知有服而遭喪所變易之節也

傳曰此引大傳文也　有從如字范才用反　爲其于僞反注及下皆同　齊衰上音咨下音七雷反後放此　不厭於涉反下同　服差初佳反又初宜反下同　有期音基下及注皆同　累重劣彼反又劣僞反　以上時掌反　澡麻音早　斷本丁管反下文同　於免音問下及注不免者皆同　去經起呂反下同　爲稅上如字下吐外反注下及下皆同　此要一遙反　殤長丁丈反　月筭徐音蒜悉亂反　重麻直勇反徐治龍反注同　爲其于僞反注除爲殤在緦皆同　不縟音辱繁綵飾也　君爲于僞反後文皆同注諸侯爲天子下注亦爲此三人士爲國君同　遠嫌于萬反　幾外音祈

大子音泰下及注同　適婦丁歷反下同　見大賢遍反　驂七南反　乘音剩〔證〕

所不爲于僞反下爲其母同　伸君音申　錫衰思歷反　無免經音勉去也下無免經并注皆同徐並音問恐非是　雖朝直遙反　有稅吐活反注同　說或吐活反又始銳反　罪多本或作辠案辠正字也秦始皇以其似皇字改爲罪也　上附時掌反

列也 徐音例注同 等比 必利反

閒傳第三十七 鄭云名閒傳者以其記喪服之閒輕重所宜也

服苴 七余反 而見 賢遍反 齊衰 音咨下同 若枲 思里反 喜樂

音洛 而偯 於起反聲餘從容也說文作悠云痛聲 三折 之設反 從容 七容反

唯而 于癸反徐以水反 士與 音預 斂焉 力驗反 食粥 之六反 一

溢 音逸劉音實二十兩也 莫 音暮 一 疏食 音嗣下疏食同 醯醬 本亦作醓呼兮反

下同 醴酒 音禮 期而 音基下及注皆同 中月 如字徐丁仲反 而禫 大感

反 居倚 於綺反 寢 本亦作寑七審反 苫 始占反 枕 之鴆反 塊 苦對反又苦怪

反 不稅 吐活反 苄 戶嫁反蒲苹也 翦 子踐反 牀可 徐仕良反 柱 知矩反一

音張炷反 楣 音眉 居復 音伏 去其 起呂反下去麻同 其縷 力主反 之

差 初佳反後放此 爲母 于僞反下注爲後同 三重 直龍反注三重同 緦 徐七戀反

縁徐音掾悦絹反　要經一遥反　素縞古老反又古報反注同　而纖息廉反注同黒經白緯曰織　去一起吕反下同　四糾居黝反下同　一股音古　辟男音避　朝服直遥反　素紕婢支反又音綼　白緯音謂　紛芳云反　帨始鋭反　縿徐息廉反又音侵　麻葛重直龍反注及下注不言重言重者同　著張慮反

主爲于僞反　長中丁丈反

三年問第三十八鄭云名三年問者善其以知喪服年月所由也

稱情尺證反注及下皆同　別親彼列反　無易音亦注同　創音瘡初良反　鉅音巨大也　其愈徐音庾差也　遲徐直移反一音息嗣反　倚廬於綺反　枕塊之鴆反　思慕如字一音息吏反　是斷丁亂反　復生音伏　之屬音蜀　失喪息浪反又如字　反巡徐詞均反　過其徐音戈一音古卧反　鳴號音豪戶羔反　蹢本又作躑直亦反徐治革反　躅直録反徐治六反蹢躅不行也　踶徐音馳或作踟　躕音廚

燕於見反雀本又作爵有啁張留反噍子流反啁噍聲也頃苦穎反莫知
音智由夫音扶下皆同邪淫似嗟反人與音餘下君子與同曾鳥
則能反夫焉於虔反若駟音四馬也之過古臥反徐音戈隙本又作郤去逆反空
隙之地也爲之于僞反下注爲母同立中如字又丁仲反注同去也起呂反至
期音基注及下同期斷丁亂反下注同加隆焉爾一本作加隆爲爾焉使
徐如字一音於乾反焉由然也一云發聲也注及下同倍之步罪反注同爲殺色界反徐所例
反

深衣第三十九鄭云以其記深衣之制也名曰深衣者謂連衣裳而純之以采也有表則謂之中衣
以素純則曰長衣也
以應於證反短毋音無下同見膚賢遍反被土彼義反爲于僞反
汙汚辱之汙一音烏臥反續衽而審反又而鴆反鉤邊古侯反屬也音燭下皆

同鳥喙許穢反裕以樹反要一遙反注同縫扶用反下注同袼之本亦作胳音各腋也運肘竹九反又張柳反當掖本又作腋音亦袂之彌世反袪末曰袂反詘上勿反爲腕烏亂反母厭於甲反徐於涉反下同髀畢婢反徐己婢反一音步啓反厭脅許劫反當無丁浪反注同又丁郎反爲中丁仲反又如字以應應對之應下同之殺色界反徐所例反袂圜音圓胡下下垂曰胡曲袷音劫交領也下注同及踝胡瓦反謂裻音督跟也音根下齊音咨亦作齋下同緝也七入反行乃下孟反又如字若卬音仰本又作仰一音五郎反志者與音餘擯相息亮反完且音丸弗費芳貴反又孚沸反注同苦衣於既反而易以豉反鍛丁亂反濯音濁朝祭直遙反以上時掌反大父母音泰大父母祖父母也衣純之允反又之閏反後皆同以繢胡對反畫文也袂緣悅絹反下同廣各古曠反下同緆徐音錫

禮記音義之四

以豉反皇音錫案鄭注既夕禮云飾衣領袂口曰純裳邊側曰綼下曰緆也

投壺第四十鄭云投壺者主人與客燕飲講論才藝之禮也別錄屬吉禮亦實曲禮之正篇也皇云與射爲類宜屬嘉禮或云宜屬賓禮也

卷之十九

投壺壺器名以矢投其中射之類　奉矢音捧芳勇反下及注皆同徐音如字下奉中同　枉矢紆往反　哨壺七笑反徐又以救反枉哨不正貌王肅云枉不直哨不正也　樂賓音洛下同一讀下以樂音岳言投壺以樂也　嘉肴戶交反　又重直用反下及注同　稅屨本亦作脫吐活反　請投七井反下文同　入般步干反下同　還音旋下同　曰辟音避徐扶赤反注及下同　南鄉許亮反　度壺徒洛反注同　以二矢半一本無此四字依注則有　入筭悉亂反下皆同　之處昌慮反　去坐才臥反又如字下同　邪似嗟反　比投毗志反頻也徐扶質反注同　勝飲上尺證反下於鴆反注及下同　請爲于僞反　勝者立馬俗本或此句下有一馬從二馬五字誤　不拾其劫反下文及

注皆同　技藝其綺反　任爲而林反　將子匠反　帥色類反　爲樂音洛

貍首吏持反　閒若一閒廁之閒注同　大師音泰　拾更古衡反下同　請

數色主反注同　爲純音全下及注同鄭注儀禮如字云純全也　爲奇紀宜反下同　遂

以奇算告一本此句上更有有勝者司射五字誤　鈞居旬反等也　則縮色六反直

也　其它音他　勝與音餘下勝與同　尚技其綺反　行觴失羊反字或作

觴同　皆跪其委反　奉觴芳勇反下注奉觴同　賜灌古亂反　敬養羊尚反注

同　猶飲於鴆反下飲不勝同　各直如字又持吏反　請爲于僞反　去其

起呂反　其坐如字又才臥反注同　籌室中直由反　五扶方于反下及注同

同　鋪四指普烏反又芳夫反　禮褻息列反　常處昌慮反　算長直亮反注

壺頸吉井反又九領反徐其聲反　爲其于僞反　躍而羊略反　圜

音圓　困去倫反　有奇紀宜反　其滑乎八反　以柘止夜反木名　母

音無下皆同　**去其**起呂反注同　**毋憮**好吾反下同敖也　**毋敖**五報反舊五羔反敖慢也

**偝立**音佩徐扶代反舊又蒲來反　**若是者浮**縛謀反罰也　**年穉**直吏反

**爲其**于僞反　**憮敖**五報反又五羔反下同　**傲也**五報反　**正鄉**許亮反

**梁丘據**本又作處同音据　**作鞄**薄交反　○**圜**音圓　**鼙**薄迷反鄭呼爲鼙也　**庭**

其聲下其音榻榻然榻音吐臘反　□**方鼓**鄭呼爲鼓也其聲高其音鏜鏜然鏜音吐郎反

蓋●又即出經圖名鼙三字即出注也

**長**丁丈反注同　**及冠**古亂反　**皆與**音預

**儒行第四十一**　行音下孟反鄭云以其記有道德之所行儒之言優也和也言能安人能服人也此

注云儒行之作蓋孔子自衞初反魯之時也

**服與**音餘　**少居**詩照反注同　**衣**於既反注所衣也衣少所居同　**逢掖**上如字下音亦

逢掖大掖也　**長居**丁丈反注同　**冠章甫**古亂反注而冠焉冠長所居同章甫殷冠也

**單衣**本又作襌音丹　**袪尺**去居反　**儒行**下孟反下力行同　**遽**其據反卒

也急也　數之色主反下同　更僕古衡反代也注同一音加孟反　猶卒七忽反

大僕音泰　燕朝直遥反　擯必慎反　相息亮反　爲久于僞反下爲孔子同

猶鋪普吾反又音孚下同　加慢音僈　而易以豉反下險易同　粥粥徐本

作鬻章六反卑謙貌一音羊六反　不愊普力反一音逼謂愊怛也　怛丹達反驚怛也本或作恨者非

處齊側皆反注同齊莊也　難乃旦反注同可畏難也　行必皇如字舊下孟反　冬

夏戶嫁反　有爲于僞反　選處昌慮反　以遠于萬反　多積子賜反

反又如字　易祿以豉反又如字　難畜許六反　不見賢遍反　近人附近

之近下可近同　淹之於廉反　以樂五孝反又音岳　好呼報反　劫之居業反

沮之在呂反注同　鷙蟲與摯同音至　攫俱縛反一音九碧反　搏音博　不程音呈

不斷音短直卵反絕也又丁亂反注同　浸子鴆反　漬才賜反　劫脅許劫反

恐曲勇反　怖普路反　省聲所景反　猶量音亮又音良下同　不更居孟

反 不溽音辱 面數所具反 剛毅魚既反 傾邪似嗟反 甲
胄直又反甲鎧胄兜鍪也 干櫓音魯干小楯櫓大楯也 載仁音戴本亦作戴 鎧開代
反 兜丁侯反 鍪莫侯反 小楯時準反又音允徐辭尹反 環堵音靚方丈爲堵
面一堵牆也 篳門徐音畢鄭云篳門荊竹織門也杜預云柴門也 圭窬徐音豆鄭云門旁窬也穿
牆爲之如圭矣說文云穿木戶也郭璞三倉解詁云門旁小窬也音臾左傳作竇杜預云圭竇小戶也上銳下方狀
如圭形也 蓬戶步紅反蓬戶以蓬爲戶也 甕烏貢反 牖音酉以甕爲牖 并日必政反注同下
而一反 以諂本又作諂勑檢反 穿牆音川 君應應對之應 與稽古奚
反注同合也 爲楷苦駭反法式也 弗援音袁引也取也注下同 弗推昌誰反進
也舉也注同 讒諂仕咸反 有比毗志反徐扶至反 竟信依注爲伸音申 憂
思息嗣反 篤行下孟反 上通時掌反又如字注同 寬裕羊樹反 去
己起呂反 不遠于萬反又如字 不辟音避下同 怨於元反又於願反 推

賢而進達之舊至此絕句皇以達之連下爲句　患難乃旦反　任舉如字徐音據反　有澡音早　靜而如字徐本作諍音爭　麤本又作麄七奴反　翹之祁饒反　世治直吏反注同　不沮徐在呂反注同　獨行下孟反注及下注同又如字　脫脫吐外反　怪妬丁路反　壞己乎怪反又音怪　近文附近之近　羝音脂又音旨　厲力世反　分國如字　錙側其反八兩爲錙說文云六銖也　銖音殊又說文云權十分黍之重　賢知音智　並立如字又步頂反本亦作竝　則樂音洛又音岳　相下戶嫁反　不厭於豔反　其行皇音衡又下孟反　本方絕句　立義絕句　志行下孟反下注儒行同　之施始豉反　毀謗補浪反　孫音遜　援似輒反又如字　分散方云反徐扶問反　斥己音尺　隕于敏反　獲本又作穫同戶郭反注同　不慁胡困反注同辱　隕獲困迫失志貌　充詘求勿反注同徐音上勿反充詘喜失節之貌　也　不累力偽反注同係也一音力追反　長上丁丈反　不閔本亦作愍武謹反病也

不爲于僞反　命儒命名也　妄常鄭音亡亡無也王已尚反虛妄也　相訴徐音遘恥也又呼候反　靳故居覲反杜預云戲而相媿爲靳也　行加下孟反注同

大學第四十二鄭云大學者以其記博學可以爲政也

大學舊音泰劉直帶反　則近附近之近　其知如字徐音智下致知同　在格古百反　所好呼報反　國治國治並直吏反下同　毋自音無　如惡惡上烏路反下如字　臭昌救反　好好上呼報反下如字　自謙依注讀爲慊徐苦簟反厭也　閒居音閑　厭讀爲黶烏斬反徐又烏簟反厭然閉藏皃也　揜其於檢反　而著張慮反後同　其肺芳廢反　肝然音干　言厭於琰反一音於涉反　體胖步丹反大也注及下注同　顯見賢遍反　淇音其　澳本亦作奧於六反本又作隩一音烏報反　菉竹音綠　猗猗於宜反　有斐芳尾反一音匪文章皃　如磋七何反　如琢丁角反　如摩本亦作磨末何反爾雅云骨曰切象曰磋玉曰琢石曰磨　僩兮下板反又胡板

反　赫許百反　喧兮本亦作咺況晚反　可諠許表反詩作諼或作喧音同忘也

恂依注音峻思俊反一音思旬反　慄利悉反　澳於六反　隈烏回反　嚴峻私俊反

於音烏下於緝熙同　戲好胡反徐范音羲　樂其樂並音岳又音洛注同　康誥

古報反　大甲音泰　顧諟上音故本又作頋同念也下音是正也　峻德徐音俊又

私俊反　爲題徐徒兮反　盤步干反　銘徐音冥亡丁反　邦畿音祈又作幾音同

緡蠻音緜一音亡巾反毛詩作緜傳云緜蠻小鳥貌　岑仕金反　蔚音鬱又音尉　安閒

音閑　止處齒渚反　樂土音洛　焉於虔反　得知音智　於緝七入反

熙許其反　吾聽訟似用反　猶人也論語作聽訟吾猶人也　毋訟音無

虛誕音但　所忿弗粉反　懥勑值反忿懥怒貌也范音稚徐丁四反又音勤　恐懼上勇

反　所好呼報反下好而知同　樂徐五孝反一音岳　作懫音致　作疐音致

又得計反　而辟音譬下及注同謂譬喻也　賤惡烏路反下惡而知同　所敖五報反

惰徒臥反　其惡惡上如字下烏路反　鮮矣仙善反注同　故諺魚變反俗語也

心度徒洛反　美與音餘下薄與同　志行下孟反　弟者音悌　事

長丁丈反下長長并注同　不中丁仲反注同　者欲時志反　貪戾力計反

賁事徐音奮本又作僨注同猶覆敗也　覆敗芳福反　于濟子禮反本作　爲

犇音奔　所好呼報反注同　君行下孟反或如字　夭夭於驕反　蓁音臻

反　不忒他得反　興弟音悌　不倍音佩注同　有絜音結　拒之音矩本亦

作矩　偝棄音佩本亦作倍下同依經　挈也苦結反　爲巨音拒本亦作拒其呂反

所惡烏路反下皆同　毋以音無下同　樂只音紙　所好好皆呼報反　節

彼徐音截前切一音如字　巖巖五銜反　辟則匹亦反注同　僇矣音六

其所行下孟反又如字　邪辟似嗟反　朿喪息浪反　峻命恤俊反大也

不易以豉反注同　爭民爭鬭之爭　施奪如字　言悖布內反下同　以上

時掌反　多藏才浪反　專佑音又　觀射父食亦反又食夜反父音甫　時

辟音避　驪姬力宜反本又作麗亦作孋同　在翟音狄　子顯許遍反　爲之

于偽反　若有一个古賀反一讀作介音界　臣書此所引與尚書文小異　斷斷丁亂

反　無它音他　技其綺反下及注同　休休許虯反尚書傳曰樂善也鄭注尚書云寬容皃

何休注公羊云美大之皃　好之呼報反　不啻音試詩豉反　媢疾莫報反妬也尚書作

冒音同謂覆蔽也　以惡烏路反下能惡人同　俾不本又作卑必爾反使也　所敗必邁

又　於殺戶交反　皆樂音岳又音洛　妬也丁路反　佛戾上扶弗反下力

計反　進諸北孟反又逼諍反諍音爭鬭之爭皇云迸猶屏也　放去上呂反　命也

依注音慢武諫反　能遠于萬反　好人呼報反下皆同　之所惡烏路反下同

拂人扶弗反注同佹也　菑必音哉下同　逮音代一音大計反　夫身音扶　猶佹

九委反　不肖音笑　於施始豉反　予由汝反　畜許六反下同　馬乘徐繩

證反下及注同仲孫蔑莫結反以上時掌反采地七代反本亦作菜捄之音救

爲之于僞反長國丁丈反患難乃旦反猥至烏罪反

本亦作救已著張慮反

冠義第四十三冠音古亂反鄭云名冠義者以其記冠禮成人之義卷之二十

和長丁丈反下同三行下孟反故冠古亂反除下文玄冠及注緇布冠玄冠以外並同

衣紒音計筮日市至反著日筮重禮直用反後同於阼才故反

以著張慮反醮於子笑反彌尊音迷適子音嫡不醴音禮

見於賢遍反下皆同奠摯本亦作贄同音至鄉大夫鄉先生並音香注同

於朝直遙反爲人少詩照反之行下孟反下同重與音餘孝

弟音悌可以治直吏反不敢擅市戰反

昬義第四十四鄭云昬義者以其記娶妻之義內教之所由成也

昏者一本作昏禮者婚禮用昏故經典多止作昏字　將合如字徐音閤　之好呼報反
納采七在反采擇也　請期徐音情又如字　筵几音延　使者色吏反　所傳直專反
醮子子妙反　之迎魚敬反下以迎同　男先悉薦反　子承命本或作子承父命誤
壻字又作智悉計反女之夫也依字從士從胥俗從知下作耳　拜賓大見反
授綏音雖　合徐音閤又如字　巹徐音謹破瓢爲杯也說文作蒸云蠡也字林几敝反以比巹爲鸞身有所承說文云讀若赤舄几几
而酳徐音胤又仕覲反　酬酢音昨　如冠古亂反下文始於冠同
醮與音餘　先道音導　之別彼列反下同　朝聘直遙反下匹政反
沐音木　浴音欲　俟見賢遍反下及注同　執笲音煩一音皮彥反器名以葦若竹爲之其形如筥衣之以青繒以盛棗栗腶脩之屬
棗栗音早爾雅云棘實謂之棗俗作枣誤　段脩丁亂反本又作腶或作鍛同脩脯也加薑桂曰腶脩何休云婦執腶脩者取其斷斷自脩飾也
贊醴依注作禮　脯醢音海　婦以特豚饋其位反一本無婦字　供俱用反　養羊尚反

適寢丁歷反　以上時掌反　當於夫丁浪反稱也一音丁郎反下注同下注和當亦同　委於偽反　積子賜反　蓋藏才浪反　猶稱尺證反下同　行和下孟反　先嫁悉薦反　芼莫報反　以蘋音頻　藻音早毛詩傳云蘋大萍藻聚藻詩箋云蘋之言賓藻之言早　婉紆晚反　娩音晚詩箋云婉娩貞順貌又音挽　齊盛音咨　爲壇徒丹反　九嬪毗人反　內治直吏反下及注除后治陰德皆同　相應如字音應對之應同　適直革反下注同責也　見賢遍反下及注同　日爲于偽反下文皆同　蕩滌上徒浪反下直歷反又杜亦反　去起呂反　穢紆廢反　斬衰七雷反下同　資衰依注作齊音咨注又作齋音同

鄉飲酒義第四十五鄭云鄉飲酒義者以其記鄉大夫飲賓於庠序之禮尊賢養老之義也別録屬吉禮

于庠音詳鄭云鄉學也州黨曰序學記云古之教者家有塾黨有庠術有序國有學　盥洗音管　揚

觶 之豉反說文云鄉飲酒角也字林音支 致絜 音結下同一本作致絜敬也 不爭 爭鬬之爭下同 則遠 于萬反 鬬辯 如字徐甫免反下同 鄉人士君子 鄭云鄉人鄉大夫士州長黨正也君子謂卿大夫士也周禮天子六鄉鄭司農云百里內為六鄉外為六遂司徒職云五家為比五比為閭四閭為族五族為黨五黨為州五州為鄉鄉大夫每鄉卿一人州長每州中大夫一人黨正每黨下大夫一人族師每族上士一人閭胥每閭中士一人比長五家下士一人諸侯則三鄉 州長 丁丈反篇內皆同 謂卿 去京反注同 飲國 於鴆反 羞出 音脩 主人共之也 音恭 東榮 如字屋翼也劉音營 猶清 如字才性反 介 音戒下放此輔賓者 僎 音遵輔主人者 成魄 普百反說文作霸云月始生魄然也 之坐 才臥反又如字 嚴凝 魚矜反成也 祭薦 本又作[illegible]同 嚌 才細反 肺 芳廢反 啐 七內反 專為 于偽反下及注專為同 孝弟 音悌下同 之行 下孟反 國索 色百反 禮屬 音燭 大守 音泰下手又反 相 息亮反漢制郡有太守國有相或息羊反則以連下句 易易

皆以豉反注及下易易同　別矣彼列反注及下注同　省矣所領反徐疏幸反注同　不

酢音昨　隆殺色戒反注及下同　笙入音生　閒歌閒廁之閒　合樂如字

徐音閻　不復扶又反　少長詩召反　於沃於木反　能弟音悌下弟

長同　猶脫徒活反又音奪　廢朝直遙反注朝夕既朝同　莫不音暮下同　先夕

悉薦反　五行下孟反　亨狗普萌反　在阼才路反　之委於僞反

大古音泰　南鄉許亮反下及注鄉仁南鄉東鄉皆同　蠢也尺允反蠢動生之皃

者夏戶嫁反下同　假也古雅反下同大也　愁也依注讀爲揫子留反下同斂也爾雅

云揫聚也　中者藏也如字下同徐才浪反　偝藏音佩　嚴殺如字又色戒反

介覵音閒廁之閒　所共音恭　三鄉去京反　大參七南反

射義第四十六鄭云射義者以其記燕射大射之禮觀德行取於士之義也別錄屬吉禮

長幼丁丈反　言別彼列反　老稺音值　德行下孟反下文注德行皆同

必中丁仲反下同 正音征 鵠古毒反徐又如字 騶虞側尤反徐側侯反 貍
首力之反貍之言不來也首先也此逸詩也鄭以下所引曾孫侯氏爲貍首之詩也 采蘋音頻
采蘩音煩 樂循徐辭均反 五豝百麻反獸一歲曰豝詩傳云豕牝曰豝 南澗
音諫山夾水曰澗 之濱音賓涯也 被之皮義反徐扶義反 僮僮音童本亦作童毛詩傳云
竦敬也 可數色角反下同 長學丁丈反 比於毗志反下同親合也 而
中丁仲反下同 得與音預下皆同 而削胥略反 計偕音皆俱也 共
工音恭 矍俱縛反注同 相息亮反相地名 矍之圃音補徐音布樹菜蔬曰圃 蓋觀
如字又古亂反 如堵丁古反 菜蔬一本作蔬所魚反 賁軍依注讀爲僨音奮覆
敗也 之將子匠反 與爲音預奇也注同 不入一本作不得入者非也 賁讀
音奔 覆敗芳卜反 奇也居宜反下同 後人者如字又音候 公罔人姓
也又作冈 之裘裘名也之語助 序點多簟反序姓點名也 揚觶之豉反 孝弟音悌 者

音祁巨支反六十曰耆 耋大結反七十曰耋一云八十曰耋 好禮呼報反下同 脩身以

俟死絕句 者不此二字一句下及注皆同 旄本又作耄莫報反八十九十曰耄 期本又作旗

音其如字百年曰期頤頤養也 稱道如字稱言也行也 不亂絕句本或作而不亂 蓋勵音勤

又音覿少也 期頤以支反鄭注曲禮云期要也頤養也 言有此行不絕句行音下孟

反 繹音亦徐音釋 舍也如字舊音捨 中矣丁仲反下及注皆同 父鵠

古毒反徐如字注同 各射食亦反下射天地四方同 得與音預下皆同 紕地勑律

反 朝者直遥反 先令力呈反 已乃音以 課中口臥反 桑

弧音胡以桑木爲弓 蓬矢步工反 飯扶晚反 食音嗣注同 人爲于僞反

所爭爭鬬之爭下及注有爭皆同 揖讓而升下絕句 而飲一句 者祖音但

決遂古穴反 說吐活反 決拾音十 卻左手丘逆反又羌略反 弛弓式氏

反又始是反 爭中丁仲反下文注同 失正音征注同 若夫音扶 不肖音笑

棲皮音西　梏音角直也下同　有的丁歷反　餟養如字徐羊尚反　之
識音式一音志　飲女音汝
燕義第四十七鄭云名燕義者以其記君與臣燕飲之禮上下相報之義也
之卒依注音倅七對反又蒼忽反副也　教治直吏反注及下同　別其彼列反　大
子音泰後大子大學同　朝位直遙反　合其如字徐音閤　卒伍子忽反注同伍音五　大
弗正音征　游卒七內反注同　南鄉許亮反　莫敢適音敵大歷反本
亦作敵　爲其于僞反下文爲疑同　踧本亦作蹴子六反　踖子昔反又積亦反　使
宰夫本亦作使膳夫　亢禮苦浪反　上至時掌反　復以扶又反　大
音泰舊他佐反　相近附近之近　稽首徐本作諸音啓　以道民音導下同　什一
音十　不匱求位反　等差初佳反又初宜反　脯醢音海
聘義第四十八鄭云名聘義者以其記諸侯之國交相聘問重禮輕財之義

七介音界下及注同　各下戶嫁反　而傳丈專反下同　陳擯必刃反本又作
儐下文及注皆同說文云擯或儐字　之使所吏反　于竟音境　郊勞力報反
拜況本亦作貺音同貺賜也　當楣音眉　私覿大歷反見也　雍字又作饔音同
餼許既反　還圭音旋下及注同　璋音章　賄贈呼罪反字林音悔　享許兩反本又作饗　食
音嗣下同　比年必履反　使者色吏反　以媿本又作愧音同　皆爲于僞
反　璧琮才工反　三積子賜反　芻薪初俱反　倍禾步罪反　乘
禽繩證反　一食一又作壹食音嗣　幾中徐音饑又音基　行成下孟反
人渴苦葛反　肉乾音干　日莫音暮　齊莊側皆反　敢解佳賣反
惰徒臥反　長幼丁丈反　有行有行並下孟反下有行同　順治直吏反
爲陳直靳反　賤碈武巾反字亦作瑉似玉之石　爲玉于僞反下同　多
與音余　作玟武巾反又音枚　爲濡音儒　縝密音軫一音眞　知也音智

致直置反本亦作緻　不劇九衞反傷也字林云利傷也又音己芮反　如隊直位反又
音遂　叩之音口　詘然其勿反絕止貌　枯木苦老反亦作槁　瑕音遐玉病
揜音掩　瑜羊朱反玉中美　孚依注音浮　尹依注音筍又作筠于貧反　隱翳於計反
作孚音孚徐方附反　白虹音紅天氣　見於賢遍反　朝聘直遙反

喪服四制第四十九鄭云以其記喪服之制取其仁義禮智四者也別錄屬喪禮

訾之徐音紫毀也一音才斯反　知也音智下同　故爲于僞反下及注同　斬衰
七回反注及下同　之治直吏反下同　恩揜於檢反　義斷丁亂反　猶操
七刀反皇云持也　期而音基下同　苴衰七余反　墳墓扶云反　不培步回
反徐扶來反　爲母于僞反下注爲君同　齊衰音咨　見無賢遍反　食粥之六
反　擔主是豔反又食豔反又餘塹反　不言而事行者扶而起一本作扶
而後起扶或作杖非　面垢音苟　禿者吐木反　不髽側瓜反　傴者紆主反　不

祖徒旱反　跛者彼我反　男子免音問下同　不解佳買反　期悲音基　之殺色戒反　不解衣古買反　不肖音笑　諒闇依注諒讀爲梁闇讀爲鶕音烏南反下同徐又並如字案徐後音是依杜預義鄭謂卒哭之後翦屏柱楣故曰諒闇闇即廬也孔安國讀爲諒陰諒信也陰默也　楣謂音眉　如鶉音淳　柱楣知主反　殷衰色追反　而復扶又反下同　言不文如字徐音問　事辨本又作辯同皮莧反　當共音恭　唯而余癸反徐以水反注同　齊衰音咨本又作齋　侑者音又　爲之于僞反　應耳應對之應　衰冠七雷反　菅音姦　屨徐紀具反　食粥之六反　期十音基　比終必利反　知者音智本或作智　弟弟上音悌下如字

經典釋文卷第十四

經三千七百二十四字
注一万八百七十二字

撫州公使庫

新刊注禮記二十卷并釋文四卷

福州鄉貢進士陳　寅校正

修職郎司戸叅軍權教授趙善璿

修職郎司理叅軍權推官余　駒

從事郎軍事判官逄維翰

從政郎充州學教授張　湜

朝奉郎權通判軍州事吴子康

奉議郎權　發遣撫州軍州事趙　燁

淳熙四年二月　日